俞宣孟 著

# 俞宣孟论文选

复旦大学
出版社

# 俞宣孟论文选

（下）

# 下册目录

## 第三编　新一轮中西哲学比较研究

十三、新时期中西哲学比较研究论纲 …………………………… 323
十四、再论新时期中西哲学比较研究 …………………………… 334
十五、开辟中西哲学比较研究的新境域 ………………………… 352
十六、关于中西方哲学形态的新一轮比较研究（笔谈）………… 371
十七、论生存状态分析的哲学意义 ……………………………… 378
十八、论中西哲学的会通 ………………………………………… 403
十九、在比较中发展哲学 ………………………………………… 432
二十、写中国哲学史要"依傍"西方哲学吗？——兼评冯友兰的
　　　中国哲学史观 …………………………………………… 448

## 第四编　探寻哲学观念的更新

二十一、中西传统哲学的不同超越及其哲学观念的更新 ……… 479
二十二、关于哲学原理的观念——中西哲学的一种比较
　　　　研究 ……………………………………………………… 505
二十三、本质的观念及其生存状态分析 ………………………… 531

二十四、中国哲学的辩护 …………………………… 556
二十五、将形而上学进行到底 ……………………… 579
二十六、关于哲学的开端问题 ……………………… 607
二十七、关于"间性"和哲学的开端问题 ………… 642
二十八、从实践走向哲学观念的更新 ……………… 650
二十九、结束依傍，探根寻源 ……………………… 672

第三编

新一轮中西哲学比较研究

# 十三、新时期中西哲学比较研究论纲

一百余年来,我们的前辈筚路蓝缕,在中西哲学的比较研究方面做了大量的工作。但是,前辈的工作中也存在着严重的局限。首先,用以判断哲学之为哲学的这把尺子是取自西方的。汉语中本来没有"哲学"这个词,它是日本明治维新时人西周创造出来用以翻译"Philosophy",晚清时经黄遵宪介绍才在中国流行开来的①。这说明,在中国传统的学问中,哲学并不是一门独立的学科。中国哲学史是根据西方哲学的定义和西方哲学中的框架勾勒出来的。这一点早在1919年蔡元培为胡适《中国哲学史大纲》所作的"序"中就明白地道出来了,他谈到写作中国哲学史有两层难处,其中第二点是"形式问题",说是"中国古代学术从没有编成系统的记载。……我们要编成系统,古人的著作没有可依傍的,不能不依傍西洋人的哲学史。所以非研究过西洋哲学史的人不能构成适当的形式。"②蔡元培先生的见解是颇具代表性的,这只要检阅今天可以读到的种种有关中国哲学史的著作便可明白:不仅其中的问题是按照西方哲学的榜样从中国典籍中抽取出来的,而且还尽量依照西方哲

---

① 见《中国大百科全书·哲学卷》,邢贲思撰"哲学",中国大百科全书出版社,1987年。
② 见胡适:《中国哲学史大纲》卷上,商务印书馆,1987年,"蔡序"。

学的分类和形式去表述这些问题,甚至模仿西方哲学,把中国哲学中的概念称作"范畴"。这一现象的出现,也许是历史发展过程中一个不可避免的阶段(它不仅反映在哲学学科中,也反映在历史学、语法学、美学等等学科中),但现在我们必须思考,这样构造出来的中国哲学史是否反映了中国哲学史的真相。据说钱穆曾有见于此,"他尽量避免用'哲学'这一概念。在他看来,中国思想中虽然有与西方哲学相应的部分,而不相应的部分则更占分量。如果以中国思想之实来迁就西方哲学之名,则恐易流于削足适履。"① 不过,他是站在"中国学术思想史"的角度看问题的。我们则欲就哲学谈哲学,难度更大些,它需要从根本上考虑究竟什么是哲学,而不是从形式上去模仿西方哲学。但唯其难度大,一旦突破,其所取得的学术进步也定会令人欢欣鼓舞。

其次,一百余年来,我们对西方哲学的精髓是否把握确切了?按理说,这是模仿西方哲学时首须搞清的问题,然而我们遗憾地发现,这却是大有疑问的。我们这里不是指某些个人,在某些具体哲学理论上不同的理解和体会,而是指在哲学重大问题上普遍的模糊不清的认识。这个重大问题便是本体论。"本体论"是对 ontology 一词的翻译,但据字面,ontology 并无"本体"的意思在内,故有人也译作"万有论"。近来,许多人喜欢用"存在论"这个名称,这当是考虑到从字面上说,ontology 是关于 being 的学说(being,希腊文作 ὄν)。然而 being 不单纯作"存在"的意思,它还有"本质"的意思。其实,being 是系词 to be(是)的分词(在希腊文和德文中,则由分词进一步作成名词),泛指一切所是或是者。因为凡我们可以称道的东西,总可以表达为"这是××",这就是说,

---

① 余英时:《钱穆与中国文化》,上海远东出版社,1994年,第56页。

一切东西概可以说成为"所是"。说"所是"有其"存在"和"本质",这用中文表达也是不难理解的。由此可见,ontology其实是围绕"是"和各种"所是"来做文章的一门学问,它应当说成"是论"。而"是"使各种"所是"是其所是,它本身则是最高、最普遍的概念。这样说的时候,我们其实已经明白了,"是""所是"的意义是从逻辑方面来规定的,是逻辑上规定的范畴,这就使它们与指称具体事物的"名"区别开来了。

上面的讨论决不仅仅是关于翻译的问题,深入下去,它将揭示出西方哲学所独具的一种哲学形态:"是""所是"是从逻辑上规定的,本体论也就是在逻辑的推演中展开的。于是我们在西方的本体论著作,例如黑格尔的《逻辑学》① 一书中看到,哲学以"是"为开端,运用逻辑的方法(在黑格尔这里是辩证逻辑),逐步推导出质、量、度、本质、现象、现实,以及主观性、客观性、理念等概念,成为一个严密的范畴体系。由于这个体系是用逻辑的方法和普遍性的概念构成的,虽然它并不是从经验事实中提升而来,却被认为是对经验世界普遍适用的真理;它也不是对经验世界的直接描述,却被认作是必然有效的原理本身,沃尔夫为本体论下的最早的、被认为经典的定义是这样的:"本体论,论述各种抽象的、完全普遍的哲学范畴,如'是'以及'是'之成为一和善,在这个抽象的形而上学中进一步产生出偶性、实体、因果、现象等范畴。"② 如果我们真正把握了本体论,那么就会承认,中国传统哲学

---

① 对于黑格尔的《逻辑学》即本体论之作有疑问的话,可读他评论亚里士多德时的话:"在这个本体论或者用我们的话来说这个逻辑学里面……"(黑格尔:《哲学史讲演录》第2卷、贺麟、王太庆译,商务印书馆,1983年,第288页)。
② Hegel, *Lectures on the History of Philosophy*, Vol. II, London: Routledge and Kegan Paul, 1924, p.353.

中并没有与之相应的部分。

然而在我们这里，见之于各种专业和百科工具书的关于本体论的定义，主要是把它界说为关于世界本源、本体的学说，或者关于存在的学说。这些说法既没有指出西方哲学中的本体论是纯粹的原理本身，更没有指出本体论的逻辑特性。造成这种误解的根本原因在于，中国传统哲学中本没有这种形态的形而上学，也没有这样的思想方法，此外还由于与哲学形态相关的语言形态方面的差异。

本体论向来被认为是纯哲学或第一哲学，因此对它的误解势必影响到对全部西方哲学的理解的可靠性。例如，关于哲学的分类，在西方哲学中，本体论与自然哲学、宇宙论是有严格区别的，后两者是以自然界、宇宙为对象的，讨论世界的始基或本原、宇宙的起源及其演变等问题。如果看不到本体论是纯粹原理系统，看不到它不限于任何特定的事物以为自己的对象，便会混淆它与自然哲学、宇宙论的区别。事实上，这种混淆在今天是很普遍的。又如，西方认识论的产生也与本体论有极密切的因缘。有人把本体论运用于认识，强调逻辑推论在认识过程中的作用，于是就成为唯理论者；有人则根本否认有这种悬空存在的纯粹原理，强调认识当从经验中来，成为经验论者。不了解这个背景过程，便企图在中国传统哲学中寻找相应的唯理论和经验论，总是十分牵强的。洋洋大观的本体论在黑格尔哲学中达到了它的顶峰以后便江河日下，现在已经成了历史陈迹。但即便如此，如果我们不了解它，那么就不明白引发现代哲学家胡塞尔、海德格尔等人思考的问题是什么。甚至，还会妨碍我们对马克思主义哲学的正确理解，看不出马克思主义哲学创始人对黑格尔、青年黑格尔派以及杜林等人的批判实际上就是对本体论的批判，相反，却去争论马克思主义哲学有这样还是那样一种本体论。这难道不是我国哲学界的实际情况吗？

我国一位德高望重的学者生前曾说过这样意思的话：大家都认为他是黑格尔哲学的专家，其实黑格尔究竟讲些什么，他也不太明白，主要是要靠后来的人去研究。这话是由他的一位弟子传达出来的。我觉得老前辈的话既诚恳又符合实际情况。如果我们只把它当作是前辈学者的谦虚来理解，那就等于放弃了我们自己的责任。他的话透露出同样的消息：我们对于西方哲学，尤其是它的精髓实质的了解显然是大大不够的。而我以为，关键则在于对本体论的把握距离还很远。

在这种情况下，依西方哲学的定义和框架去构造中国哲学史，不免有依样画葫芦、削足而纳履之嫌。例如，在中国哲学史中抽取出一些资料、组成一个"根本论"，以与本体论相对应。又如，依照黑格尔把哲学史看成是哲学范畴自身逻辑发展与历史过程相一致的观点，把一部中国哲学史也看成是范畴的逻辑发展史。这些都十分牵强附会。他们可能没有留意到，西方以范畴的逻辑推论来表达的本体论，最初出于柏拉图关于理念之间结合和分离的理论。概念要成为可以进行逻辑推论的范畴，它们本身必须先要从逻辑规定方面取得意义，这便是说逻辑概念或范畴的意义出自它们之间的相互关系，如作为逻辑范畴，整体从部分取得意义，而部分也只有相对于整体才有意义，而不是像日常大多数概念那样，从其所指示的对象方面取得自身的意义。使概念脱离其所指示的实际事物，成为单纯的逻辑规定性，这又同西方语言的特征有密切关系：词形的变化使得系词"是"可以脱离上下文，成为一个独立存在的概念；在柏拉图这里，系词联结主词和宾词也被说成是这三个理念之间的结合或相互分有。这便是从日常概念过渡到逻辑规定性的范畴的源头，它决定了西方哲学的特殊的形态。不顾西方哲学的这种独特的形态，企图从形式上与之对应地看待中国传统哲学，这显然是行不通的,这样构造出来的中国哲学史势必也是脱离其本来面目的。在对中、西哲学分别作上述理解的基础上,进行两者的比较研究,也只能说"西方话"。

深入开展中西哲学的比较研究,当以怎样的方法去着手呢?我们必须找到一把既能够涵盖中、西两种哲学的统一性,同时又能显示出它们各自差异性的尺度。但是我们又不能站在两者之外去寻找普遍性,这简直是匪夷所思,因为哲学本身已经被认为是最具普遍性的学问了。唯一可能的方法是潜入哲学自身的底部,重新考察哲学究竟是什么这样的基本问题。

关于什么是哲学,我们并不是没有答案,而恰恰是答案太多。这样,我们最好还是回到哲学的源头去检索。在古希腊时代,philosophy(哲学)一词原意指"热爱智慧",这是大家知道的。但是要说智慧是什么,这却不好说。因为一旦我们说出智慧是什么,它就成了一种知识。然而智慧却决不等同于知识。智慧是一种能力,有了它,人才能进行创造、才能把握知识。从源头上看,哲学与其说是一门学科、一种普遍的知识,还不如说是表现在超越现实的创造活动中的智慧的敞开状态和过程。

在智慧的敞开状态中实现超越现实的创造活动,这难道不是人超出一切其他动物的优越和美妙之处吗?所以苏格拉底说:美德是智慧[①]。然而由于智慧是隐而不显的,所显示出来的总是人的创造活动,尤其看得见的是创造的技能和知识,所以智慧常常易于为技能和知识所掩盖。对这一点,苏格拉底应当是清楚的。他说,那些政治家、诗人、剧作家和工匠,"因为一技之长,他们确以为自己

---

[①] 见色诺芬:《回忆苏格拉底》,吴永泉译,商务印书馆,1986年,第3卷第9章第5节。

也知道其他极重要的事情。这一错误便掩盖了他们原有的智慧"①。不幸的是，事情正是向苏格拉底所担忧的方向去发展了。当柏拉图复述苏格拉底的"美德即智慧"时，改成了"美德即知识"②。他并且发展出了一种超验的普遍知识，以对这种知识的追求取代了对智慧的追求。这一超验的普遍知识即关于理念之间结合和分离的知识，便是后来逐渐成熟的本体论的最初形态。虽然构成和把握知识仍然需要智慧的力量，但毕竟不是以智慧本身为目标。并且，当知识的构成越是在形式上依靠逻辑的力量，智慧就越是隐而不显。以至于两千多年以后，当海德格尔再次反思哲学的意义时，说今后的哲学不应再叫哲学，而应称作"思"③。难道我们还要把哲学固守在从柏拉图到黑格尔这一种形态吗？

中国原来没有哲学这个名称，但是对道的追求则是中国文化哲学精神的最显著的特点。那么什么是道呢？可能各有各的不同说法。然而正因为这种"道其所道，非吾所谓道"的情况，使得道成为中国文化精神中既确定而又不确定的崇高的概念。道的这种既确定而又不确定的特点，迫使人们为要得到它便须反复在生活中去体察，而不能企求把它当作知识一劳永逸地加以把握。道可以在每个人自己的生活中体察，是因为道被认为是贯穿一切的。这在先秦道家著作中表达为"道不离器"，宋儒说为"理在气中"，禅宗佛教则说得更通俗："担水劈柴，无非妙道。"虽然中国古人没有说过类似热爱智慧的话，但是在以道为终极目标的追求中，日常生活中平凡的事件成了荣辱得失、成仁取义……化为色彩斑斓的意义。这种种

---

① 柏拉图：《申辩篇》，22。
② 柏拉图：《美诺篇》，86、87、89。
③ Matin Heidegger, *Basic Writings*, Routledge and Paul, 1977, p. 242.

意义是敞开了的心灵在追求超越现实中实现的结果。这难道不是哲学的活动吗？哲学在这里不仅仅是"思"，哲学家也不仅仅是饱学之士，而是通达高明、内圣外王式的人物。以中国传统文化为背景的人，难道不是这样去认定哲学的吗？

看来在古代中国和希腊，都表达出了人类对于超越现实的追求和向往，这便萌发了哲学。在中国它表达为向着道的追求，在古希腊表达为热爱智慧。中国人认为道既遍布万物又高于万物，用《周易》的话来说叫做"形而上者谓之道"，因此，追求道的途径是形而上的，关于追求形而上的学问可称为形而上学。在西方，当对超越现实的追求落实到了对超验知识的把握时，这部分超验知识因为是超出实际事物和特定对象的学问的，也被名为形而上学。因而，哲学，至少是哲学的核心部分，也可以说就是形而上学。

除了相同点之外，我们更应注意中西哲学之间的不同点。在某种程度上讲，只有理解了对方与自身的差异处，才是对对方真正的理解。中西方哲学的差异有许多，集中反映在道论和本体论之中。西方的本体论，作为超验的知识体系，讲求普遍性；中国的道论，需要个人到实际生活中去细心体察，更突出真实性。按理说，追求终极目标的形而上学的途径应当是多种多样的，但是由于西方人把它托付给了本体论，托付给了概念自身的逻辑运动，即如黑格尔所说："只有沿着这条自己构成自己的道路，哲学才能够成为客观的论证的科学"[①]，人自身的哲学活动之路倒被堵死了。用他的观点去看，中国人是没有自己的哲学的，甚至还没有形成具有逻辑规定性的概念。黑格尔的话尽管使中国人不愉快，但在中国影响还是很深。人们不是去寻思黑格尔所说的范畴的逻辑体系是不是哲学的唯

---

[①] 黑格尔：《逻辑学》上卷，杨一之译，商务印书馆，1974年，第5页。

一准则，而是努力把中国传统哲学史刻画成哲学范畴的发展史，以满足黑格尔所谓的哲学的条件。现在，当我们从哲学的原始本义方面去反思中国传统哲学，在搞清本体论真相的前提下，不怕承认中国哲学与西方哲学路数上的差别时，上述这种学术上的委曲求全态度应当结束了。

开展新一轮中西哲学比较研究，我们面临的任务是十分艰巨的。我们要从比较研究的角度重新认识和审察西方哲学，尤其是对于中国哲学中没有其相应部分的本体论，因为它集中反映了西方哲学的特殊形态。目前，我们对于本体论已经有了初步的揭示。为了加强说服力，还应当从整个西方哲学史上考察本体论的来龙去脉，包括它的产生、基本特点、主要表现形式、围绕本体论展开的争论及其走向衰亡的过程等等。此外，还要研究现象学和释义学。事实上，当胡塞尔从思考数学的本质走向思考普遍的哲学范畴的本质，因不满足于范畴仅仅从逻辑规定性获得其意义，也要让它们在意识的分析中求得清楚明白时，本体论靠逻辑的必然性构成的体系便被动摇了。此后，海德格尔沿着现象学的道路，把意向分析扩展为生存状态分析，提出基本本体论的命题时，本体论作为第一哲学的地位就彻底垮台了。因为基本本体论说明，哲学范畴是人的一种生存状态的结果。海德格尔后期更是连基本本体论的提法都抛弃了，提倡直接思入"是"的本质，这极类似于中国哲学对道的追求。现代西方哲学对本体论的批判，打破了本体论是哲学唯一的最高形式的神话，大大增强了没有本体论的哲学的自信。这是我们在开展比较哲学研究时首须搞清的西方哲学方面的主要内容及背景。

对中国哲学也要进行重新考察，这主要指两个方面，一是对历年来种种有关中哲史的著作进行检讨，检出其中因受西方哲学定义及框架影响而牵强附会、削足适履之处，加以适当的论定和纠正。

二是依据我们对哲学的基本认识，把被遗漏而却能反映中国哲学特色的内容补充、转录进来。中国哲学认为，追求道的途径是多种多样的，哲学的活动和思路应当也是遍及社会生活各种领域的。如固守西方哲学传统本体论观念，那么便将禁锢了自己的思想，像金岳霖先生那样会断然说出《红楼梦》与哲学没有关系[①]。依我们的看法，至少像中医，以及论述个人身心修养的那类内容当是哲学。事实上，张载《正蒙》一类的著作今天被学生奉为教科书来读的倒是在中医大学里。此外，中国大量的著作是围绕历史学展开的，甚至有"六经皆史"之说，这也是中国哲学应当发掘的场所。

除了对中西哲学作分别的考察之外，当然更要进行横向的直接比较研究。这种比较研究也是多方面的，可分为许多专门领域。如哲学形态（它仅仅是一种知识，或者同时也是一种生活态度），思想方法（依赖于逻辑推论的必然性，还是强调亲身感悟），哲学与科学的关系，以及其他可资比较的领域，其中一个重要而艰难的方面是哲学与语言的关系。大家都意识到一种哲学与表述它的语言有密切的关系，语言形式在一定程度上制约着思想表述的方式，本体论及其逻辑方法的运用正是同西方语言的特点，尤其是系词的运用有关，而中国先秦时，语言中是不用系词的。这一专题的研究虽然难度较大，却是必须深入下去的。此外，还有人提出应开展中西文化的比较研究，因为文化是一种哲学存活的背景。

本论纲提出开展新一轮中西哲学比较研究，其称为"新"，是因为过去对中、西哲学两方面的认识俱有偏颇，这并非哗众取宠。如果平心想一想，一种具有很大差异的哲学要被有悠久传统的中国哲学所理解、消化、选择、融合，并且说它在过去短短一百年间已

---

[①] 山石：《金岳霖讲"小说和哲学"》，《新民晚报》1996 年 4 月 5 日。

经完成，那是谁也不会承认的。以佛教的传入为例，大约至少过了五六百年，才渐为中国人真正理解和吸收，那么我们的前辈在这方面做了一百年的工作实在算是短的。况且我们当意识到，佛教传入是当中国处于强盛之时，而西方哲学在近代传入时，恰当中国在世界上处于相对落后之时，求强盛之心会影响学术心态，说"西方话"多一些。但是我们也有比古人有利的条件，今天的交通通讯技术使我们不必如玄奘一样，非历经千辛万苦才能取得真理。为此，我们相信随着某些带有根本性问题的突破，必将使中西哲学比较研究结出重大的硕果。

原载：《社会科学》1996年第8期

# 十四、再论新时期中西哲学比较研究

我曾写过《新时期中西哲学比较研究论纲》(《社会科学》1996年第8期。以下简称《论纲》)一文,把我们目前进行的中西哲学比较研究称为"新一轮的中西哲学比较研究"。所谓"新",是相对于过去一百年来前辈学者在这个领域的工作。过去一百年里,人们基本上没有怀疑过西方哲学就是哲学的典范,他们照着自己理解的西方哲学剪裁中国文献,建构出一部又一部的中国哲学史,又拿着这样的中国哲学与西方哲学进行比较。新一轮的比较首先就对西方哲学尤其是西方传统哲学能否作为哲学的准则表示怀疑。如果我们的怀疑是有根据的,那么,就将引发多米诺骨牌式的效应,可能在哲学领域导致一系列前所未有的变化。七年的研究使我们确信,我们的怀疑是有充分根据的。

过去我们也许是笼统地感觉到,把西方哲学的标准套用到中国哲学上去总有不妥当之处,但又无可奈何,因为离开西方哲学的标准,我们实在不知道什么是哲学,以至于一般都把模仿西方哲学当作正道。不过,更成问题的还是,对于究竟什么是西方哲学各人有各人的看法。的确,西方哲学有各种流派、各种观点,甚至在同一个问题上,也常常呈现出不同甚至相反的观点。这种情况使得进行比较研究的人总是能在其中找到某些材料,各取所需,似乎也总能讲出些名堂来，于是不免各执己见，莫衷一是。这样的比较如果不是缺少说服力的话，也往往停留在浅层。为此，我曾在《论纲》中把澄清西方哲学的精神或要义作为首要的任务。于是，就有了我们对"是论"（ontology）的研究。

"是论"是西方传统哲学的精髓或核心内容，这大约不需我们做论证。既然"是论"在西方哲学中有如此重要的地位，我们理应首先把握它。可是，长期以来，它一直面目不清，人们以"本体论"这个译名称呼"是论"，并且望文生义地把它解说为是关于寻找世界本源、本体的学说，这样就把本来很精深的一门学问简单化了，结果就把我们自己封闭在西方哲学的门墙之外。我们的研究表明，"是论"在西方传统哲学中是所谓纯粹哲学或第一原理，它是应用逻辑的方法构成的范畴体系。由于"是"通常是这个范畴体系的逻辑的开端，其他各种范畴也都可以称为"所是"或"是者"，这门学问就被命名为"是论"。"是论"作为西方哲学的核心，不仅表现为，从柏拉图以来它一直是哲学家们追求的最高、最普遍的哲学原理，而且，还表现为，其他的哲学分支或问题大都是从"是论"生发出来的。"是论"发端于柏拉图，所以人们会说，一部西方哲学史是对柏拉图注释的历史。我们还可以说，一部西方哲学史，就是围绕着致力于建设"是论"，或者怀疑、批评"是论"的历史。

掌握了"是论"，对于学习西方哲学的人来说，犹如纲举目张，在中西哲学的比较研究中，我们所要进行比较研究的这个对象也就明确了。它有许多特点，相对于中国哲学而言，其最显著的特点是，它乃是一片超越于现实可感世界的纯粹概念的领域，中国哲学的历史上还从未有过这样的领域，也没有与之相应的思想方法，由此得出一个极为重要的结论：中国哲学，起码是中国哲学史，是根本不能根据西方哲学的观念和框架去构建的。中国传统哲学中根本就不存在"是论"。这意味着，我们不仅没有西方那种具有逻辑性质的"第一原理"的哲学——那是一套脱离了实际的纯粹概念的思维；而且，西方哲学中那些我们现在似乎已很熟悉的问题，也因为以"是论"为背景而往往有其特殊的意义和表述形式。例如，主体、客体、理性、非理性、唯理论、经验论，等等，当我们用这些观念去整理中国哲学史的时候，不免陷入西方哲学的框架，而与中国哲学的本来面目则相去甚远。

西方哲学最新的发展也在告示我们，不应该去模仿以"是论"为核心的西方传统哲学。早在19世纪下半叶，马克思主义经典作家就提出，全部哲学在黑格尔这里终结了。黑格尔哲学正是集"是论"之大成者。此后，不断有人以各种方式发出"哲学终结了"的呼声，从尼采、海德格尔、卡尔纳普直到解构主义者德里达，尽管各人的动机、角度不同，其批判传统"是论"的立场是一致的。我认为，其中最值得注意的是马克思和海德格尔。马克思在其《关于费尔巴哈的提纲》中指出："哲学家们只是用不同的方式解释世界，而问题在于改变世界。"如果我们接受这个观点，那么，我们就应该成为"改变者"而不是单纯的"解释者"，如果我们依然有哲学，那么，当留意"改变者"的哲学与"解释者"的哲学的区别。海德格尔的说法是，将来的哲学不再是哲学，而是"思"。了解海德格尔的人都知道，这里的"思"不是纯粹概念的思辨，而是对于自身之契合于大道的体验。他们都提示了与西方传统哲学不同的哲学形态的可能。

从以"是论"为核心的传统哲学的观念下解放出来不是一件容易的事，它经历了一个与"是论"的发展同样长的过程，当"是论"以柏拉图理念论的形式刚产生出来，亚里士多德就指出，理念的存在是没有根据的；当笛卡尔把理念移作人的天赋观念后，经验主义者又针锋相对，提出人的一切观念只能以感官得到的材料为基础；康德则演示了运用纯粹理性概念进行思辨而可能陷入的悖论和错误，以此揭示纯粹理性思维的矛盾，并作了现象界和自在之物领域的划分，实际上就是把"是论"从人类可知的范围里驱逐出去了。但是，在黑格尔那里，这些批评却都成为一种反作用力，推动"是论"向更完善的方向发展。他认为，思辨上的逻辑矛盾可以通过采用辩证法而被承认为是合理的东西，同时，他又主张主观和客观的统一，运用这些方法，终于在其《逻辑学》一书中构成了绝对理念体系，从理论的一致性方面说，黑格尔的《逻辑学》是"是论"发展的顶峰，以"是论"为核心的哲学是西方哲学的主流，它的影响是如此之深，以致虽然从马克思以来不断有"哲学终结了"的呼声，人们还总是容易纠缠在传统哲学的框架中而不能自拔。

"哲学终结了"，这句话不应当理解为一切哲学终结了，而应当理解为以"是论"为核心的西方传统哲学的终结。"终结"也不应当理解为抛弃。西方传统哲学有过它的辉煌，它表明人类曾经那样思想过，作为历史事实和人类精神文明的成果，西方传统哲学的存在是不可否认的，那种思想方式对于人类的生活方式的某些方面（例如科学）产生过并将继续产生影响。"终结"指的是西方传统哲学一统天下局面的终结，是"是论"自诩为第一哲学地位的终结，第一哲学意味着它是最普遍的原理，是对其他知识起限定和规范作用的东西。这使得从西方哲学内部很难突破"第一哲学"的藩篱。因为，站在这一格局之内，我们已经使自己的思想纳入了逻辑的框架。在逻辑框架的内部是不能攻破逻辑框架的，逻辑的框架也不能靠非逻辑的东西去打破，只有揭示出逻辑的东西和非逻辑的东西所从出的共同根源，思想才实现了超越。马克思指出了一切理论（包括相互对立的理论双方)的东西起源于实践,海德格尔甚至具体演示了某些重要逻辑范畴之起源于人的生存状态的过程,这些都指出了有比所谓"原理"更根本的东西,是思想谋求打破第一原理禁锢的努力。所以,从消极的方面看,"哲学终结了"这个口号标志着"是论"作为第一哲学、最终原理地位的丧失;从积极的方面理解,这个口号为的是让思想以多种可能的方式敞开出来。

尽管"哲学终结了"的呼声响起至今已有一百多年了,传统哲学的影响依然强大,乃致现代西方的一些哲学家往往想用极端的方式去消除它。例如解构主义就是如此,结果他们自己却陷入了相对主义,且不免有否定一切传统之嫌。"哲学终结了"这个口号的意义真正的暴露,一定是在不同于西方传统哲学的各种思想方式得到显扬的时候。向世人显示中国哲学的真正面目,对中国哲学和西方哲学加以比较,以便哲学在今后的发展,正是这个时代的哲学发展向我们提出的要求。但是,我们过去没有意识到这个任务,不仅我们,日本的情况也相似。有人指出,日本对于西方哲学是全盘照收的,这会导致虚无主义,我们应当引以为戒。

现在的问题是,既然以西方哲学为样板整理中国哲学是不可能的,那么我们还有方向吗?在缺乏样板的情况下,困难似乎更大,因为我们面临的问题是:什么是哲学呢?我们显然不能把中国传统文化原封不动地当作哲学,更不能把从事传统学问的方式不加改变地移作现代哲学的研究,那么出路何在呢?

据我所知,提出要与西方哲学进行比较的不仅是我们中国,现在,世界各国、各民族普遍提出要发展本民族的哲学,由此提出了与西方哲学进行比较的要求。在此过程中,所有西方以外的民族都碰到了与中国相似的问题,即判断哲学的标准的问题,这牵涉到他们是不是本来就有哲学的问题。面对这一挑战,有三种回答。一种称为普遍主义，顾名思义，它以西方哲学为普遍的哲学，由于西方哲学同科学密切相关，所以，有一部分人主张等本民族的科学发展到一定水平以后再来谈哲学的发展。另一种称为文化主义，他们基本上是以文化代替哲学，或者试图从本民族文化的基础上提升出哲学。我们认为，哲学应当是文化的精髓，以文化代替哲学显然是放弃哲学；从文化中提升哲学或许是正确的路径，但是，在这条路径上还是会碰到衡量哲学的标准问题。还有一种态度称为批判主义，这种态度看来比较灵活，但是并没有面对实质性的难题。

通常人们会想到归纳、概括的方式，运用归纳法的前提是，我们已经肯定了中国哲学和西方哲学，然后从中抽象出共同性的东西。然而，纵然我们有关于西方哲学的说法，中国哲学却还没有定论，又怎么能把它当作概括的对象，从中得出关于哲学的一般认识呢？此外，抽象的方法本身是西方哲学的方法，蕴涵在其中的问题方式是，"这是什么？"也就是说，它追问"所是"，如果一种哲学追问的方向是"怎样"或"如何"，用"所是"去概括未免仍然落在西方哲学的巢穴内。例如，中国哲学重要的内容之一是修身养性，这不是靠概念能把握，而是要自己当下体会的，一表达为"所是"，就出乎其外了。

难道就没有别的途径可以探讨哲学的界定了吗？途径还是有的，问题是，把握这条途径，我们需要先改变问题的方向和我们自己的思想方式。事实上，我们对于哪些内容是中国哲学并不是一无所知，只是当严格追究起定义时，就觉得茫然了。我们不妨一试的方法是，在肯定中、西方哲学是一种现成哲学形态的前提下，去深究哲学之为哲学的根源。这个问题是要深入到哲学的来历中去。这好比说，当我们面对两件不同类型、看似难以比较的产品时，我们不直接比较产品，而是去考究生产它们的过程和方式，它们都是被生产出来的,从事生产要有基本条件,只是由于生产的方式或者工艺的不同而成了不同的产品。当我们这样去看问题,就能够说,哲学原是一件产品,我们自己就是哲学的制造者,制造哲学的过程和方式就是我们自己的生存过程和方式。生存方式决定哲学的形态。在此,我们深入到了哲学的来历或"本质"中,于是我们就要搞清,与西方哲学相应的是人的怎样一种生存方式;与中国哲学相应的又是怎样一种生存方式。

谈到生存方式,就不可避免地要谈到"命"的问题。生存方式或者也叫生活方式,生活方式是"命"的展开,中国哲学从起始即注意"命"的问题,在儒家哲学中,是所谓"性""性命""心性""性理"问题;在佛学,即所谓现象所从出的"无明"或从现象追溯上去的第八识"阿赖耶识";道家在先秦时就揭示了把握"命"的途径在于物我两忘,后期道家则成为企求长生不老的宗教。"命"的展开就是"命运",哲学对"命运"的关注是"命"对自身的关注,以求达到对"命"和"命运"的自觉。

西方哲学只是到了现代,才有人重新提出"命"和"命运"的问题。在西方传统哲学里,"命"是被消解在现象里的。语言生动地反映了这一点,在英文里,同一个词 life,兼有生活和生命的意思,这反映出西方人把生命和生活当作一回事看的倾向。然而,生命和生活是有区别的,生命是生活的载体,有"命"才有生活。西方传统哲学以"自我"和"主体"的概念表达生活的载体,"自我"和"主体"需要借助于"他者"和"客体"的概念才能说清;说清了,也不过是两个概念的意义,是"以指指月"中的第一个"指",而"命"虽然也有"非命"作为对立的概念,但是,每个人都知道"丧命"意味着一无所是,所以"命"不能从它对立的方面去领会;另一方面,如果一个人有属于他的最本己的东西,那就是"命"。

尽管从柏拉图以来的西方传统哲学放过了"命"的问题，但是，它终究是从"命"中展示出来的，是一种"命运"。西方人直到20世纪的海德格尔才重新提出"命"和"命运"的问题，不过，他沿袭了西方传统哲学的语言，他在早期的著作《存在与时间》中，要通过对"本是"（Dasein）的生存状态的分析探究"是"的意义问题，"本是"指的是人这种所是，本是的"是"海德格尔称之为生存（existence），事实上就是我们说的"命"，对生存状态的分析是对"命"的展开的描述。"命"的展开是人生一切意义的根子，当然也是哲学的根子。

海德格尔认为"本是"的展开过程是结构性的，"是"的基本特征是时间性，这是他对"命"的问题研究的两大贡献，他的研究打破了西方传统哲学自封为典范的神话，也为我们重新思考哲学提供了线索。

时间性不仅标志为人有生死，而且描述了人一旦被投入到世界就进入了他的超越过程，因为时间是不断向将来迸发着的，是所谓在"出窍状态"（ecstatical）中的。这意味着人生的一切活动都是超越，包括认识和反思都是超越的方式。人自身的超越本性是形而上学之所以可能的根据，在这个意义上说，形而上学是人的本性。人们一般把形而上学看作是哲学的标志，既然我们承认形而上学是人的本性，那么，我们有理由说，人生就是哲学。在这个意义上，每个民族都能够有自己的哲学；然而事实上是，并不是每个民族都有作为一门学问的哲学的，哲学作为一种学说，一门学问，应当是人对自身超越的反思的表述，不仅形之于语言，而且要见之于文字，所以，人生就是哲学，这句话进一步指的是，哲学是对人生的反思。不过这个说法还有问题，被反思的内容可以不同，反思的方式也是多种多样的，举凡各种学问，包括文学艺术和科学，都有着超越和对超越的反思。例如，文学既形之于语言文字，其中就有超越和反思，文学评论则是对文学作品这种超越和反思的进一步超越和反思。哲学的反思并不标志着最高、最后的反思，它与其他同样是反思的学问的区别是，它所反思的是超越的形式，哲学是对人自身超越形式的反思。

人们可能认为，上述关于哲学的界定或许适用于中国哲学，却难以抓住西方传统哲学。西方传统哲学如我们前面说过的，是以"是论"为其核心的，即表达为一个纯粹概念推论的原理系统，它之远离人生问题这一事实，正是它在现代遭受批评的原因之一。其实，据海德格尔揭示，这是因为从柏拉图起，西方哲学就把注意力放到了"所是"的方面而放过了"是"的意义问题，但是，"所是"是依"是"的方式而是其所是的，这可以理解为，人们所知的种种"所是"都是生命以不同形式展开的结果，然而，生命往往执着于生命中的现象而放过生命自身，这是因为，生命只存活在世界中，离开了世界，生命无活处，生命总是倾向于从它所介入其中的世界方面来把握自己的，根据这个事实，海德格尔指出，人生的展开是结构性的，这个结构就是"人生在世"（Being-in-the-world），它由人和世界两个方面组成，反思可以是对人生在世结构整体方面的反思，也可以从人自身和世界方面分别作反思。这就是哲学可能成为世界观哲学和人生哲学的根据。

人生在世的结构是一个整体，世内是者之显示为如此这般的是者，总是对应着人的一种与之打交道的方式，并且，人与之打交道的方式是积极的方面，它决定了是者是其所是的面目，用佛学的话来说，叫做"万物唯识"。这说明，即使是西方传统哲学，看起来它表达了某种与人无关的客观原理，事实上仍联系着人的生存状态。柏拉图和黑格尔都说，把握真理首先需要做思想训练，这正泄露出即使接受由逻辑范畴组成的、被标榜为是客观真理的东西,也必须伴随人的主观状态的相应变化。(掌握数学和科学也经过与学习西方传统哲学相仿佛的思想训练过程,就这点而言,它们是同源的。)所以,离开了对人自身的生存状态作反思的哲学往往是脱离根基的,彻底的哲学应当包括对产生哲学的根源的反思。

一旦我们从"对人自身超越形式的反思"的方面去重新认识哲学,这门古老的学问顿时敞开它的全部领域。这也意味着,我们又回到了哲学的根基,我们探索到了哲学的由来,对不同形态哲学间的比较获得了一个基础,也许还能够对哲学今后的发展有所期许。由此,也产生出一连串迫切的理论问题,今就比较哲学的角度择其要而举之。

过去一百年里,中国哲学,尤其是中国哲学史的建设主要是依傍着西方哲学而进行的,这是不可避免的,因为我们原来虽有哲学而并不使用哲学的名称,难怪蔡元培先生将之当作正确的做法加以肯定了。为了建设新时期中国哲学,我们要用相当的精力澄清,我们过去究竟是在哪几个方面依傍西方哲学的呢?在不同的中国哲学史著作里,依傍的程度又如何?依傍的结果如何?我们有什么理由可以不依傍西方哲学?

对于西方哲学的依傍是同人们理解西方哲学的程度密切相关的。当胡适先生写作《中国哲学史大纲》的时候,他分哲学为:宇宙论、名学及知识论、人生哲学(胡适将之等同于伦理学)、教育哲学、政治哲学和宗教哲学六大分支。他所谓"名学及知识论"是指"知识思想的范围、作用及方法",这大体相当于认识论,由此可知,他所提到的分支都在西方人所谓"实践哲学"的范围内,他没有提及形而上学,更没有提及"是论"。这显然与他接受的西方哲学的流派有关。冯友兰先生虽然也很少提到形而上学和"是论",

但是，从他在《新理学》区分真际和实际，在《中国哲学史新编》谈理论思维概念的"红"并不代表实际可感的红的事物，以及企图把朱熹归入中国历史上最大的"本体论者"，从这些论述看，他对作为西方哲学精髓的形而上学和"是论"是高度注意的。金岳霖先生是中国少数深谙西方哲学精髓的学者之一。据冯友兰先生透露，金先生曾在剑桥大学说过，"哲学是概念的游戏"，这与某些西方学者（如维特根斯坦）对逻辑本质的批评相似，似乎流露出金先生对于"是论"有透彻的了解。但是，他的《论道》一书又是最具"是论"色彩的。张岱年先生写作《中国哲学大纲》的时候，其开篇第一部分第一篇是"本根论"，据称是相当于西方哲学的"本体论"，即ontology（"是论"）。改革开放以来，哲学界放宽了眼界，不再局限于以唯物、唯心两条路线斗争的观点看待中国哲学史的简单做法，哲学要引向深入，这是一种进步。表面上，这些著作没有提到"是论"，其实，却越来越强烈地出现了要在中国哲学史中建立"是论"的倾向。他们的做法是，把中国哲学史看成哲学范畴逻辑发展的历史。对于这种做法，大多数人恐怕还是认为正确的和深刻的。回顾这个过程，可以看出，中国哲学依傍西方哲学的轨迹的发展是越来越靠近"是论"。

我特别提到前辈对于"是论"的态度，那首先是因为，如前所说，"是论"是西方传统哲学的精髓，依傍西方哲学最终会走向"是论"的方向。其次，这个问题最能折射出依傍西方哲学建设中国哲学之不妥。确实，形而上学、"是论"最代表西方哲学的核心，被黑格尔比喻为宙宇中至圣的神，依西方哲学的标准，没有形而上学、"是论"的哲学是没有灵魂的。于是，问题就在于，既然依傍西方哲学，就必须在中国哲学中建立起相应的"是论"，不然就影响到中国哲学的品位，甚至中国哲学作为哲学的资格问题。但是，我们也发现，"是论"不仅有其特殊的思想方式，这种思想方式即使对于一般的西方人来说也不是自然就有的，更何况其所使用的语言是在这门哲学的长期发展中形成的逻辑规定性的语言，要在中国哲学史中建立"是论"，是不符合中国哲学史的实际的。要么，如金岳霖先生那样，写作他自己的哲学，做他自己的概念游戏。金先生所谓的"道"不是中国哲学史上任何一家的"道"，而是脱离了中国哲学传统的"道"，是一个逻辑范畴，这是中国哲学吗？它能否被具有中国文化背景的人所认同呢？

要把握"是论"不容易，要说明中国哲学史不能依榜以"是论"为核心的西方哲学也不容易。我曾经指出，"是论"是一个脱离实际的纯粹概念的领域，这是中国哲学史上所不见的；我也指出过，"是论"使用的是逻辑推论的方法，这与中国哲学史的思想方法也不同；我还指出过，"是论"使用的语言是逻辑规定性的语言，这与日常语言有别，它是西方哲学家们对日常语言加以改造的结果[①]。现在看来，仅仅指出这三点是不够的。因为人们还接受了一系列虽然没有标明"是论"实际上却是出于"是论"或者与"是论"密切相关的哲学观念。

我们试从"普遍性"问题说起。"普遍性"被认为是哲学特别追求的东西，西方甚至就把哲学定义为是普遍的知识，与哲学相对的其他门类的知识则是各种特殊的知识。普遍知识还与真理相关，这个说法颇吸引人，诱使中国哲学向普遍哲学的方向去发展。"普遍性"吸引人的地方还在于，它标志着人的认识的深入发展的阶段。西方人说，"这是一棵树"，这种平常的说法中就有着个别与一般的统一，把一件具体的东西挂到一般的树上，是从具体"上升"

---

① 参见俞宣孟：《本体论研究》，上海人民出版社，1999年。

到了一般,我们对具体就有了一种深入的理解,以这种方法去看汉语,我们似乎觉得也没有什么两样。人们还说,没有普遍性的概念,交流就难以进行。接受了这种思想,就使得中国哲学不仅可能,而且必须向普遍的知识的方面去发展。然而我们现在问,中国传统哲学中是否也曾那样致力于论述普遍性问题呢?"普遍"这个词是在什么时候成为中国哲学的概念的呢?

确实,中国哲学的观念、语言在分析之下是可以理解为具有普遍性的。但是,我特别提请注意,西方哲学从一开始起就有意识地强调和推崇普遍性,我们在中国哲学史上找不到这种倾向。这种追求普遍性的强烈意识使得西方哲学早就认为,普遍性越大其哲学的品格就越高,其结果,哲学必然要使自己成为最普遍的学问,或者说,最普遍的哲学才最具有哲学的品格。那么,什么样的学问才是最普遍的学问呢?一般来说,这是指,一个普遍的命题是不容许这个命题涉及的内容有例外的情况,对于哲学来说,一种最普遍的哲学应当覆盖全部经验领域。这就提出了一个问题,如果一个命题是从经验的概括中得到的,那么,从理论上说,是不能具有最大的普遍性的,因为经验总是受到时间和空间条件的限制。于是,除非这个命题表达了某种超越时空的观念和思想,它就不能具有最普遍的性质。而超时空的普遍性也被称为绝对的普遍性。

绝对普遍的领域是脱离我们经验世界的领域,它是西方哲学最高的追求。严格意义上的"是论"就是表达这个超时空领域的哲学,它是用抽象的概念表达的所谓绝对原理。其典范是黑格尔的《逻辑学》。英文中有两个词表达普遍,一个是 general,另一个是 universal,虽然在人们的使用中有时并不分得很清楚,但大致说来,当用于从经验概括的相对普遍的意义时,一般用前一个词,其动词 generalize 的意思是概括。Universal 则用于绝对普遍的意思。

中国哲学史上缺少的是 universal 所表达的绝对普遍。这使得即使在今天,当我们读黑格尔的《逻辑学》时,依然感到很困难,对于冯友兰先生说理论思维的概念"红"是不红的,颇为惊愕。

中国传统哲学中没有发展出绝对普遍的概念,这同中国哲学的主旨有关。中国哲学从开始就把人性问题当作核心问题,"人性"可以被当作是一个普遍的概念来讨论,但是,也可以由每个人对自己当下的体验来把握。中国传统哲学走的显然是后一条路。中国儒、道、佛三家发展出丰富的修身养性的方法,其要旨是归静,以便从世事中抽身出来,在此一度发现和体验自己原始生命的本质力量。得到了这种体验以后,进一步的目的方面,三家旨趣有别。佛家教人出世,远离社会政治,专事个人行善,以求来世解脱。先秦时以老庄为代表的道家体会到了生命与环境世界的浑然一体,看待人生非常洒脱,真正是"视死如归",用现在的话来说,他们是反对人类中心主义的;后来的道家则重视养生,企求长生不老。唯有儒家,始终记挂着生民社会,对于他们来说,下"切己功夫"获得对自己生命根源的真切体验,目的是为了积聚起生命的能量,"养吾浩然之气",以便更自觉、有效地应对社会生活,即所谓"寂然不动,感而遂通","对内湛然澄明,对外应接万机"。由于社会生活是人人不可避免的实际,儒家学说在中国最有影响。甚至佛学也受到它的感染,以至于禅宗也说出了"担水劈柴,无非妙道",把禅融入到日常生活中去了。

应当承认,任何一种思想、一种语言总是包含着普遍性。但我们决不能混淆相对普遍性和绝对普遍性的界限。日常语言依赖的是建立在人们实际交往中的经验的普遍性,即相对的普遍性。中国传统哲学并没有对普遍性本身进行反思,更没有刻意追求、推崇普遍性,因而没有建构出一个超时空的绝对普遍的领域。甚至当宋代理学家说,理是"放之四海而皆准"的东西时,也没有暗示理是超时空的绝对普遍性的东西,相反,理在气中,道不离器,倒是中国哲学史上的共识。西方对普遍性本身进行反思,其最高结果便是以普遍概念表达的真理。中国传统哲学引导人体察自己个体生命的本质,讲究的是体验的深度和真实性,其最高成果标志为境界。用西方的话来说,这是 truth 和 authenticity 之间的区别。

从"普遍性"问题就谈到超越问题。追求普遍还是追求真实,这是两种不同的超越方式。从个别到一般或普遍,再到绝对普遍,这看似对象方面的变化,实质是人自身超越的结果。从与个别的树打交道到认知一般的树,即树的概念,的确有了超越,人自身的眼界、胸怀扩大了,及至面对绝对概念时,相对地,人已经把自己放置到了绝对主体的地位。这些都是人自身状态方面的变化,绝对主体的人是没有感情的人,是纯粹理性的人,人只有把自己放置到这个位置上,才能听凭概念自身的逻辑运动。所以,改造客观世界的同时必须改造主观世界,这句话是对的;我们还可以说,虽然主观世界的改变受制于环境,各种创新总是出于主观世界的优先改变。

中国传统哲学讲的修养也是一种超越,但这同发生在从个别到普遍那样的认识过程中的超越是不同的。如果说,从个别到一般那种认识的超越是外向的超越,那么,直逼自己生命深处的修养所实行的超越则是内向的超越。这一超越表现为剥离人生执着于其中的种种现象,向自己显露出生命的根苗。这种超越不仅是思想的,而且是全身心的;不仅是认识的,而且具有实践的性质。所谓"人类精神的反思"(冯友兰先生语)或"人类认识的精华"(冯契先生语)的说法都不足以讲清中国传统哲学。我读中国哲学的书,常能获得身心放松、神清气爽的感觉;我读西方哲学的书,所能获得的是思路清晰、层层深入的感觉。

我们由于自己的文化背景，接受绝对普遍的概念颇有困难；对于西方人来说，要看到与具有超越性的绝对概念相伴随的是人在超越，这同样是困难的。他们在哲学中总是把眼睛盯着自身之外的东西。在基督教神学中，超越指的是上帝和天国；在世俗哲学中，超越指的是绝对概念及由绝对概念构成的理论，即绝对真理。关于这点，我们已经在郝大维和安乐哲合写的《汉哲学思维的文化探源》一书中读到过，他们把"超越"严格定义为："如果 B 的存在、意义和重要性只有依靠 A 才能获得充分的说明，然而反之则不然，那么，对于 B 来说，A 是超越的。"① 这里说的超越的东西当指第一原理，他们还明白指出，康德所谓的物自体也是超越性质的东西。

超越被认为是形而上学的性质。康德曾说过："形而上学知识这一概念本身就说明它不能是经验的。"② 这一说法突出形而上学是一种超经验的知识，照这个说法，中国传统文化中是找不到形而上学的，因而也是没有哲学，或至少是没有纯粹哲学的。但是我们前面已经能够说明，超越的知识，直至超越的世界，都是在人自身超越的追求中产生的。人的超越性是超越的概念的根源。其实康德自己也已经有见于此，他说过，形而上学是人的"理性的自然趋向"③。所谓"理性"，其核心是逻辑推理的能力。然而中国传统哲学证明，人的超越不必都是出于对逻辑的运用，超越的本质在于人自身的状态的改变。生命本质上就是向着将来的超越。基本的养家糊口、传宗接代是超越，制定计划、为实现理想的努力是超越，从

---

① 郝大维、安乐哲：《汉哲学思维的文化探源》，施忠连译，江苏人民出版社，1999年，第194页。
② 康德：《未来形而上学导论》，庞景仁译，商务印书馆，1982年，第17页。
③ 同上书，第160页。

事生产、教育、文化、艺术、宗教活动也是超越。生活的方方面面都是超越着的，只是其超越的形式不同。所以，根据这里的理解，形而上学就是超越，而不只是超越的知识。人的超越是形而上学之源，超越的方式多种多样，作为知识的形而上学只是其中一种可能的超越方式的结果。

西方哲学突出强调了一种形式的超越，即追求普遍知识的超越，它可以是"是论"的，也可以是认识论的。这种超越方式结出了一个硕果，叫做科学。但是，另一方面，对这种形式的超越的过分强调，有可能排除人的其他可能的超越方式，甚至，更为严重的是，可能会把一切超越的根源遮蔽掉，甚至堵死，用海德格尔的话来说就是，拘执于所是而忘却了"是"本身。现代社会的一个突出现象，即人的单向性现象，是可以用这点去解释的。中国传统哲学则时时提醒人们回到超越的源头，去体会喜、怒、哀、乐之未发的状态，以便发而中节。相比之下，中国哲学是更原始的哲学，这里，原始不是落后的意思，而是居于源头的意思。有这样的哲学是好事，因为它保持着多种发展的可能性。

形而上学是超越还是超越的知识，直接导致中西两种不同形态的哲学。以形而上学为人自身的超越，中国哲学以调整人自身的生存状态为精义；以形而上学为超越的知识，西方哲学以把握普遍知识乃至绝对真理为要务。要调整人自身的生存状态，首先应明白，人的状态是可自我调整的，也是必须调整的。说它可自我调整，是因为"命"本身并没有预先设定程序，命运实现在自我的选择中。说必须调整，是因为人常有背离"命"的倾向；"命"在其原始状态中是与其环境和谐一体的，当环境变化或人运用意志谋求打破和谐时，应当防止对"命"本身造成戕害。《中庸》说："喜怒哀乐之未发，谓之中"，这是引导人们体验"命"的原始状态；"发而皆中节,谓之和",这是教导人们行为要得当。行为得当也称为得道,所谓"和也者,天下之达道也"。道是中国哲学的最高目标。

新一轮中西哲学比较研究还只是刚刚开始,以上涉及的问题还是很粗线条的,仔细梳理这些问题是我们今后一段时期的任务。比较本身还不是目的,真正的目的是要通过比较,建设起符合新时期要求的中国哲学,这种新的哲学必定是以中国传统哲学为基础的。时代正召唤着我们去完成这个任务。

此文曾略经删节,以"由 ontology 引出的哲学新界定"为题,发表于上海《社会科学》2003 年第 10 期。这里收入的是原文,载俞宣孟、何锡蓉编:《探根寻源——新一轮中西哲学比较研究论集》,上海译文出版社,2005 年

## 十五、开辟中西哲学比较研究的新境域①
### ——为麦克林先生 75 寿辰而作

### (一) 面对中西文化际会

站在中国文化背景中来认知西方哲学并不是一容易的事。这只要回顾一下佛教传入中国的历史就可以明白了。佛教大约在纪元开始的时候传入中国,对于中国人来说,佛学是一种全新的学说,在当初,是人有我无,或者,换一种更学术的说法,佛学最初对于中国人来说是一个异在的意义系统。于是,过程之初,就出现一种现象,即,根据已知去解释未知,这就是中国接受佛学过程中的"格义"阶段。根据已知解释未知,这是人们开始理解新事物时普遍的现象。中国人到了隋唐时才使佛学真正成为自己的东西,写出了自己的佛学经典,那时佛学传入中国已经五六百年了。值得注意的是,在这个时期里,佛教逐渐成为中国社会生活的一个重要内容了,而中国化的佛学中也揉入了儒学的成分。佛学中国化的过程告

---

① 我是治西方哲学史的,做这份工作光靠读书不行,还需要广泛的学术交流,尤其是同西方学者的交流。感谢麦克林教授的帮助,是他为我创造了多次与西方学者交流的机会,还主动提供机会让我去美国做访问学者。我对西方哲学的理解有所长进,同麦克林先生的支持是分不开的。这里是基于我对西方哲学的一种理解而对中西哲学做的一种比较研究。值此麦克林教授 75 寿辰之际,我谨以此文献给他。

诉我们，只是当人们能够在自己的实际生活和新的意义系统之间建立起对应的联系时，才有可能使外来的意义系统成为自己的东西。在佛学意义系统和中国社会的实际生活之间建立对应关系的时候，一方面，佛学本身经过了改造；另一方面，它同时也是中国社会生存的方式向着与佛学相适应的方向发生变化的过程，即，这是一个双向互动的过程。印度的朋友说，中国的佛学与印度原生的佛学是有区别的，这并不令人奇怪。回顾整个过程，并非波澜不惊，而是有矛盾、有冲突，有时甚至还很激烈。其最终的结果，一般认为是形成了以儒家文化为主体的中国传统文化的特色。

现在我们又一次面临与外来文化的交会与碰撞，大家的态度是愿意吸收西方文化的精华，使之成为我们民族的组成部分。这一方面是一个西方文化的精华经受改造后融入中国文化的过程；另一方面，也是社会生活的方式逐渐发生变化，与我们正在建立的新的意义系统相适应的过程。事实上，一百多年来，我们的生存方式已经发生了很多变化。其最显著的标志是，随着清皇朝的被推翻，结束了中国两千多年传统的封建帝制。五四运动的时候，人们又明确提出了民主和科学的要求，成为人们憧憬的新的生活方式。同时，西方文化的意义系统也日益蔓延滋长。但是，鉴于佛学西来的历史经验，我们应当知道，东西文化不可能只有交会没有碰撞。事实上，从日常的生活习俗、经济活动的方式，直到政治生活领域，我们看到了是有冲突的。也许冲突是不可避免的，但是，人是聪明的，他会学习，会从不自觉到自觉，这至少能缓解冲突的程度。

佛学融入中国文化的过程，不是佛学意义系统原封不动地移动到了中国，中国社会固有的生存方式也不可能一成不变，而是意义系统和生存方式逐渐相契合的过程。如果我们用这样的经验分析今天面临的问题，那么，一方面，我们已经不能固步自封了，因为我们的生存方式已经发生了某些变化；另一方面，全盘西化也是不可能的，因为，全盘西化意味着从生存方式到意义系统的彻底换血，而生存方式中包含着历史传承下来的东西，是一个民族自我认同的标志。生存方式的形成甚至还同不可改变的地理等自然条件有关，例如，中国自古以来就是世界上疆域较大的国家，这除了中华民族人口众多的原因以外，同地理环境不无关系：长江、黄河两大水系横亘全境，抵御水灾是一个沉重的任务，这可以追溯到上古时代大禹治水的传说，这样的工程需要地域广大的区域内的人们的通力合作。所以，尽管中国的历史显示国家有分有合，大一统却始终是人们追求的理想。生存方式表现在许多方面。至于在西方文化影响下，我们将来究竟会维系在生存状态和意义系统之间怎样一种相契合的水平上，这是一个难以预测的问题，现在我们能做的是对生存状态和意义系统分别做一些分析，这多少可以提高我们选择意义系统的自觉性。中西哲学的比较研究就是为了提高这种自觉性的一项基础性的理论研究。

## (二) 生存方式和意义系统

站在中国传统文化背景中来说，西方哲学也是一个异在的意义系统，它是同西方社会的生存方式相适应的。我们先要分析作为一种意义系统的哲学和人的生存方式之间究竟有什么关系。

首先，关于把意义称为"系统"的问题。凡我们对某个对象有所体会、有所说，这都是意义。当我们谈到意义的时候，多数情况下指的是事物的意义。一件事物之有意义，在于它同我或其他事物的关系，如它对于我或其他事物的影响、作用、相似点或相异点，等等。借助于与其他事物的这些关系，我们才能说出这件事物的意义。绝对孤立的事物是无意义的。在这里，意义符号与事物是对应的关系，意义系统不过是事物间联系的表达。意义系统一建立，就有相对的独立性，它使得文化传承成为可能。另外，意义系统的相对独立性还使人们能够根据使用意义符号的习惯，脱离事实地造作符号间的联系，这种符号的联系是否真有意义，还有待于事实的验证。例如，并非凡符合语法的句子都是有意义的，这充分说明，意义系统是根据事物的实际关系建立的。我们进一步说明，事物的关系又是在人与它们打交通的活动中得到揭示的，所以，归根结底，意义系统的建立有赖于人自身的生存方式。

另外有一种纯粹概念或符号的意义系统，例如，纯粹符号运算的数学或逻辑命题的意义系统，它们与实际事物无关，它们的意义是根据它们相互之间的逻辑关系加以规定的。哪怕在 A＝A 这个标志同一律的公式中，也蕴涵着 A 不是非 A 的关系。绝对孤立的一个纯粹概念或符号是没有意义的。纯粹概念或符号的意义关系是日常思维的人们所不习惯的，我们之所以要特别提到它，是因为当我们考察西方哲学的时候，发现西方传统哲学的核心，即形而上学的"是论"，就是这种形式的意义系统，看上去，它像是不依赖人的生存状态而独立存在的。"是论"曾被认为是纯粹的哲学，是最普遍的原理，虽然它不是关于任何特殊领域的学问，却被认为是普遍适用的原理。在柏拉图这里，它是理念世界，在黑格尔这里，它是充塞宇宙间的绝对精神。正因为如此，人们总是自觉或不自觉地把"是论"当作衡量哲学品位甚至有无哲学的最终标志。

尽管黑格尔声称，哲学是概念自身的运动，可是最新的研究表明，即使"是论"也是同人的一种特殊的生存状态相关的。这种特殊的生存状态是从基本的日常生存状态中衍生出来的。首先揭示这一点的是海德格尔，他把人在世界中的活动方式区分为当下的运用工具的活动方式与从当下活动中脱离出来，对手头打交道的东西采用"看"的方式。通过对这两种生存方式的分析，揭示了产生日常世界意义系统的过程和所谓独立的纯概念的意义系统的根源。对他的观点，我们不妨略做了解。

根据海德格尔《存在与时间》（生活·读书·新知三联书店，1987年）第17、18节所阐明的观点，一个意义项的意义在于它同其他意义项的关联。例如，一把锤子的意义须从它的功能和作用方面得到解释：它是用于敲打钉子的；而钉子则是用来固定两块木板的；固定木板则又是为了做成一件供使用的家具，或者盖成一间可居住的房屋，等等。在日常生活中，我们大多是这样来与事物打交道的，在这个过程中，锤子、钉子、木板、家具、房屋就关联起来了。为了获得锤子、钉子、木板等，需要经过采矿、冶炼、伐木等活动，这又牵连出其他的材料和工具。其中的每一件事物都是由于它的一种作用而被牵连进来的，我们根据它的作用来理解它的意义，这就是日常生活中意义的基本的出处。陈嘉映、王庆节先生把这种"牵连关系"（Bewandtnis/involvement）译成佛学色彩的"因缘"。无论是"牵连"还是"因缘"，总之，是因为人的活动，它们关联在一起，并获得了一种意义。人的活动方式对于意义的揭示具有决定性的作用。对此，我们可以做如下的进一步说明：同一件东西可以具有不同的意义，成为不同的所是。一把锤子当其用于工作时是锤子；匆忙中，抄起它抵御袭击，可以权作防身的武器；如果是用以行凶，那么它就成了凶器，在法庭上是证明罪行的物证。

这里看上去似乎有一个困难，即，照我们上面的说法，事物之是什么，即事物的意义，决定于人同它们打交道的方式，那么事物本身有无它们自己不依赖人而"固有"的意义呢？例如，仍以锤子为例，它以金属制成，是坚硬的、有较大的重量。但是，我们是怎么会去留意锤子的这些性质的呢？在锤子的任何一种当下的使用中，人们想必是不会去想到锤子的这些性质的。只是从当下的使用中超脱出来，才可能去留心锤子本身的性质。说得明白一点，这种特别的"留心"我们常称之为"研究"，但是，研究难道不也是人同事物打交道的一种方式吗？所谓锤子"固有"的性质正是在人对锤子采取研究的方式中显示出来的。

在使用和研究中，人与锤子的关系是有区别的，海德格尔描述了它们的区别（《存在与时间》第16节）。在前一种方式中，人的注意力往往是在工作本身方面，工作进行得越顺手，对锤子的关注就越少，就好像锤子成了自己身体的一部分。但是这决不意味着人对锤子毫无意识，而是，锤子在人的"环顾"（circumspection）中。海德格尔称人与锤子的这种状态为"应手状态"（ready-to-hand）；后一种状态则称为"显在状态"（present-at-hand），人对锤子采取的是"看"（seeing）的方式。在"看"的方式中，锤子凸显出来了。凸显锤子的方式不仅在肉眼的看中，以科学方法测量它的物理性能直至以"心灵"的眼睛从哲学上把握它的"本质"，都是凸显锤子的方式。人与锤子打交道的方式是多种多样的，每种方式都标志着人的一种生存方式。

锤子的所是，就是锤子的意义。在锤子的当下使用中，不仅锤子处于应手状态中，工作中所牵连着的其他东西也都处于应手状态中。这也就是说，整个的意义系统是应手状态的意义系统。随着锤子的凸显，整个的意义系统也就从应手状态的意义系统转换成了显在状态的意义系统了。意义系统总是同生存方式联系着的，在这一联系中，生存方式是主导的方面，它的变换导致意义系统的切换。

生存方式是多种多样的，对它可以进行不同视角的分析。从日常的获取生活资料的方式，修身养性，到从事政治、经济、伦理、宗教、艺术、科学等等的活动，都是人的生存方式。哲学是学说，是理论，是意义系统，但同时，作为人的一种活动、一种现象，哲学本身也是人的一种生存方式。它是人对自身生存方式的形式的反思，反思也是一种生存方式。以这一观点为切入点，能否为中西哲学的比较研究打开一片新的境域呢？让我们以分析西方哲学的意义系统的特征做一尝试。

## （三）西方哲学的意义系统——"是论"

我们已经把哲学分析为作为意义系统的哲学学说和相关的作为生存状态的哲学活动这两个方面。但是，当我们去观察西方哲学的时候，我们发现，西方哲学呈现给我们的主要是作为意义系统的哲学学说的方面，只是到了近代，才从认识主体的方面重视了与之相应的人的生存状态的情况。

西方哲学有不同的流派，它们本身也可以看作是各有特征的意义系统，从什么地方着手攫取统一的西方哲学的意义系统呢？我们可以从西方传统哲学的"是论"着手。其理由是，从历史上看，"是论"一向被认为是西方传统哲学的核心，它奠定了西方传统哲学的基调；现代西方哲学发生了很大的变化，这些变化主要也是对"是论"的反叛生发出来的，因此，也只有理解了"是论"的特征，以此为背景，才能获得把握现代西方哲学各种学说的正确方向。

"是论"的原文是 ontology，过去，人们把它译为"本体论"，遂误以为中国哲学中有关本根、体用问题的讨论是与之相应的内容。其实，"ontology"从字面上说就是关于"是"的学说。在西方传统哲学中，它是第一原理。那么，什么是第一原理呢？它有什么特点呢？

第一原理，顾名思义，是最基本的理论，它能说明其他的理论，而却不能被其他理论所说明。换句话说，所谓第一原理也就是最普遍的原理，它应当能最广泛地适用、覆盖一切其他的理论。第一原理既然是最普遍的，那么它就必然要用一系列最普遍的概念来表达。什么样的概念才是最普遍的概念呢？在日常思维中，我们也使用许多普遍的概念，这些概念是从经验的概括中得到的，它们的普遍性总是受到我们经验的限制。例如，在人类交往能力受限制的上古时代，生活在中原一带的中国人想必是不知道人的概念中应包含不同肤色的人；在看到黑天鹅之前，人们自然认为天鹅都是白的，等等。所以，从经验概括得到的概念虽然也具有普遍性，但却不是最普遍的。最普遍的概念不仅应当包容我们经验中的事物，而且应当包容我们没有经验到的可能的同类事物，用更理论性的语言来说，最普遍的概念应当代表一切时间和空间内的同类事物。我们从经验概括得到的概念总是局限于特定时间和空间的，因而是相对普遍的概念，与之相比，最普遍的概念则应当是绝对普遍的概念。由此得出最普遍概念的两个重要特点：一、最普遍的概念因为适用于一切时空，这决定了它本身不在任何特定的时空内，因而它是超时空性质的；二、最普遍的概念不能从经验的概括中得出，因此，我们也不能根据经验的事物去述说它的意义。

这里不免产生一个疑问。在日常语言中，对于一个词或概念的意义，我们总是从这个词或概念所指示的事物方面去理解，离开了它所指示的对象，对它的意义我们也就茫然了。譬如说，如果我们不能根据我们经验中的红色去理解"红"的概念，那么，"红"的概念究竟是什么意义呢？所谓绝对普遍的概念，就是这样一些不能根据经验事物去理解其意义的概念。正是在这里，西方传统哲学设计出了一种方法，来解决它们的意义问题，其起始可追溯到柏拉图的后期理念论，尤其是在《巴门尼德篇》《智者篇》等对话中。其全部的论述既复杂且艰深，我现在做略为变通的叙述，以求简便易懂。

设有一个绝对普遍的概念"大"，它既不是通过经验的概括得到的，就不能根据经验中的大的事物去表示它的意义。那么能不能通过与其他绝对普遍的概念的关系去规定它的意义呢？根据这个思路，我们发现，绝对普遍的"大"与绝对普遍的"小"有一种关系，它们二者是相反、相对的，这样，通过与"小"的对照，我们毕竟对"大"的意义有了述说。不仅如此，在"大"与"小"之间，我们得到了"中"的概念，这里，我们没有借用任何经验的资料，却不仅肯定了"大"，而且得到了"小"和"中"。把这种方法贯彻下去，还能得出一系列其他相关联的概念，引出整个的概念系统。

逻辑最初就是产生于并运用于概念的结合和推演中的方法。绝对普遍的概念的意义既然是通过相互之间的逻辑关系得到规定的，又称为逻辑规定性。从逻辑方面得到规定的概念也称为范畴。"是"是其中最核心的范畴，所以，这套理论也称为"是论"。"是"本是日常语言中的系词，由于它在西方语言构成句子时的广泛使用，几乎同一切词（概念）有联系，于是，与"是"结合的词（概念）都可以称为"所是"，"是"本身于是就被当作是渗透在一切"所是"中的最高的范畴，它使一切是者是其所是，其本身却不是任何特定的是者。黑格尔的《逻辑学》就是以"是"作为其全部逻辑学的开端，从中辩证地推论出整个范畴体系，它是运用纯粹概念推论构成的纯种哲学，是西方哲学"是论"发展的典范和顶峰。

综合上面的情况，我把"是论"的基本特征概括成三点：一、它是一个超越时空的意义系统；二、逻辑是它的方法；三、形式上它表达为以"是"为核心的范畴体系。从柏拉图起，西方传统哲学就把它当作客观真理来追求。

澄清了"是论"之为何物，我们应当明白，把中国哲学史上有关本根、体用的学说当作是与"是论"相应的学说，那完全是出于对"是论"的误解。冯友兰先生认为朱熹是中国最大的"本体论者"，理由是，朱熹主张理在气先。从这个角度去看问题，表明冯先生对西方哲学的"是论"是了然于胸的，但是，问题在于朱熹是否真的主张"理"是超时空的真理呢？我们查到，朱熹自己对于理在气先的说法并不坚决，他同时主张理在气中，他还意识到，如果认为理是脱离气的独立存在，它也是"空阔阔"的、"无所造作的"。事实上我们也没有发现中国历史上曾有哪一位哲学家演示过独立存在的"理"的内容。"是论"却决不是空阔阔的，它的内容就是全部的范畴体系。

"是论"特征的澄清引起了中国哲学史界的震动。因为过去人们一向视"是论"为哲学的圭臬，中国哲学史的写作反映出越来越向"是论"方向的逼近，现在则越来越多的人开始认识到，中国历史上其实并不存在西方那样的"是论"。人们显然在考虑，没有"是论"的哲学还是哲学吗？中国哲学的"合法性"问题终于成了2003年中国学界的热点之一。

提出中国哲学的"合法性"问题，是与研究"是论"的初衷相违的。澄清"是论"，说明中国哲学的建设不能依傍西方哲学，因而怀疑中国哲学的合法性，则仍然是在依傍西方哲学说话。

## (四) 追求得道境界的中国哲学

中国历史上没有西方那样的以"是论"为核心的哲学，这并不妨碍中国人认为，中国有自己的哲学。西方哲学传入中国不久，我们就开始了中国哲学史的建设。大部分的先秦诸子被归入了哲学家的行列,中国哲学史逐渐显示为儒、道、释三家鼎立,以儒家为中国哲学主流派别的面目。这样的刻画不会有问题。问题在于这三家的哪些学说能够归入哲学?从新中国成立前胡适、冯友兰、张岱年先生的著作,到20世纪80年代后陆续出版的冯契、肖萐父、张立文等先生的各种版本的中哲史著作,还有冯友兰先生历时20多年,直至1992年才出齐的《中国哲学史新编》,可以看出一个明显的轨迹,即,中国哲学史的面貌越来越向以"是论"为核心的西方哲学逼近了。80年代以来,各位先生在他们的开卷宗旨里,都声明要采用逻辑和历史相结合的方法,有的从书名上就反映出来,例如,《中国古代哲学的逻辑发展》(冯契)、《中国哲学范畴发展史》(张立文)。把哲学史看做是哲学范畴发展的历史,这是黑格尔的哲学史观。但是,中国哲学的学说是用逻辑规定性的范畴来表达的吗?我们不应当回避,正是黑格尔认为,中国哲学的概念是发展不充分的,并以此为理由竭力贬低中国哲学的品位,对中国哲学不屑一顾。我们可以不顾黑格尔怎么说,但是,我们应当问一下自己,我们照西方哲学的概念和框架勾勒出来的中国哲学史还是中国哲学原来的面孔吗?

当然,我们同意,写作中国哲学史的过程也是改造、发展中国哲学的过程,这意味着不能照搬中国传统的治学方式,我们应当站在新的高度上来观测。我们可以对中国历史上的文献加以取舍,但是,原有资料的性质、特征是不能随便改变的。中国哲学史上的大部分概念是需要以个人体验的方式来领会的,把它们纳入逻辑范畴不仅不符合实际情况,而且也掩盖了在体验的方式中反映出来的中国哲学的取向。顺便指出,从马克思以来,黑格尔的哲学观念已经受到了质疑,正是在一片质疑中,现代西方哲学得到了蓬勃的发展,我们没有理由把黑格尔的哲学观念当作唯一的哲学观念。

根据以黑格尔为代表的西方传统哲学的观念整理出来的中国哲学史,总使我们觉得它同中国原有的文化精神有别,其最明显的差异之一是,现在被列入哲学家的那些人,原来大多数被称为圣贤。亚里士多德会说,我爱我师,我更爱真理。真理和老师是可以分离的。圣贤们却不只是立言,还立德,而且,德重于言。言是对德的述说和反思。对德仅限于言表而不身体力行者,是不配称贤入圣的。中国学问的传统是在这个总的方向上展开的。所以,当属于传统汉文化圈的日本学者西周最初(1861年)翻译"philosophy"这个词的时候,用的是"希贤学"或"希哲学",意为向往成为圣贤、哲人的学问,后来(1874年)才确定为"哲学"①。"希贤学"或"希哲学"离 philosophy 的原意远,却切近中国传统学问的主旨,这个译名也反映出,人们通常总是倾向于根据已知去解说未知的,即,把一个来自异己意义系统的新鲜概念纳入本己意义系统中来理解。只有当人们跨进异己的意义系统,才能够根据那个概念在其意义系统中的关系获得对它的较准确的理解,这就好像,当我们不必在心里把一种外语翻译成本国语言的时候,我们才掌握了这门外语。

现在的风气是,把成圣成贤当作是不合时宜的事情,圣贤充其量被认为是冬烘先生。分析其中的原因,首先是圣贤们所奉行的特定的道德,都是封建社会的道德,其中相当一部分已经不适宜于现代社会了。其次,历代帝王根据他们统治的需要册封圣贤,把圣贤们打扮成封建意识形态的典范,这尤其使民主时代的人们反感。但

---

① 转引自柯雄文:《西方哲学对中国哲学史发展的影响》,见上海中西哲学与文化比较研究会编的《时代与思潮》第七辑,学林出版社,2000年。

是，我们似乎也要考虑，有五千年文明的中华民族能够在世界上繁衍至今，它的意识形态、社会生活的规范毕竟有与当时社会相适应的方面。现在情况发生了变化，为了给新时代的意识形态和社会规范开辟道路，对封建道德进行抨击是可以理解的，也是应当的，但是，如果认为封建意识形态自始就是罪恶的渊薮，这不免过分了，也势必削弱我们对包含在道德修养活动中的哲学意义应有的注意。

谈到挖掘哲学意义的时候，人们更容易想到与道有关的问题，这是中国哲学的核心问题，但，对道的把握不是概念式的，真正把握了道的人被称为"得道之士"。所谓圣贤大体被认为是在社会生活方面，尤其是在伦理方面的得道之士，然而能够得道的领域则要广阔得多。举凡人类生活的一切方面，从生产活动到从政、经商、治学、游艺，都可以是得道的途径，乃至于技也可以进乎道。得道是一种境界，是人充分把握了他所从事的活动的本性，并让自己依照事情的本性完全融入于其中的状态。得道的境界之所以值得追求，是因为得道在游艺则技艺精湛，得道在处事则游刃有余，得道在做人则炉火纯清。在得道的境界中，人应该能体会到真，体会到至高的愉悦，体会到人生的意义和美好。

道的学说在今天遭受到了严重的冲击，这主要是因为，人类开始认为，事情的真相往往是通过科学而不是在得道的境界中得到深入的。但是我们可以说，科学也是人与世界打交道的一种方式，即把世界当作对象来认识的方式，在人的这种方式中也存在一个得道不得道的问题。况且，人类的生活不限于认识世界这一个方面，科学无论怎样重要，也不能取代人的全部生活。甚至我们可以认为，科学活动是否得道，最终要看它是否符合人生的大道。事实上人类社会已经注意到了这个问题，例如，人才的选拔要讲究德才兼备，核能的开发要限于和平利用，医学的发展要符合伦理关系，资源的开发要照顾后世的享用，等等。人生在世，不免与物、与人打交道。社会发展到了今天，不管法制如何健全，科学如何昌明，人总是要靠每个人自己去做；怎样实事求是、进退有序、动静适时、取舍得法等，无非是根据不同的环境和人自己的能力，能够结合理想和现实，恰如其分地应对生活中各种问题的人。事实上，人来到世上，并不是生来就知道怎样做人的，在不同的时代，做人的要求也不同，怎样做人永远是探索性的，生命的意义实现在探索中。所谓得道，并不是从功利方面来说的成功，而是对于生命的自觉，也就是所谓"知天命"。

更为重要的是，中国古代围绕着道和得道有大量的反思，涉及一系列深层次的问题。例如，道的性质究竟是什么？为什么说人和自然都在统一的大道的作用中，同时又说，道是遍及一切的？怎样在其原始状态上体验和把握人与道的一致性？儒家根据这个总的方向，在社会伦理方面做了深入的发挥。他们要回答，成为一个有道德的人的必要性是什么？成为圣贤的途径是什么？有什么根据说，人人都可能成为圣贤？这又涉及人的本性问题，人性善还是恶？圣人是所谓"知天命"的，那么，怎样在自己的行动中达到人和环境的和合协调？这又涉及人和环境世界是否应协调一致？这些问题不是西方的伦理学所能概括的，因为，其中还涉及对于这个世界以及人和世界的关系的看法和态度；对这些问题的解答，也不表达为纯粹概念的普遍知识，而是要求在身体力行中加以健全，并在进一步的行动中去体验。

以上这些问题的哲学性质应当是没有疑问的。但是，如果我们严格依照西方哲学的定义去衡量，就不免犹豫了，因为它不是概念表述的普遍知识。至此，中西哲学的比较研究怎样进行下去呢？

## (五) 中西哲学比较研究的新境域

由于儒家在中国历史上占据主导的地位，儒家的影响又是集中在伦理问题方面，因此，有一种广为流传的说法，认为伦理本位就是中国哲学的特点。但是"本位"是什么意思呢？似乎没有人认真阐述过。我想，这大概是想表示，中国哲学是以伦理学作为哲学的核心或出发点。但是，照西方哲学的分类，伦理学涉及的范围显然比哲学本身要窄，它只是哲学的一个分支，属于实践哲学的部分，又，在西方，全部哲学的核心是形而上学、"是论"，于是，我们看到，有人就试图论证中国伦理学说的形而上学性质。但是，什么是形而上学呢？西方哲学中的形而上学具有超经验的性质，它表达为纯粹概念的思辨，即"是论"，我们已经知道，中国哲学中并不存在"是论"那种形式的哲学。我们不能从西方哲学的定义和分类出发去看待中国哲学，而应当从事实出发。根据我们前面的叙述，我们认为，中国哲学最核心的问题在于对道的追求。追求得道不仅是道家的目标，也是儒家的目标，甚至中国的佛学也接受道的观念，把佛的最高境界称为得道。对照西方哲学追求普遍知识的目标，中国哲学围绕着得道的主题，展开出对世界和人以及二者关系的认识。

抓住了得道这个主题，中国哲学的主题就比较清楚地向我们显露出来了。在这里，世界不是研究的对象，而是我们应该在自己的生活中努力与之相契合的环境。为了说明人应当与世界契合，中国哲学把世界上的一切解说成是从混沌中逐渐分离出来的东西，包括人自身也是分离的结果。人和世界是出于同一个理。对此的论证不是概念的，而是引导人们通过修养对物我一境的状态做亲身体验。

既然从来历上说，人与世界本来是一体的，那么，就应当在自己的活动中自觉谋求与环境世界的和谐一致。与环境的和谐一致是使个体生命得到顺畅发展的保证。在以上这个方向上，儒、道、释大致是相同的，他们的区别在于，儒家更多地把这个原则贯彻在社会生活中，主张以"敬"的态度投入到包括政治在内的实际生活。佛家则以解脱为由引导到宗教生活的方面。道家则侧重于追求与自然的协调，其末流专讲养身企求长寿延年。

要得道，不能仅靠知识，而是要实践、要身体力行。也就是说，不能光坐而论道，而是要行而体道。得道与否，表现在人在日常生活的举止行为中，归根结底，实现在人自己的境界中。这就决定了中国哲学具有的不同于西方哲学的特殊形态。其极端者如禅宗，主张不落言诠。事实上，哲学作为学问，总得有所说。作为一种学问的中国哲学是对得道活动的反思和表述，在这种基础上建立的意义系统，也只有结合追求得道的活动才能理解。在中国哲学的这种说法中，表达出了怎样体验人与世界一体的途径，又表达了在得到这种体验以后对待世界的态度。在这里，既有关于世界的描写，又有对于人的来历和本性的探索。世界是人生中开启出来的现象，世界的面貌也是根据人的生存方式所决定的。从这个方面去看，哲学是人对自身生存方式的反思。

问题在于，我们能不能对西方传统哲学做同样的描述。表面上看，似乎是行不通的。西方传统哲学表达为一个概念推论的意义系统，这个意义系统超乎经验，却被认为是反映了客观世界的真理。所谓客观世界的真理，是不会以某个人为转移的。但是，这种见解早已被西方哲学自己打破了。康德揭露，一向被认为具有普遍必然性的形而上学，其实是人类自己运用纯粹理性概念进行推理的结果，不过，他同时认为，经验中并不能找到纯粹理性概念的根源，因而它们是先天的范畴。不管怎样,康德毕竟揭示出所谓关于世界的客观真理,其实是人的思辨活动的作品,即世界的面貌是对应于人的生存方式而得到显示的。现代的现象学哲学则进一步揭示,所谓范畴,也不过是人自己的一种特殊意向活动的对应物,这就进一步表明,世界的现象与人的生存方式之间的关系。

西方传统哲学所采取的那种特殊的生存方式可以追溯到柏拉图。柏拉图认为感性经验中得来的认识是不确定的,是应当加以克服的,他引进了理念的说法。理念是西方哲学后来所谓的纯粹理性概念或范畴的前身,其原文 idea 与 eidos 是同源的,后者是动词,意思是"看"。这有力地说明,以纯粹概念的推论从事哲学,这本身就是人的一种特定的处世方式。西方哲学把概念推论得到的东西称为理论,理论在英文中作 theory,它源自希腊文 theoria,也是"看"的意思。可见西方哲学自始就对世界采取了"看"的方式。人与世界本是一体的,要看世界,就必须退出一步,这一步,造成了西方哲学中种种的二元分裂:主观和客观,现象和本质,精神和物质,等等。西方哲学所谓的普遍知识、客观真理,原来也是根源于一种精确的生存方式,是对那种生存方式反思的结果。

对于我们的结论来说,还有一点必须说明,即逻辑问题。纯粹概念的推论由于运用了逻辑,就有了必然性,不是个人能够任意改变的,这似乎是反对我们关于意义系统与生存方式相关联的说法的。其实,逻辑的神秘性基本上已经被维特根斯坦打破了。他说,逻辑其实是游戏规则。对于接受这种游戏规则的人来说,他当然必须遵守,就像在足球场上犯规必然会受到警告,直至罚下场。所谓逻辑对一切人都一样,其实只是对接受逻辑的人来说如此。逻辑的变易也说明它是人为约定的:在柏拉图的时候,范畴间结合所遵循的规则与词之间结合的语法规则是没有分别的,后来,在很长的时期里"是论"采用了亚里士多德的演绎逻辑,到了黑格尔的时候,又改用了辩证逻辑。

西方哲学的客观真理中有主观的态度,这一点也反映在人们对语言的使用方式中。哲学中的范畴和日常语言中使用的词汇可以是相同的,但是它们的意义取向却是不同的。例如,存在这个词,在日常语言中指的是我们的感官可以感觉到的事物的实际存在,但是在形而上学的"是论"中,作为范畴的"存在"并不是从存在着的事物方面获取它的意义的,它的意义是从范畴间的相互关系方面来规定的。例如,存在和本质构成一对范畴,它们都从属于"是",这种意义也称为逻辑规定性。而表达在"是论"中的所谓的客观真理正是用范畴的逻辑推论构成的。当人们以为由于使用了逻辑而使理论获得了客观真理性质的时候,他们却忽略了自己对语言的使用方式已经改变了,这种方式的改变,只能是人的生存方式的改变。这就是说,当人从事逻辑推论的时候,他就成了逻辑主体。逻辑主体是纯粹理性的人,他只判断正、误,不讲是非,更没有情感。就像做数学习题的时候,是决不能搀杂个人好恶的。

我们的分析揭示,与中西哲学不同形态相关的分别是中华民族与西方民族不同的生存方式。生存方式决定哲学意义系统。哲学是一种学说、一种意义系统,更是人自身的生存方式。人自始就是在哲学中的。

我们的分析既揭示了中西哲学的差异在于生存方式的差异,找到了生存方式是各种可能的不同形态哲学的根源,那么,中国哲学之为哲学的性质应当是不言而喻的。不仅如此,我们还为除中国和西方民族之外其他民族可能有的哲学找到了根据。所谓中国哲学的"合法性"问题,完全是一个假命题。在他们的脑子里,哲学还只是一种纯粹的意义系统,尤其是受到了那种意义系统关于传统哲学的观念的束缚。对此，我们只要提醒他们，西方人自己现在都感到传统哲学走到了头。

生存状态的分析使中西哲学的比较研究开辟出了新的境域，这片领域向我们提出了一系列新的问题。例如，向内挖，既然不同形态的哲学是由于不同的生存方式导致的，那么，又是什么造成了生存方式的差异？这个问题将要求我们探讨人的生存的多种可能性，并讨论人的生存得以展开的结构。向外拓展，在比较中国哲学和西方哲学的形态差异时，我们还会碰到各种问题，诸如，中国哲学并没有自诩为普遍的知识，那么，它怎样实现交流？中国哲学没有区分本质和现象，那么，怎样达到对事物的深入认知？中西两种哲学与科学的关系有什么不同？中西哲学各自是怎样回应现时代的挑战的？中西哲学应当怎样在互相交流取长补短中得到发展？无论是中国哲学还是西方哲学，今后都一定是在比较中发展的。

原载：于春松、邹诗鹏、胡叶平编：《文化传承与中国的未来》，江西人民出版社，2004年

# 十六、关于中西方哲学形态的新一轮比较研究

中西哲学的比较研究已经开展得很久，我们现在提出要进行新一轮的中西哲学比较研究。通过这一研究，我们将得出一个结论：中国哲学必须走出对西方哲学的依傍。

我们进行哲学形态比较研究的主要理由是，在过去的中西方哲学比较研究中，中国哲学的资质问题始终没有认定。如冯友兰先生所说，所谓中国哲学有历史上的中国哲学，有经过当代学者整理后以中国哲学史形式出现的中国哲学。中国历史上的哲学并不是一门独立的学问，以往学者们只是觉得经学、诸子学、玄学、佛学、理学等与哲学相仿佛，或者其中包含着哲学的内容，但是照其原来的状况不行。而经过当代学者加工整理所成的中国哲学史，其整理加工在不同程度上都以依傍西方哲学的观念和框架为准则。结果，这样整理出来的中国哲学史还是不是中国哲学原有的面貌显然就是一个问题。另一方面，通过对西方哲学的深入研究，学者们明白了西方哲学中的精髓部分"是论"对于西方哲学之为哲学有决定的意义。而中国传统哲学中根本不存在这种"是论"，所以一向就有的关于中国是否有哲学的疑虑最近又见诸报章杂志。

依傍西方哲学，其蕴含的前提是认定只有西方哲学才是哲学的唯一样板。而中西方哲学形态的比较则把哲学在中国历史上的存

当作一个事实。前者是把中国哲学纳入西方哲学的观念和框架，结果是肢解了中国哲学；后者则以中西方哲学是两种独立发展的哲学形态为出发点，比较它们各自的特点。哲学形态的比较要求突破西方哲学的观念和框架，它明确地把"哲学是什么"这个问题提上了议程。

突破西方哲学的框架不容易。首先难在：既然中国原来连哲学这个词都没有，哲学是西方首创的学科，不依傍西方哲学那依傍什么？难道又回到中国传统学问的形式？由于中国现在大学里的学科基本上大多是沿袭西方的，这就更造成了哲学依傍西方模式的趋向。其次，虽然人们可能笼统地觉得中国哲学的存在是事实，但是由于传统学问并非全是哲学，哲学是需要从中加以提炼的，没有现成的标准，那么方向在哪里？追问这些问题常使我们陷入困境。不过，困境越严重，一旦突破，进展也越大。现在的任务就是要根据现代的视角从传统学问中整理出中国哲学，在这个过程中更新原有的西方哲学观念，建立新的哲学观念。

哲学观念的更新实际上并不是一个新话题，难度也颇大。从柏拉图、亚里士多德起，哲学就被定义为"最普遍的知识"（别的学科与哲学的区别就在于它们分别是关于某一特定领域的知识）。其余关于哲学的种种界说，无非是这个定义的引申。如：或视哲学为自然科学和社会科学的总结，或认哲学为世界观，等等。"普遍"意为全部，"最普遍"有无所不包的意思。如果我们以此衡量西方哲学本身，就发现它并不是没有缺憾的，因为当人们把注意力放到普遍知识上去的时候，他自己是站在普遍知识之外的。

对"普遍知识"的追求必定导致"绝对普遍性"的偏好。这是因为既然"普遍性"是被追求的目标，它就成为一种价值，即越普遍越好，哲学应当成为最普遍的知识。然而，最普遍的知识与一切特殊领域的知识无涉，结果它就成为一种脱离了经验领域的纯粹概念思辨的哲学。西方哲学中的形而上学的"是论"就是刻意追求普遍知识的必然结果。它曾经是西方传统哲学的核心，近代以来则不断遭到学者们的质疑。马克思反对的也正是这种形态的哲学。现代西方的两大哲学潮流分析哲学和现象学，就是对传统西方哲学反思批判的结果。其中分析哲学把"是论"所运用的逻辑方法抽取出来，发展出纯粹符号的哲学；现象学则通过对人的意识现象的分析（尤其是分析运用逻辑范畴时人的意识状况），发展成为更具人文精神的哲学。这两种哲学从形态上说，已经与传统西方哲学有了很大的差异。分析哲学更倾向于成为一种思想方法，而把世界观问题当作不着边际的形而上学撇在一边；而从现象学中发展起来的存在主义哲学则引入了对人的情绪作切身体验的方法。只是这两大派仍然大量使用着历史上流传下来的哲学术语。比如，海德格尔的《存在与时间》实际上讲的是人的哲学，然而它形式上却表达为关于"是"的意义问题的哲学。由于它们都接着西方传统哲学的话题往下讲，没有人质疑它们是不是哲学。这说明即使是西方哲学本身的目标、表述方式也发生了变化。所以，在作为一门学科的哲学已经有两千多年之久的西方，当海德格尔以"哲学是什么"为题重新撰文加以讨论时，是并不奇怪的。

如果我们敢于放弃成见，那么对于中国哲学也许会获得一些新的感悟。这并不是要完全放弃前辈在整理中国哲学传统方面所做的工作。他们已经把有关的人物和著作整理出来了，这为我们进一步讨论提供了基础。我们只是不要忙于把这些资料纳入西方哲学的观念和框架，而是尽量根据这些材料本来的面目去思考。以这样的眼光看中国哲学史，这里我提以下两点看法。

首先，今天被列为中国古代哲学家的人，过去几乎个个都是圣贤。这至少说明一个问题，即在中国历史上最大的学问是争取成为圣人。关于这一点，冯友兰先生在他向国外介绍中国哲学的那本《中国哲学简史》上讲得很明确。而这些人在哲学史研究中被转述时，则主要是以学说名世的。现在人们对圣贤这种头衔颇为不屑，甚至嗤之以鼻，其原因恐怕不只是圣贤奉行的封建道德标准过时了，更重要的是，圣贤们总是被抬高到脱离实际生活的高度，似乎不食人间烟火，尤其是经过帝皇的册封，取得了某种权势，使人们觉得高不可攀，敬而远之。其实，圣贤不过是生活中颇为得道的人，他们洞察世事人生，在生活中有一种自觉的态度。历史发展到今天，生活方式已大大改变，每个人的职业、地位可以不同，境遇、命运也有差异，但都还有一个怎样做人的问题。这是人生最大的问题，怎么不是哲学问题呢？据我了解，在古希腊早期，前苏格拉底哲学家们也颇具圣贤气象。例如作为希腊哲学第一人的泰利士就是如此。他雄才大略，能经商、能从政，但是在亚里士多德笔下，他只是提出了水是万物始基的学说，其为人却像一个冬烘先生，因仰观天象跌进了足下的泥坑而遭婢女嗤笑。这样的形象显然是经亚里士多德整理取舍的结果。他不仅认为，只有那些普遍的知识才是哲学，而且认为哲学是闲暇时从事的事。这就使哲学这门学问与生活有了距离。西方哲学中也有伦理学，但是由于受"是论"的原理和方法的制约，伦理学主要是作为一种讨论善这样的概念如何定义的学问，研究伦理学与成为一个有道德的人是两码事。西方哲学既然定义于关于普遍的知识，他们对知识本身也就比提出知识的人更为看重。所以亚里士多德说，我爱我师，我更爱真理。而当海德格尔在课堂上讲授亚里士多德哲学，介绍其人生平时也只是说，世上曾有此人，也有过作为，后来死了，仅此数语而已。

其次，如果承认求得人生的自觉是中国古代从事哲学的目的，那么在学理上，我们也就不会因为有关论述不能纳入西方哲学的分类目录而予以忽略或摒弃。例如人生修养问题是中国哲学的核心内容，中国古代自孔子提出以仁为做人的目标后，哲学就在这个方向上发展起来。仁并不是通过概念的方法定义的，而是须在人际交往中加以体察的适当行为规范。但是，为什么要以仁作为行为规范呢？有什么根据主张每个人都要以仁为规范呢？它是否符合人的本性呢？于是有人论证为人之初，性本善（但是它无力否定性恶说），也有人把人的本性定位为未有善恶之分，进而展开了中国古代哲人们对于天地万物之"理"的思考，也论述了各自所要采取的人生态度的理由。这里有所谓世界观问题，也有人生观问题，关键在于通过对自身生命与天地万物同源的真实体验，以获取出入世界的自觉。中国古代哲人对于这种体验及其途径有许多论述，这些论述归根结底是要靠每个人根据自己的情况去体会，因而与以概念表述的"最普遍的知识"是不同的。千百年来，中华民族就是为了获得生命的自觉，在这种不断的精神追求中生存至今的。

但是照西方哲学的分类，上述内涵在哲学中简直无容身之地。学者们或者把它拆散以后分别归于"本体论"、认识论和伦理学，或者把它说成是伦理本位的哲学，而关于体验自身生命根源的修养实践则往往被斥为神秘主义而摒弃在哲学之外。在西方哲学分类中，核心部分是形而上学"是论"，伦理学属于实践哲学，是低于形而上学的，所以中国学者也不得不试图论证中国伦理学的形而上学基础，来为它的准哲学身份作辩护，或者抬高它的哲学品位。事实上，越辩护越讲不清，因为论证所谓伦理本位的中国哲学具有形而上学性质，必须证明它有超越的性质，然而西方人所谓的超越是指形而上学具有超越经验的性质。无奈，辩护者又主张中国哲学的形而上学性质是既超越又内在的。但是在西方,既超越又内在指的是上帝既住在与尘世隔绝的天国,其作用又遍及人寰的意思。对中国哲学形而上学性质的论证因而遭到了西方汉学家的批评。双方观点的对立不只是因为缺乏对话的共同话语,更重要的是,其症结在于中国哲学本来就是一种与西方哲学形态不同的哲学。

从中国哲学的实际情况出发可以发现,中国哲学事实上揭示了另一种超越,即人自身的超越。排除日常生活所执着的各种事务,去洞察自己的生命本原,这是一种超越;体会到自己的生命本原,根据可能的情况自觉选择介入世界事务的方向和方式,这也是超越。广而言之,人所从事的各种活动,从谋生、繁育后代、治学、经商、从政,到从事宗教、文学艺术、哲学,都是生命的展开,因而都表现出生命的超越。生命是时间性的,因而有生死;生命在时间中的延续就是超越。我们发现,当中国哲学关注于自己生命的根源,在修养中调整自己的生存状态,以应对生命过程中层出不穷的世事时,这就是对人自身超越方式的自觉关注。关注于人自身超越方式的活动就是哲学。

从中国哲学的事实得出上述关于哲学的初步解说,能否也用来说明西方哲学呢?看上去,西方哲学关心的主要是世界的客观真理,所谓客观真理意即普遍必然的真理,它不会因人而异。不过最近现象学的研究已表明,任何一种意识对象显现的时候,总是伴随着意识的一种相应状态。正像做数学运算的时候,如果此时人反思自己的状态,必然发现自己已摈弃了一切情绪好恶,听凭运算规律起作用。同样,当运用西方哲学范畴进行思考时,情况是相仿佛的,所以黑格尔说,哲学是概念自身的运动。胡塞尔称这种状态的人为"先验自我",并且坦言,"我自己这样做时,我也就不是人的自我了"①。所以，要像黑格尔那样作哲学思考，首先要把人自己调整到一种特殊的状态，黑格尔称其为做事先的思想训练。这也是人自身的超越。西方哲学过去注意的主要是对象的方面，对于人在这些对象面前的相应的状态注意得太少，只是通过胡塞尔到了海德格尔，情况才发生了根本的变化。

既然同是超越，为什么中西哲学会表现得如此不同？这就需要我们深入探讨超越方式的多样性，以及使多种不同的超越方式成为可能的基础，即超越据以展开的结构。这个结构可以表述为人和世界两个方面。人总是超越的主动的方面，超越的方式可以是多样的，表现为人介入世界、与世界打交道的种种方式。根据人与世界打交道的不同方式，世界显示出各种不同的面貌；各种不同面貌的世界也总是对应着人的一种生存状态。反思超越的方式可以是多样的，有概念式的，也有修养式的。反思方式与超越的方式又是直接相关的。这里的每一句话都需要详尽论述，而说明了这些问题，也就揭开了中西哲学形态差异的根源。这便是我们所设想的开展中西哲学形态比较研究的一个起点与纲要。

原载：《学术月刊》2004 年第 2 期

---

① 转引自吕迪格尔·萨弗兰斯基：《海德格尔传》，靳西平译，商务印书馆，1999 年，第 115 页。

# 十七、论生存状态分析的哲学意义

## (一) 现在是更新哲学观念的时代

开展中西哲学的比较研究,首先要验明正身,即把要比较的双方确定下来。中国历史上的哲学散见在儒、道、释三家的各种论著中,现代的学者们根据西方哲学的观念,选取其中符合哲学的内容,写成了各种版本的中国哲学史,结果总是差强人意。既然以西方哲学为准则,各种版本中国哲学史的面貌也就随着论家对西方哲学理解的深浅而有等差。事实表明,论家们哲学观念的发展趋势是越来越向着西方哲学的"是论"(即 ontology,旧译"本体轮")逼近。的确,"是论"是西方传统哲学的核心和精华,是纯粹的哲学,没有它,西方传统哲学几乎就不成为哲学。然而,随着我们对"是论"的研究,我们得出结论,中国历史上根本就不曾有过"是论"这样的学问,进一步的结论是,写作中国哲学史,不仅不应当依傍西方哲学,而且是不能够依傍的[①]。什么是中国哲学,曾经是前辈努力回答过的问题,现在,再次摆出在我们面前。

令人意想不到的是,有两千多年哲学传统的西方,现在竟也在

---

[①] 参见俞宣孟:《本体论研究》,上海人民出版社,1999年,第1章和第3章。

讨论哲学是什么的问题。问题的契机正在于"是论"的解体。"是论"从柏拉图时初具形态起,就屡遭反对,但是,当时的那些反对意见都没能真正动摇"是论"在西方哲学中"第一哲学"的地位,相反,"是论"和它的对立面在争论中所产生的各种问题,倒成了西方哲学发展的动力,并且从中形成了各种不同的哲学流派。到了现代,先是有马克思主义站出来,要从人的实际生存活动方面追究一切观念、思想和理论的起源问题。后来,又有海德格尔运用从现象学发展出来的方法,从人的生存状态方面具体地阐明了在"是论"中被用作推论的范畴的出处。"是论"之作为"第一哲学",在于它是其他各种理论的最终根据,而它自身则不能从任何其他理论得到解释;现在,它的出处居然被阐明了,它的"第一哲学"的地位也就自然坍塌了。随之而起的是此起彼伏的呼声:"哲学终结了!"

一阵激动过后,人们依然承认,哲学还是有的,并且还会继续存在发展下去。当前的危机表明,哲学到了它更新的时机。在这个时候,开展不同形态的哲学之间的比较研究尤其重要,它不只是在于搞清有不同历史渊源的哲学各自的面貌特征,更是肩负着新时期哲学发展的重任。将来的哲学一定、也只能在比较中发展。

我们的前辈没有或者较少注意到现代西方哲学所发生的变化,所以他们的哲学观念主要还是效法于西方以"是论"为核心的传统哲学。这自有其历史的原因。遗憾的是,直至今日,人们仍然不容易摆脱西方传统哲学的观念,以至于,当明确揭示出中国哲学的建设不能依傍西方哲学的时候,不是积极总结中国哲学的特征,而是议论纷纷却不着边际。他们或者以为中国有思想而无哲学;或者以西方人自己对哲学的定义莫衷一是为由,规避哲学的确定性问题;或者主张哲学是一个"共名",中、西哲学各是其特例,殊不知这种归类方法本身是属于西方哲学的,并不适合于解说哲学本身;或者主张回到中国传统学问的形式;甚至还有一种主张是各说各的,所谓"自己说,说自己"。想必论主们都无意自贬中国哲学,这些议论却在媒体上表达成对所谓中国哲学"合法性"的"焦虑"。

问题的关键在于,哲学究竟是什么?这个问题不解决,不唯中西哲学的比较研究难以开展,哲学本身似乎也只能终结了。

对于"哲学是什么?"这个问题,中国哲学和西方哲学都是当作事实摆在我们面前的,哪怕有人质疑中国哲学的"合法性",他们毕竟在谈中国哲学,这说明人们对中国哲学是有所知的。现在我们不仅要知其然,还要知其所以然。但是,接受了西方哲学的观念以后,人们已经习惯于对事情作"本质"的追问。这是两种不同的追问方式。后一种方式在西方称为"本质主义",它同"是论"密切相关,随着"是论"的坍塌,"本质主义"几乎也没有人信奉了。前一种提问方式要问的是哲学之为哲学的产生根源,它把我们引向生存状态的分析。本文主要论述生存状态分析对于开展中西哲学比较研究的意义,且让我们从"本质主义"的无奈谈起。

## (二) 本质主义的无奈

什么是本质?我们的工具书上说,"本质是指事物固有的普遍的、相对稳定的内部联系"[1]。有的工具书作进一步阐释道:"本质是事物的根本性质,是事物自身组成要素之间相对稳定的内在联系。"[2] 由于这里说到了事物"固有的""内在的"联系这样的话,

---

[1] 冯契主编:《哲学大辞典》(修订本),上海辞书出版社,2001年,"本质"条目。
[2]《中国大百科全书》(哲学卷),中国大百科全书出版社,1987年,"本质与现象"条目。

就断定了一切有关本质的东西同我们人对待它的态度是无关的。既然无关,那我们怎样认知它呢?有工具书承认,本质不是我们可以直接认知的东西,它是与现象相关的。显然,本质在人们的思想中成了很神秘的东西,我们有必要回顾一下这个词在西方哲学中形成和演变的历史。现在人们一般把有关"本质"的思想追溯到亚里士多德,实际上他运用的希腊文中并没有"essence"(本质)这个词。他要问的是 ousia,或 to ti en einai,意思是"一物之究竟所是",ousia 一词是系词"einai"("是")的分词。亚里士多德意识到,同一个事物,可以是不同的所是,例如,其形状可以是一种"所是",其颜色、质料、功能各成为一种"所是",而在种种所是中,其中必有一种"所是"对于该事物之是其所是具有决定的意义,这样的"所是",就是该事物的 ousia。由于可以从不同方面去认定对事物起决定作用的东西,ousia 也是不同的,如,对于一个事物能独立存在的,是"个体";决定事物之是这样而不是那样的,是"形式";由于各种事物从其所属的"类"方面去表示其所是,"类"是 ousia;还有各种谓语是述说主语的,谓语只表示主语的性质,"主语"也是 ousia。对于事物之是其所是的决定作用,也称支撑作用。根据这个意思,ousia 后来被译成 substance,我们现在把它译成"本体",它同系词"是"的联系就不可见了。

在古时候,希腊文中不仅没有单独表示"本质"的词,也没有单独表示"存在"的词。系词"是"表示"所是"的同时也用来表示"有"或"存在"。这在日常意识中应该不会造成困难,如,"这是金茂大厦",这句话用系词"是"不仅表达了一个"什么",也同时表达了这个"什么"的存在。现实中的事物总是既存在又有其所是的,日常语言的使用正好反映了这种情况。但是,这却使得亚里士多德在哲学上想要把它们区分清楚的时候竟很困难[1]。后来，亚里士多德的著作转译成阿拉伯文的时候，表示"有"的"存在"和"所是"的"本质"才分别为两个词，因为阿拉伯文中恰恰没有与希腊文系词"是"对应的词[2]。虽然亚里士多德试图区分"存在"和"本质"，但是，由于他反对柏拉图的理念论，我们可以断定，"本质"对于他来说，并不是脱离经验世界的纯粹逻辑规定的概念。

所谓纯粹逻辑规定的概念，是指那些从概念间逻辑关系中获得其意义的概念。那样的概念并不指示实际事物，它们脱离经验世界，组成了一个语言的"独立王国"[3]。语言的这种使用源于柏拉图哲学，他的理念就是这种性质的最初的概念。随着柏拉图主义在西方占据主导地位，理念论发展为"是论"，"存在"和"本质"就都成了其中逻辑规定性的概念，即成了纯粹概念。而一旦成为纯粹概念，"本质"就不是指事物的本质，而是一个从与其他概念的逻辑关系中获取其意义的理论思维的概念。例如，在黑格尔的《逻辑学》里，"本质"的概念是从"度"的概念推论出来的："度"是"质"和"量"的统一，"度"不是直接性的，而是维系在"质"和"量"的关系中的，对"度"的扬弃就得到了"本质"，因为"本质只是自身联系"[4]。这大概就是现在认"本质"为事物"内在"关系的来源。可是，黑格尔这里讲的并不是任何事物的本质，而是"本质"这个概念的性质。与"本质"密切相关的是"现象"，这里的"现象"也是一个纯粹的概念，是从"本质"概念中推论出来的，

---

[1] 参见 A. C. Graham, *Unreason within Reason: Essays on the Outskirts of Rationality*, Open Court, 1992, p.86.
[2] 同上书，第87页。
[3] 马克思、恩格斯：《德意志意识形态》，人民出版社，1961年，第515页。
[4] 黑格尔：《小逻辑》，贺麟译，商务印书馆，1980年，第247页。

它们都不是我们感官直接感受得到的东西。现在流行的大致就是这种"本质"观，且不说我们是否能根据它去谈论有关哲学的本质，即使能在这条路上拿出一个哲学的定义来，那也必是离我们远远的。它可能是符合逻辑法则的真理，然而却不一定是现实的。

事实上，"是论"的整个范畴体系作为原理，是在本质领域里的，在这里，"存在""现象"都是本质意义上的，干脆说，它们是本质。对于由范畴构成的本质世界，人们一向是怀疑的：它是实在的吗？胡塞尔把这个问题化为要求得关于范畴、本质或观念（这三者在现象学中是一回事）自明性的证据。他以意向理论为出发点，这种理论把意向和意向对象的关联看作是心理现象的特征，其中，意向是主动的方面。在胡塞尔这里，观念是意向的对象，他竭力揭示和描述与观念相关的意向方式，把与观念相关的意向的确实性当作是观念自明性的证据。胡塞尔的本意是要维护逻辑的客观性，然而他的研究无意间却透露出，人自己的意向方式对于逻辑观念的成立具有决定的作用。

海德格尔发展了胡塞尔的现象学理论。在他的《存在与时间》一书中，一方面，他把分析的对象从范畴扩大到了一切在我们意识中得到首肯的东西，以西方习惯的术语表达为"所是"；另一方面，他认为，人与所是的关联不纯粹是意识的，同时也是实际活动中的，意识所得到的所是，总是我们自己以一定的方式与之打交道的结果。观看、认可、判断、疑问、研究是人与事物打交道的方式，运用、欣赏、占有、嫌弃，也是人与事物打交道的方式。随着与事物打交道方式的不同，事物也就向我们显示为不同的"所是"。我们与事物打交道的方式，即"是"的方式，是作为"所是"的事物是其所是的原因，其中包含着"所是"的来龙去脉，所以，"所是"的本质在其"是"的方式中。

不仅事物是在"是"的方式中是其所是的,人自己也在"是"的方式中是其所是,即成为这样那样的"谁"。人的"是"与物的"是"的不同在于,人对于自己的"是"是领会着的,所以,海德格尔用"生存"称呼人的"是"。人对自身的"是"的领会,使人对自身的生存状态和方式进行分析成为可能。

综合起来说,一切"所是"的本质在于其"是"的方式中,也即在人的生存方式中。这是一种新的本质观,它驱散了长期围绕着本质观的神秘的晕。

根据新的观念,如果哲学有自己的本质,那么就应当从哲学产生的原因和方式中去追寻。在这里,中国哲学和西方哲学作为"所是",都是既有的事实,是人自身生存活动中产生的结果。它们形态上的区别,应当在与它们各自相关的生存方式的差异中去探讨。这样的探讨就是对哲学作生存状态的分析,这里,我们是从事实出发,而不是从定义出发。定义本身也是一种"所是",它的"本质"还有待于我们去澄清呢!

## (三)从定义到生存状态分析

生存状态分析与定义的方法形成对照,二者的区别是历史的方法与逻辑的方法的区别。

现在人们总结了关于定义的许多不同样式,如,描述性的定义、发生论的定义、约定定义、辞典定义、功能定义、分析定义、语境定义等。种种定义无非是对我们想要知道的东西给出一点说明。然而严格地说,人们期望的不只是得到一点说明,而是要知道对象的真正所是,也即所谓事物的本质。在古希腊的时候,定义的提出就是与追求本质有关的。

柏拉图创立理念论就与追求事物的定义有关，反映在他早期著作中苏格拉底与智者的辩难中。智者既以授人知识为业，就对各种事情（如美德）下断言，他们的断言都用具体的例证，这就给苏格拉底以可乘之机，他总是用相反的例证来推翻智者的断言。柏拉图从中意识到感性事物是变动不居的，不能为之定义。于是，他就设定有理念这样的东西，它与事物同名，存在于可感世界之外，事物因分有理念而是其所是。实际上，理念就是本质。

虽然在柏拉图的时候，还没有"普遍"这个词，但理念事实上是普遍的东西，且因为它是普遍的东西，我们不可以在感官中直接感知到它，所以才被设想成是存在于可感世界之外的另一个世界里。从这条思路来的定义，其所追求的是普遍的本质。今天，我们还在工具书中读到，定义是以概念的形式表达的事物本质。依这种方式，一个事物的定义，在于普遍性的概念中，也就是说，事物的本质在普遍的概念。亚里士多德把定义的方法归结为种加属差，就是上述想法的体现。例如，照这种方式，可以用理性的（属差）动物（种）来定义人。显然，要运用这种方法的前提是，人们必须已经有了一个不同等级普遍性概念的体系，在其中，普遍性较大的概念总是普遍性较小的概念的本质。这就决定了追求本质的传统定义方法的逻辑特征，它假定了普遍的概念逻辑地包容着特殊的概念。

有一种主张认为，哲学是一个"共名"，中、西哲学各是其中特殊的形式。这种说法的目的是要回应中国哲学合法性的挑战。但是，"共名"纯粹只是一个符号呢，还是有某些共同的内容或含义？只是符号并不解决中西哲学比较的问题；如果也有共同的内容或含义，那么，它就是普遍的哲学，但是，麻烦在于，西方哲学从亚里士多德起，就已经明确标榜为是普遍的知识，并且，对于普遍性刻意追求的结果，产生出了"是论"，它是绝对普遍的知识。如果作为"共名"的哲学能代表中西哲学共同的含义，是普遍性的知识，那么，它能跳出作为绝对普遍知识的"是论"吗？西方哲学既已标榜为普遍的知识，就不能对它作进一步的概括了，就像西方哲学中的那个最普遍的概念 Being（"是"），它统摄一切"类"概念，其自身却不是任何的一个类。

所以，定义的方法并不适宜于作为中西哲学比较研究的入手处。我们要转而寻求生存状态分析的方法。这一转变是从逻辑的方法到历史的方法的转变。

事实是发生在时空中的，所以，有时候也特别称之为事件。中国历史上的哲学是历时性的，从先秦诸子百家，到两汉经学、魏晋玄学、隋唐佛学，再到宋明理学，它的历史发展是我们清晰可辨的。如果某人的思想观点前后有了变化，我们也容易承认这种思想观点在时间中的发展变化。然而，任何一种思想、观点都是时间性的，关于这一点，恐怕人们不容易想到。要是我们考虑到，任何的有所说，总之都是一种启明，所谓创造性的说，更是把本来漆黑一片中的东西启示出来了，这是一个从无到有的过程，是时间性的。

所谓无中生有是什么意思呢？《老子》第四十章说，"天下万物生于'有'，'有'生于'无'"。我们不能把它理解成万物都是从空无中产生出来的，因为，迄今人类也没有获得与之相符的事实。宇宙演化的星云说和大爆炸理论都肯定了我们的星球是从另一种状态的物质变化而来的。但是，如果天地间没有人的话，就没有对于世界存在着的意识，也没有关于"有"和"无"的区分。有了人，才有了"我"和非我的"彼"的分别，以至对"彼"的进一步分别，于是有了各种各样的"有"。从物质存在的角度说，不可能是无中生有；从世界的存在以及各种事物的区分总是通过人的意识揭示的这一点来说，由无意识到有意识，就是无中生有。有了意识，世界上的事情就显亮出来了，就"有"了。人的出现正是"为天地立心"，有心才会明，有心才会有。所谓"天不生仲尼，万古长如夜"，也是这个道理，被尊为圣人的人，都是对于引领人类从"无"的漫漫长夜中走向"有"的光明有过杰出贡献的人。从事实的时间性，我们追溯到了从"无"到"有"的现象。从"无"到"有"的现象中隐藏着一切问题的最深、最终的根子。一切都是通过人的意识显示出来，成为一种"有"，连人自己的意识，也是从"无"的背景中走出来的。然而逻辑，作为人们思想活动遵守的规则，当人们意识到它、运用着它的时候，却已经是一种"有"了。如果哲学号称研究最深的问题，那么，就应该包括研究逻辑本身从"无"到"有"的起源，而不是把它当作既定的出发点。哲学是人创造的，对哲学做从"无"到"有"的研究，就要研究人创造哲学的过程和方式。哲学并不是纯粹意识对世界的反映：世界是在人的实践活动中进入人的意识的，而意识也总是伴随着人的实践活动的意识，哲学是在人的实践活动中产生出来的。所以，哲学的根据和来历在人的实践中。生存状态分析就是对人的实践活动的结构和机制的分析。

## (四) 生存状态分析的唯物史观性质

事实上，马克思主义的唯物史观早就包含着对哲学作生存状态分析的方法。

众所周知，历史唯物主义认为，"物质生活的生产方式制约着整个社会生活、政治生活和精神生活的过程。不是人们的意识决定人们的存在，相反，是人们的社会存在决定人们的意识"[①]。马克

---

[①]《马克思恩格斯选集》第 2 卷，人民出版社，1972 年，第 82 页。

思、恩格斯从多种不同的角度反复论述了上述观点，他们写道："人们是自己的观念、思想等等的生产者，但这里所说的人们是现实的、从事活动的人们，他们受着自己的生产力的一定发展以及与这种发展相适应的交往（直到它的最遥远的形式）的制约。意识在任何时候都只能是被意识到了的存在，而人们的存在就是他们的实际生活过程。"① 这里再清楚不过地指明了观念、思想都是生活着的人自己生产出来的，其中当然包括哲学。占据两千多年主导地位的柏拉图主义一向认为，哲学中表述的是从自然界到人类社会都应服从的最高原理。既曰最高原理，它就不能被进一步作解释，因而也被说成是先天原理。联系这个背景，马克思主义学说的革命意义才充分显示出来，它要询问原理的来源，指出理论的最终根据不是理论本身，而是人的实际生存活动。

事实上，马克思、恩格斯曾经思考过更细致的问题，简直就深入到了生存状态的结构和机制中去了。在《德意志意识形态》的手稿中有一段被删去的话说："这些个人所产生的观念，是关于他们同自然界的关系，或者是关于他们之间的关系，或者是关于他们自己的肉体组织的观念。显然，在这几种情况下，这些观念都是他们的现实关系和活动、他们的生产、他们的交往、他们的社会政治组织的有意识的表现（不管这种表现是真实的还是虚幻的）。"这里已经毫无遗漏地列举出了人的观念所从出的三个方面：人与自然的关系，人与他人的关系，以及人关于自己肉体的观念。它们正是根据人生在世的结构作生存状态分析能够展开出来的三个方面：对第一个方面的分析可以用来解说世界之为世界，第二个方面可以用来解说人之成为"谁"，最后一个方面用来解说人的当下感受和情绪。

① 马克思、恩格斯：《德意志意识形态》，第19页。

即使情绪也不是纯粹主观的，同肉体的联系表明情绪中也有环境的影响。这段被删去的话接着还说："相反的假设只有在除了真正的受物质制约的个人精神以外还假定有某种特殊的精神的情况下才能成立。如果这些个人的现实关系的有意识的表现是虚幻的，如果他们在自己的观念中把自己的显示颠倒过来，那么这还是由于他们的物质活动方式的局限性以及由此而来的他们狭隘的社会关系所造成的。"[①] 这是马克思主义对唯心主义的批判，而这个批判所运用的方法也正是生存状态分析的方法。虽然这段话被删除了，但终究是马克思曾经想到过的。

马克思主义创始人把自己的学说标明为唯物史观，据此我们有理由说，唯物史观及生存状态分析的方法本质上是历史的方法，而不是逻辑的方法。时下许多论著都标榜自己运用的是历史的方法和逻辑的方法相结合的方法，这使我颇觉疑惑。所谓历史的方法和逻辑的方法的结合，滥觞于黑格尔。黑格尔有鉴于康德尖锐地暴露了纯粹理性的世界和经验感性世界之间存在的鸿沟，出于维护理性世界的绝对权威，写出一部《精神现象学》，论说个体感觉意识可以上升到普遍精神，试图说明人的思想可以进入他的《逻辑学》所演示的绝对理念世界，以免他的绝对理念被批评为非人类头脑里的思想。另一方面，他又让绝对理性"外化"，体现为自然法则并在人类精神生活中得到"返回"。这样，与以往的理性主义哲学比较，黑格尔的哲学就在逻辑方法上又粉刷了一层历史的方法，他的根本目的在于维护独断的理性世界。现在，当马克思主义已经从根本上指出了观念、思想和理论的来源，需要我们从这个源泉里形成我们新的观念、思想和理论时，所谓两种方法的"结合"又是出于什么

---

① 马克思、恩格斯:《德意志意识形态》，第19页。

目的呢？它除了勾起人们对旧的理论形式的怀念，使人始终觉得失去了推论所据的原理就像丢了魂，这对于根据生机勃勃的人生世界建立新的意义系统又有什么裨益呢？我们已经知道，把这种"结合"运用于中国哲学的建设，其不伦不类已然彰显。

生存状态分析方法的历史性质，是因为它面对事实、分析事实、由事实所决定的。马克思曾经用它批判唯心主义，那时，不同形态的哲学还没有照面。今天，各种文明正风云际会，要保持自己文化的认同性，就急切需要对蕴涵在自己文化中的哲学精神作出辩护。

### (五) 追溯哲学的原始根源

生存状态分析是要探溯哲学的源头，说明哲学的"本质"，并进一步对中西哲学的不同形态作出解说。根据这个目标，生存状态分析分两步：第一步，通过分别对作为事实的中国哲学和西方哲学的分析，追溯那种哲学所从出的生存方式及共同的生存结构。第二步，从共同的生存结构中可能具有的不同生存方式出发，解说中西哲学的不同形态。

让我们从中国哲学的分析开始。在中国历史上主要有儒、道、释三家，其中尤以儒家为主。

从事实出发，意味着从历史上所讨论的问题出发。那么我们就不得不承认，中国学问的主旨无非是在儒成圣、在道成仙、在释成佛，这三种情况又都称为"得道"，所以概括起来，中国学问的主旨可以说就是关于"道"的学问。道是万事万物的根源和根据，应当也是人之为人的根源和根据，所谓得道是紧扣着人之为人的根源和根据去做人。

对道的深入探讨表明，在这个根源处，人与天地万物原是一体无间的。中国哲学的一个基本观念是，在天地万物未分之前，本是一片混沌的状态。《老子》说："有物混成，先天地生，寂兮寥兮，独立而不改，周行而不殆，可以为天下母，吾不知其名，字之曰道，强为之名曰大。"（第二十五章）所以，道也表达为无。如，《老子》第四十一章说："天下万物生于有，有生于无。"此外，太极、无极也都是表达最初原始一体的观念。根据张岱年先生的研究，"《系辞传上》云：'易有太极，是生两仪，两仪生四象，四象生八卦。'两仪指天地，太极是天地未分的统一体。郑玄《周易注》解释太极说：'极中之道，淳和未分之气也。'（《周易郑注》辑本）李鼎祚《周易集解》引虞翻说：'太极太一，分为天地，故两仪生也。'"① 在这个原始根源处，就接近了人的生存结构。

在中国古代，把人的原始生存状态结构表达出来的是庄子。在《齐物论》中，庄子把人的言论比之自然界的风吹过各种孔窍时发出的声响，以喻人的说本来不过是出于自然而要表达的东西：自然界的声音出于风和孔的作用，人类的言论学术则出于彼和我的关系，即所谓"非彼无我，非我无所取"。"彼—我"就是庄子对一切言论所从出的人的生存结构的刻画，在这里，"彼"就是外物或世界，彼、我是不可分的。这听起来有些奇怪，照庄子的说法，我的言论好像不是自己做主的。一般认为，言论总是出自我，我是独立的主宰（"真君"）。对此，庄子辩驳道，人们所谓的作为主宰的我在哪里呢？在我身上有各种器官，他们各司其职，是其中有一者主宰着其余呢，还是递相主宰的呢？要找到这样的"君"尚且不能，就不要说什么"真"了。这样的主宰是找不到的，"彼—我"是一

---

① 张岱年：《中国古典哲学概念范畴要论》，中国社会科学出版社，1989年，第47页。

个统一结构的两个方面,也就是"天地与我并生,而万物与我为一"。

哲学自身的起源问题在中国哲学中是一个重要的问题。不过上面涉及的主要还是道家的资料,关于儒家,从表面上看,他们似乎不太关注形而上学问题。确实,儒家的一个突出特点是,要把懂得的道理运用到实际生活中去,但不能据此而推断他们不关心形而上学的道理。前面我们引证过的《周易》一书也是儒家的经典,其中阐述义理的十翼,相传即孔子所作。事实上,在实际生活中处理事务是否裕如,应当是检验掌握形而上学道理的最终尺度。孔子总结自己的修养与日俱增时曾说:"吾……四十而不惑,五十而知天命,六十而耳顺,七十而从心所欲不逾矩。"(《论语·为政》)能达到这样的境界,没有对于"彼—我"关系的真切理解,是难以想象的。子贡说:"夫子之言性与天道,不可得而闻也。"(《论语·公冶长》)人们以为这表明孔子很少谈形而上学,然而,也许是谈了,而对于众多的学生来说,是不太听得懂吧!? 相传是孔门心法的《中庸》,其实也就是讲究天人一体的道理的,其开头说:"天命之为性,率性之为道,修道之为教。"就是把自然和人事的道理做一体来讲。又如:"唯天下至诚,为能尽其性;能尽其性,则能尽人之性;能尽人之性,则能尽物之性;能尽物之性,则可以赞天地之化育;可以赞天地之化育,则可以与天地参矣。"这说明,在孔子看来,人性如能充分展开,就能把物性充分展开出来,从而达到"与天地参";在达到"彼—我"契合的状态时,人可以是能动性的。但是,人性究竟是什么呢? 孔子没有以语言表达,事实上,既然人性在其最深处与天地是一体的,要讲出来是很困难的,正如庄子说:"既已为一矣,且得有言乎? 既已谓之一矣,且得无言乎?"(《齐物论》)孟子没有探讨为什么孔子不讲出人性是什么的原因,却明确地把人性落实到善,即所谓"人皆有恻隐之心"。这就遭到了荀子的挑战,因为性恶说与性善说一样并不缺少事实的支持。从形而上学的角度说,人性的具体化是把问题引向了浅处而不是深处。我寻思,这可能是儒家学说在直到宋、明以前很长时期内不能有大的发展的重要原因,它与哲学的原始根源有了距离。

宋、明新儒学被认为是儒学的新高度,那是通过佛学重新回到了哲学的源头。佛学基本理论的十二因缘说以无明为种种缘起的根源或开端①,无明,是人的意识尚未展开其活动的状态,在这里,不光善恶没有区分,就是物我也没有得到识别,然而,这里却孕育着自我和天地万物。佛学唯识论倒过来,从感官意识倒溯上去,挖掘出第八识阿赖亚识是一切意识的根源,它同样是物我之未分的状态。这个第八识又称藏识,积累着前生今世的种种业,我们简直就可以把它理解为是生命的根苗。佛学把获得对生命的根苗的体验称为"觉"。在这个原始的生命根苗处,尚未有善恶之分,甚至根本就没有"彼—我"的区别,除了涤除一切思虑和感觉、在泯灭物我的感受中作亲身的体验,是难以把握这种境界的,用语言表述总是隔靴搔痒。宋、明新儒学吸收了这种体验生命根苗的方法,但是与佛教不同,它不是叫人停留在那种体验里,永远涅槃,而是以自觉展开生命的态度投入到实际人生中去。

所以,无论是儒家、道家还是佛家,作为中国哲学,在其最深处都指向了原始的生命状态,在物我未分的一度,揭示出人和世界原是一体的。这里包含着对哲学自身缘起的说明,从这个根基出发决定他们各自对于世界和生活的一种态度,或是出世(即道家、释家),或是入世(儒家);或是修身立诚(儒家伦理性质的修养),

---

① 关于十二因缘论的解说,可参阅熊十力的《存斋随笔》,上海远东出版社,1994年。

或是养性尽年（道家末流为长寿和成仙的身心修炼），把他们各自理解的自身与环境世界相契合的状态称为得道。

中国哲学，无论儒、道、释，都把人生的原始起源作为主题，并把这个起源归结为混沌未分的状态，一切人生现象都是从"彼—我"这个结构中展现出来的。哲学则是对这个展现的过程和方式的反思，或者说，哲学是人对自身生存方式的反思。

## （六）掀开遗忘的面纱

粗看之下，我们关于中国哲学的解说同西方哲学的情况相去甚远。西方哲学一向标榜为普遍的知识，这样的知识不会因任何人而改变，也同人的生存状态无关。但是这种认识在黑格尔之后被逐渐打破。到海德格尔终于说出了，两千余年的西方传统哲学，是一部忘记了"是"的意义问题的历史①，这是用西方传统哲学的术语，道出对自身起源问题遗忘的事实。这里，我们根据西方哲学的新发展，试对西方传统哲学作一初步的生存状态的分析。要说明西方传统哲学在生存状态方面的起源，就要说明普遍知识的性质。普遍知识是人抽象思维的产物，这是无疑的，问题在于，普遍知识的内容是否反映了一个独立于人的世界的真实面貌？西方传统哲学主流的理性主义不仅肯定这一点，而且试图通过逻辑的方法赋予知识的形式以客观性。把这一点说得最彻底的是黑格尔，他认为，"理性在它的真理中就是精神……这种精神的运动，从单纯性中给予自己以规定性，又从这个规定性给自己以自身同一性，因此，精神的运动

---

① 海德格尔：《存在与时间》，陈嘉映、王庆节译，生活·读书·新知三联书店，1987年，第1页。

就是概念的内在发展:它乃是认识的绝对方法,同时也是内容本身的内在灵魂。——我认为,只有沿着这条自己构成自己的道路,哲学才能够成为客观的、论证的科学"①,"思维的概念是在逻辑发展过程中自己产生的"②。所以,所谓客观性、普遍性,其关键还是在于逻辑。逻辑以其必然性的力量,迫使人的思想不得不遵循,不得不照着走。那么逻辑究竟是怎么回事呢?这个问题是一个硬骨头,但是我们不得不啃一下。

一般以为,逻辑是亚里士多德所创立的。这是就形式逻辑而言的。早在亚里士多德之前的柏拉图哲学中,已经提出了要寻求理念间结合的方法,我以为这是产生逻辑的原动力。

我们都知道,柏拉图对西方哲学的最突出的贡献是理念论。柏拉图的早期理念论主张,与事物同名的理念是事物的真正所是,事物因分有理念而是其所是。但是,理念存在于可感世界之外,事物怎样能跨越分离的两个世界去分有理念呢?更成问题的是,理念被假定为是单一的,即它们互相之间是不结合的,一个单一的理念简直是没有意义的,因为除了它自己述说自己,任何对它的进一步述说都将破坏它的单一性,甚至说它是某理念时,某理念就与"是"有了结合而不再是单一的了。这些困难迫使柏拉图作出新的思考,于是就有了他后期的理念论。后期理念论发端于《巴门尼德篇》,在这篇对话中,柏拉图通过正反两方面的讨论,得出结论:理念必须成立于相互结合之中,单独的理念是不能成立的。这就提出了理念是依什么方法结合的问题。柏拉图最初演示理念结合的方法并不是后世发展出来的那种严格逻辑的方法,而是既有属于逻辑的方

---

① 黑格尔:《逻辑学》上卷,杨一之译,商务印书馆,1974年,第5页。
② 同上书,第23页。

法,也有语法的方法。例如,每组推论所讨论的理念往往是成对引进的:部分和整体、一和多、变动和静止等,这是所谓辩证法。理念间的结合到了后世就变成了概念或范畴间的结合,逻辑正是作为概念间结合的规则被制订出来的①。

　　与西方哲学追求普遍知识相关的逻辑是演绎逻辑。在演绎逻辑中,概念的结合表达为从普遍到特殊的推论,用康德的话来说,就是先天分析判断,在这种判断形式里,结论是事先包含在前提中的,推论不过是把包含在其中的东西点明出来。有一条更重要的规则,然而却因其隐而不露而容易被人忽略,即,进入逻辑的概念与日常运用的概念是截然不同的。日常的概念总是有其所指的对象,概念的意义在于它所指示的对象;然而逻辑的概念并不指示任何对象,它们只能从概念的相互关系中获得意义,这样的意义也称为逻辑规定性。例如,日常的思维中,父在子先;但做逻辑思考时,父和子只是相对而言的,无子也便无父。基督教神学就是这样来论证三位一体教义的。逻辑概念的这个特性可以概括为超时空性。

　　人们只知踏进逻辑就进入了必然性的领域,然而事实上,从使用逻辑概念的当下起,自己存在状态方面也跟着起了变化。试想一下,当我们使用着超时空概念时,其所表达的意义与我们世界里的事情没有关系,我们运作这些概念就像作数学运算,这里容不得我们的情绪,没有好恶,也没有是非,一切都是铁的必然。进入逻辑思维的人决不是日常的人,而是一个纯粹的思维者,所以当笛卡尔进行形而上学沉思的时候说,"我把自己领会成一个在思维而没有

---

① 海德格尔曾经考证过,logic(逻辑)所从出的 logos 一词,在当作言说、理性之前,其更早的意思是指"结合",他曾经从古希腊文献中作过引证,参见他的 *An Introduction to Metaphysics*(trans. by Ralph Manheim, Yale University Press, 1959, pp. 123 - 125)。

广延的东西",是一个"思维着的东西"①;在胡塞尔这里,则是"先验自我",胡塞尔谈到他的先验自我的发现时承认,"我自己这样做时,我也就不是人的自我了"②。

我并不认为世界上没有"先验自我"或"逻辑主体",而是进一步认为,那是人的一种可能的生存状态。作为人的生存状态,其根子处于"彼—我"关系的结构中,这就是说,人的各种生存状态总是与特定的世界相关的,所谓"逻辑主体"或"先验自我"所对应的世界是纯粹概念的世界,反过来说,纯粹概念的世界也只是显示给"逻辑主体"或"先验主体"的。要成为"逻辑主体"的角色也并不难,当我们从事数学运算的时候,自己就处在与"逻辑主体"接近的状态,在这种状态中,人就把自己交付给运算法则;同样,在哲学中,把自己交付给逻辑时,就觉得好像是概念自己在运动。根据逻辑必然性得出的客观性,其实是先已把自我交付出去的结果。这"交付"却是我的选择,是我对自己生存状态的改变。

西方人长期以来把与"逻辑主体"对应着的概念世界当作是本质的世界,而把生活世界当成表面现象。把通过概念演示的意义系统当作普遍的知识、绝对的真理来追求,而忘却了这种对应关系的生存状态的根子在"彼—我"结构中。直到 20 世纪,西方人才在海德格尔这里重新提起对于原始根源问题的注意,海德格尔用西方哲学熟知的术语,把人的原始生存结构表述为"Being-in-the-world"("是于世中"),一种意译为"人生在世"。

---

① 见 John Perry 和 Michael Bretman 主编的 *Introduction to Philosophy—Classic and Contemporary Readings*, Oxford University Press, 1993, pp. 115、121。
② 转引自吕迪格尔·萨弗兰斯基:《海德格尔传》,靳西平译,商务印书馆,1994 年,第 115 页。

### (七) 同一根源的不同展开

生存状态的分析视"彼—我"关系是人生的基本结构，也是哲学所始出的根子。以此为出发点，我们拟对中西哲学的形态、表述方式及其主题的构成作一简略的分析说明。

我们已经说明了，所谓具有客观必然性的西方传统哲学的普遍知识，有一种与之对应的人自身方面的生存状态，问题是，怎么会从原始的"彼—我"关系结构跑到"思维主体"和"概念体系"相对应的结构关系上去的呢？从既定事实方面，我们只能说，那是基于原始生存结构的一种可能的生存样式，至于为什么西方哲学实现了那种样式而不是这种样式的哲学，可以从不同方面去考察，我觉得哲学家个人的作用在这里是决定性的。柏拉图首先提出理念论，就决定了一种特定的从原始"彼—我"结构中展开出来的方式。我们可以把那种方式描述为"看"。柏拉图的理念，其原文 idea 的动词形式 eidos 的意思就是"看"，idea 是看的结果。西方人的"理论"这个词，原文为 theory，其动词 theor 也是"看"的意思。在"看"中，人就从原始一体的状态中走出来了，就有了"彼—我"之分。柏拉图倡导的不是肉眼的看，而是以心灵去看事物的本质，逐渐发展成为以概念的推论表达真理的世界，与之对应，人也就进入了理性的状态，成了逻辑的或思辨的主体。一旦采取了这种看的方式，其所看出的东西就成了哲学的主要内容，哲学便成了一门普遍知识的学问。在理性主义眼中，看到的世界是超越感觉的世界，所谓形而上学就是这种超越的理论世界的概念表达。

中国哲学从一开始就注意到了一切都是从原始的"彼—我"结构中分化出来的，并且以此作为做人行事的根据，力求在各种情况里达到彼我间的契合,这就是所谓"得道"。求得得道是中国哲学的主要目标和内容。在人生的各种活动中都有一个求得彼我相契的得道的问题,有所谓从政之道、经商之道、治学之道乃至贯彻在各种技艺中的道,等等。理想中的圣人应当是在人生的主要活动中得道比较全面的人。意识到了得道在彼我相契的状态中,自然就要求人们不要把眼睛锁定在所见的器物上,重要的是,要努力体察器物向我们显示出来的过程中彼我相契的状态,这样的状态是超越器物的,所以说,"形而上者谓之道,形而下者谓之器"。但"相契"状态并不超越在"我"之外,因为"相契"的另一端是"我","我"是能够体察到这种状态的。形和器本身不会上、不会下,上和下是人分别面对道和器时的状态,所谓"形而上"是人调整自身到彼我相契状态的过程。这个调整过程,我们称之为超越。这样,我们就有两种不同意义的超越。一种是西方哲学意义上以心灵的眼睛看出来的超感觉的世界;另一种是中国哲学意义上靠人自身对于彼我相契状态追求来的超越。其区别在于,西方哲学中的超越是理论的性质,中国哲学中的超越是人的生存状态。当人们用超越来标志形而上学的时候,我们就获得了两种不同形态的形而上学。在西方,形而上学是理论,在中国,形而上学是人自己。然而,归根结底,超越是人的超越。康德看出了这一点,他说,形而上学是"理性的一种自然趋向"[①]。海德格尔对此说得更多更深入,他说,"只要我们生存,我们就总已经在形而上学中","超越活动就是形而上学本身。由此可见形而上学属于'人的本性'"[②]。西方形而上学是"看"的结果,而"看"是人自身的一种超越方式。

---

[①] 康德:《未来形而上学导论》,庞景仁译,商务印书馆,1982年,第160页。
[②] 孙周兴选编:《海德格尔选集》(上),上海三联书店,1996年,第152页。

西方哲学向人们提供了一个理性的世界，这个世界需要人站到理性思维的立场上成为逻辑主体，由于专注于"看"，突出的是所看见的世界，而把原始的"彼—我"结构掩盖掉了，西方传统哲学受批评的原因之一是遗忘了人的问题，其原因盖出于此。在这个意义上，我们可以说，中国哲学是立足于形而上学根源处的更原始、更根本的形而上学。

中西哲学形而上学的不同形态与这两种哲学在其他形态特征方面的差别是紧密相关的。对于从事西方哲学研究的人来说，最重要的是要学会运用概念进行推论，而首先又是要学会对语言做不同于日常的使用，这个过程在柏拉图和黑格尔这里都被称为"思想训练"。对于中国哲学来说，从事哲学要身体力行，那是一个修养的过程。或许有人说，西方哲学不都是柏拉图主义，例如，经验主义哲学是否也一定要经过那样的思想训练呢？但须知西方的经验主义是在与理性主义的论战中生存的，他们必须明白理性主义的主张，才能与理性主义争论得起来。在这个意义上，不了解理性主义对语言的使用甚至也不能理解经验主义。

修养是中国哲学的重要功课。修养的目的是要使自己的行为做事达到彼我契合的境地，其理由是，包括我们人在内的一切都是从原始合一的混沌中开放出来的，所以，达到彼我合一的境界是符合道的。但是，天地未分前的原始合一的境地离人类已经很遥远了，我们怎么能知道呢？儒、道、释三家有入静、坐忘或入定的训练，这是当下体会物我一境的途径。对于儒家来说，获得这种体验的意义不仅在于验证了原始合一境界的存在，而且，意识到一切都展现在我的世界里，能使人获得崭新的生活态度，包括自觉其在可能性中进行选择的自由，以专注和原创的精神投入实际生活，即所谓养"浩然之气"，以便"对内湛然澄明，对外接应万机"，这就是内圣外王之道。儒家经典《大学》把这条途径概括成修、齐、治、平，"自天子以至于庶人，壹是皆以修身为本"。

修身的目的无非是得道，人们一般把道当成规律，这种理解是值得质疑的。我们从西方哲学学得了规律这个概念，但是，规律是本质领域的东西，规律的普遍必然性往往是通过概念的逻辑演绎表述出来的，而说到道，却是"道可道，非常道"。与其认道为规律，不如说道是天命。天命是通过彼我的结构向我们展开出来的，不由我所决定，但也不是完全抛弃了我。在规律中，人注意的是外在的世界，在对天命的追踪中，人兼顾着世界和人类的关系。

相应于道和作为普遍知识的规律的不同，中国哲学和西方哲学使用的语言也是不同的。西方传统哲学追求的本质世界是在现象之外的，关于其所使用的语言的特点，马克思、恩格斯说得很清楚："正像哲学家们把思维变成一种独立的力量那样，他们也一定要把语言变成某种独立的特殊的王国。这就是哲学语言的秘密，在哲学语言里，思想通过词的形式具有自己本身的内容。从思想世界降到现实世界的问题，变成了从语言降到生活中的问题。"① 马克思、恩格斯说的正是"是论"的语言，那种语言使用的概念并不表达现实世界的事物，它们是纯粹逻辑规定性的概念、范畴。中国哲学的概念当然不是那种逻辑规定性的概念或范畴。如果把体验也归入可感一边，那么，中国哲学的语言与日常语言之间并不存在鸿沟。中国哲学中的哲学一词如果用西方的语言来说，似乎应该是动词"philosophize"，即说到哲学，就应该自己亲身"哲学一番"。如果形之于语言，那往往就站在哲学的外面了。但是，这也不是说，中国人从事哲学是无所说的哲学，即使如禅宗不立文字的极端的说

---

① 马克思、恩格斯：《德意志意识形态》，第 515 页。

法，这毕竟也是一说，透露出在最高境界中说的无奈。如果根本无所说，那么也就没有作为一种学问的中国哲学了。中国哲学的说中有许多是对修养的途径和体验的描述，对于真正愿意哲学一番的人来说，不过是以指指月的那根手指，目的是引导人看月，而不是要人的目光停留在手指上。中国人的用词也反映出这一点，如同样是人死了，"天子死曰崩，诸侯曰薨，大夫曰卒，士曰不禄，庶民曰死"（《礼记·曲礼下》）。对"死"这个事实用不同的词，表达的不仅是事实，而且表达着说者恭敬程度的等差。又，臣杀君、子杀父母，从"正名"来说，当作"弑"而不作"杀"，其中包含着叙述者的政治伦理态度。在西方哲学中，需要通过意向分析才得到揭露的那种意向及意向对象的关系，在类似上面举的中国用词里，是直接得到表达的。

还有一个最值得注意的问题是：当人们认为自己看出的世界是唯一真实的世界时，就会坚持自己的立场到极端；而以得道为目标的人们则因立足于源头，便容易随时准备调整自己以达到与环境世界的相契合。这后一种超越的哲学，是守护在源头近傍的哲学，这无论对于一个人还是一个民族，都是永葆青春的秘诀。

原载：《社会科学》2004年第5期

# 十八、论中西哲学的会通

## (一) 会通中西哲学的历史任务

自从对于西方哲学的 ontology 有了进一步的了解以后,人们注意到,原来以"本体论"翻译 ontology 是不确切的,并正尝试以"是论"或"存在论"取代"本体论"。有些治中哲史的同志们也开始意识到,中国传统哲学中不存在西方哲学的那种 ontology。即使在西方,曾经一向被当作是纯粹哲学的 ontology,它在哲学中的地位也受到了质疑。德里达就明确表示,他的解构主义就是针对 ontology 的①。这种情况迫使人们重新思考哲学的含义。作为外在于希腊哲学传统而独立发展起来的中国哲学就格外引起人们的关注。

哲学观念要更新,但是不能抛弃传统。新的哲学观念不仅应当能适应当今社会生活的需要,而且还应当能对中国哲学和西方传统哲学提供一种一致的说明。如果根本不存在这种一致的说明,那么,就说明这两种哲学是完全异质的,其中必有一种哲学资质会受

---

① 见德里达在上海社会科学院的讲演纪要:《解构与本体论——记德里达在上海社科院的讲演》,《世界哲学》2002 年第 4 期。

到怀疑。当然，如果考虑到"哲学"这个词首先出现在西方，那么，首先被怀疑的显然是中国哲学。不过，我们对中国哲学之为哲学是充满自信的。摆在我们面前的任务是，建立起对中西哲学的一致的说明。寻找这种一致性的说明的过程，是今后哲学发展的主要契机，换句话说，今后哲学的发展一定是在中西哲学比较中的发展。

基于上述的想法，当我读到杨国荣先生最近写的一篇文章[①]，谈到哲学的任务在于求"通"，我很受鼓舞。杨国荣先生的文章也是从中西哲学的比较入手的，其眼界大，涉及哲学这门学科的根本性质。当他认为哲学应当深入到"人的在"中去时，他事实上已经触及了作为理论的哲学，其根源不在于理论本身。他所引证的这方面中国哲学史料很说明问题。最后，他以智慧界说哲学，把哲学的任务规定为超越各门知识的"分"或"别"以求其"通"。他认为，能担当此"通"重任的是形而上学，它不仅会通理论层面的认识论、逻辑学，还会通实践理性层面的价值论、伦理学。杨国荣先生的文章中包含许多创见，使人想见哲学观念的更新。然而在我看来，他却使用着西方哲学史上的传统概念，使他自己的新观念难以得到鲜明的伸张，以至最终不免混淆于传统哲学的观念而难以达到"通"的目的。

所谓求"通"，当指求中西哲学的会通。站在西方传统哲学内部是不存在会通问题的。西方哲学虽然有认识论、伦理学、美学和价值论的分别，或者还可以有自然哲学、政治哲学、历史哲学、文化哲学等等的名目，但是西方哲学一向标榜，哲学不是任何特殊对象的学问，而是普遍的知识，形而上学性质的 ontology 则是哲学中

---

① 杨国荣：《形而上学与哲学的内在视域》，《学术月刊》2004 年第 12 期。

的哲学，即最普遍的知识。Ontology 并不是根据其中文"本体论"这个译名而容易让人误以为是关于本体这个范畴的理论，而是通过逻辑的方法演绎出来的一个原理系统。作为西方传统哲学集大成者的黑格尔哲学是这种哲学观念和框架的集中体现。他的《逻辑学》即 ontology，就是最普遍的原理，自然哲学、精神哲学或者还有其他的哲学分支，则是这个最高、最普遍原理系统的展现或曰"外化"。也正因为这种框架结构，ontology 曾经被认为是纯粹哲学，是衡量哲学之为哲学或一种哲学之品位高下的最终尺度。只是到了现代，随着 ontology 的有效性受到质疑，尤其是当它的第一哲学的地位被解体，传统哲学的这种体系才面临严重的危机。

过去，我们试图依傍着西方传统哲学的观念和框架来解说和建设中国哲学，如果那种方法是成功的，那么，二者也就已经会通了。但是，我们现在知道，其结果总是差强人意，甚至中国哲学的面貌也没有据此而得到真正的反映。如果我们明白 ontology 在西方传统哲学框架中的核心地位，并且意识到中国哲学中并不存在 ontology，那么，就势必产生两个结果：要么站在西方传统哲学的立场上，怀疑中国哲学之为哲学；要么，以中西两种形态上差异的哲学作为事实，去努力寻求新的会通路径，即，用同一种道理说明二者都是哲学。

## （二）马克思主义在哲学会通中的意义

到哪个方向去寻求这种一致性的道理呢？在过去一百年里，由于受到了西方哲学及其思想方法的熏陶，我们已经学会并且习惯于从个别上升到一般的方法，这也就是所谓寻求第一原理的方法。但是，这种方法本身就是西方哲学的，西方传统哲学已经告诉我们，最普遍的原理只能是以最普遍的概念逻辑地推论得出的原理系统，ontology正是最普遍的原理体系，并且，不可能有比ontology更普遍的原理了。这意味着，在这条路上，中国哲学要么因其普遍性程度的低下而从属于西方哲学，或者，充其量找到一种与ontology并行的东西，但是，我们已经认识到中国哲学中并不存在ontology。我们的探索已经能够告诉我们，运用个别上升到一般直至最普遍的方法，试图以此会通中西哲学，这条路是走不通的。

那么，我们还能有别的会通途径吗？事实上，马克思主义早已为我们指明了方向。马克思主义经典作家宣称"哲学在黑格尔这里终结了"[1]的时候，同时也指出，一切思想、观念、意识都来自人的实际生活过程，"思辨终止的地方，即在现实生活面前，正是描述人们的实践活动和实际发展过程的真正实证科学开始的地方"[2]。这就指出了作为思想、观念、意识的哲学的根源在于人的实际生活，它为我们揭示了哲学进一步发展的方向，也为我们开辟了会通中西哲学的途径。挖掘和发扬马克思主义这方面的有关论断，对于形成新的哲学观念，并以此会通中西哲学，有十分重要的意义。

**首先，马克思主义的论断是对西方传统哲学观念的更新。** 在西方传统主流哲学观念中，哲学一向是作为普遍的知识，进而作为绝对真理那样的东西。哲学是以理论的形式出现的，它甚至应当称为理论的理论。然而什么是理论呢？理论的实质在于运用理性概念的推论。所谓理性概念就是普遍的概念，形成和运用普遍概念的思想方式是逻辑的，传统哲学正是运用这种思想方式的结果。现在，马克思主义创始人提出的问题是要追问包括哲学在内的一切思想、观

---

[1] 恩格斯：《路德维希·费尔巴哈和德国古典哲学的终结》，人民出版社，1972年，第11页。
[2] 马克思、恩格斯：《德意志意识形态》，人民出版社，1961年，第20页。

念和理论的起源，这就突破了传统哲学的观念，把哲学引向了一个新的、更深的领域。如果说，我们还把这个新的领域称为理论的话，那么，它与传统意义上的理论是有根本区别的。马克思说："哲学家们只是用不同的方式解释世界，而问题在于改变世界。"① 改变世界是人的生存活动的另一种表述。如果我们承认马克思的这句话是哲学的语言，那么，我们也应当承认，改变世界的活动本身不仅具有哲学意义，而且是以往各种形态的哲学的出处。探索哲学源头的工作是传统哲学的深入发展，也是新观念哲学的起点。不幸的是，由于我们深受传统哲学的影响，总是把哲学与运用概念作推论的思辨性理论捆绑在一起，遂把"改变世界"看作是哲学以外的东西。然而，如果我们总是把对最深的问题的追问当作哲学，那么，就不能否认改变着世界的人的实际生存活动是比理论更基本、更深的领域。

当然，哲学之为哲学总得有所"说"，前引马克思主义创始人的话认为，这种"说"是"描述"。作为哲学起源的人的生存活动是基本的事实，它是通过我们的描述得到彰显的。不同的生存活动及其方式产生出对世界的不同见解或知识，这些见解或知识并非都是概念推论性的，它们也可以包括感受和直觉，等等，也只能用描述的方法表达。此外，人自身的生存状态，更是需要通过自己的反思，在描述中予以揭示。根据马克思指示的方向，我们还可以深入探索人的生存活动的基本结构，它的主要的和可能的生存方式，这些都不能从概念的推论得出，而只能通过对人的实际生存状况的描述和分析得到。试问，对这些问题的探讨不是哲学又是什么呢？只是由于从事哲学的传统方法对我们的影响太深，使我们太崇尚纯粹

---

① 恩格斯：《路德维希·费尔巴哈和德国古典哲学的终结》，第53页。

的概念思辨而看不起描述，以至于对马克思主义所指示的这个哲学方向认识不足，有的甚至还为马克思主义哲学创始人没有写过像黑格尔《逻辑学》那样的著作而感到遗憾。其实，人生的意义比我们说出来的要丰富得多，只是由于我们缺乏对它的恰当描述而得不到彰显。

**其次，马克思主义的上述哲学观也为中西哲学比较研究提供了新的途径。**中西哲学的会通点不仅是比较研究的目的，也是这一研究之可能的出发点。如果它们是两种完全异质的学问，二者根本无法会通，那么其中之一就不能称为哲学，二者的比较也是没有意思的。现在，我们既然认准一切观念、思想和理论的根源在于人自身的生存活动，这就是中西哲学会通的原点。我们要做的就是从它们各自从事哲学活动的方式、所关注的问题、思考方式及结果出发，分析与之对应的各自的生存状态，并从中探索人的基本生存结构。反过来，我们还要根据人的基本生存结构及其多种可能的生存方式，对中西两种不同的哲学形态作出解说。前一步研究是后一步研究的前提，后一步研究反过来又是对前一步研究的验证。站在逻辑的立场上，这种一进一出的方式可能被批评为循环论证，但是，严格演绎的逻辑方式从来也没有对自己所依据的最初前提作出过论证。而描述的方法则只从已有的现象出发。

根据上述思路，哲学无非是人对自身生存方式的反思，这种反思可以是概念式的，也可以是体悟式的。现在被称为哲学家的人，在中国古代称为圣贤或得道之士，他们的高明之处在于修养高，表现为以恰当的方式待人处事，这需要明白事理，更需要自觉调整自身的状态以便以恰当的方式介入世界，并努力获得与世界和谐相处的境界，它是体悟式的。西方哲学则关注有关世界的普遍知识，是概念式的。这里需要说明，从表面上看，西方哲学曾被渲染成是对于纯粹客观知识的追求，因而与人的生存状态无关，但是，现在人们开始认识到，这种客观的知识归根结底与人的一种特定的生存方式相对应，所谓客观知识只是对于这种特定生存方式才得到显示，即当以概念思辨的方式从事哲学的时候，他必须割弃对个别事物的感受，使思想登上普遍性的台阶，以至于说，在这里"红"的概念并不红，然后才能对这些概念作逻辑的思考。既然大家都遵守着逻辑规则，那么其结论也就是一致的，并进而被认为是客观的。在这里，眼睛盯着的是思考的对象，而人自身状态的变化、调整是隐没着的。对象既经固定，与之相应的人的状态也被固定下来。这种状态中的人被称为主体，或曰，思维主体。以概念表述的对象既被认为是本质的世界，思维的主体遂被认为是人的本质。

马克思主义新的哲学观的核心是着眼于人的实际生存状态，而反对纯粹思辨的哲学。一个半世纪以来，西方哲学界在这个方向上也有过许多努力。然而，传统哲学观念毕竟统治了两千多年，它的影响还在继续，我们看到，当前西方哲学界仍然在从各个角度对它进行批判。西方传统哲学观念也深深地影响着中国哲学界，例如，以西方传统哲学的观念为尺度，或者把中国哲学史叙述为是两条路线的斗争史，或者把中国哲学史叙述为哲学范畴的逻辑发展史。最新的情况是，在为中国哲学之为哲学进行辩护时，求诉于本体论。虽然论者们都声明，他们说的本体论不是西方的 ontology，但是，他们的思想还是被笼罩在西方传统哲学的观念下。我在杨国荣先生的文章中就感到了这种倾向，他虽然谈到了人的生存问题，但是并没有明确讨论人生问题时思辨的方式和体验、描述的方式之间的区别，而却流露出对于普遍原理的追求，视之为对哲学来说理所当然的东西，为此我们不妨对西方形而上学、概念式的思想以及普遍原理这三种相互关联的形式的起源作一回顾，说明它们与西方哲学特定问题的取向的关系,并联系中国哲学问题的取向,以便我们重新决定是否应当在叙述中国哲学史的时候采用它们,以及运用这些观念中西哲学能否得到真正的会通。

## (三) 形而上的差异

杨国荣先生关于中国哲学中存在本体论的观点所依据的一个重要理由是,中国哲学中是有形而上学的,在他看来,形而上学与本体论基本上是同义的,它们都以"存在"为对象。他说,中国哲学史上有许多关于本体的学说,虽然有关本体的学说不能等同于本体论,但,它们往往被用以指称不同种类的存在,而这,却是形而上学的对象。

在传统哲学的分类中,形而上学是纯粹的哲学。尽管康德对形而上学可能导致种种谬误作过深刻的揭露,但是,他毕竟认为,形而上学是人的理性的自然秉赋,尤其是对于善于思考的人来说,缺少形而上学是不行的[①]。黑格尔对形而上学更加强调,他把形而上学比喻为庙宇中至圣的神[②]。这自然就使得比照着西方哲学来看中国哲学的人们想在中国哲学中也找出形而上学来。我们也承认,形而上学是哲学的灵魂,一个民族的精神生活中如果没有形而上学,那么也就意味着精神停留在日常意识而没有哲学。但是问题在于,究竟什么是形而上学呢?中国哲学的形而上学与西方哲学的形而上学是同一种东西吗?

让我们先回顾一下西方的形而上学。从不同的角度,对形而上

---

[①] 康德:《未来形而上学导论》,庞景仁译,商务印书馆,1982年,第163页。
[②] 黑格尔:《逻辑学》上卷,杨一之译,商务印书馆,1974年,第2页。

学可以有不同的表述。大体说来，西方哲学的形而上学指的是超出经验的知识①。从这个基本的规定出发，形而上学曾经包括四个分支，它们是：ontology，宇宙论，灵魂学和神学②，至少在康德的《纯粹理性批判》中，这四个方面还都属于形而上学的领域。其中的灵魂学讨论的是"自我""自由意志"等问题，它和宇宙论一起之属于形而上学，是因为当时还不能对这两个领域的问题作实证的研究，后来找到了实证的手段，它们就从形而上学中分离出去了。灵魂学为心理学、生命科学所取代，宇宙论则被天体物理学所取代。神学从形而上学中剥离出去则是哲学世俗化的结果。形而上学最终就只剩下 ontology，这样，形而上学才和 ontology 被当作是一回事。

形而上学思考的是脱离经验的对象，是纯粹概念思辨的学说。我发现，对于这个依据康德的观点而作出的断语，人们是有保留的。他们往往举出亚里士多德的《形而上学》为例——"形而上学"这个术语最初就是以这本书的书名出现的，人们发现，亚里士多德虽然提出有一门学问专门讨论一般的"是者之为是者"，却并没有明确主张这一学问是超出经验范围的，相反，他坚决反对柏拉图的理念论，理念才是超出我们可感范围的东西。这使得人们误以为，形而上学不必是超经验的领域，在经验的领域里，人们对于事物所作的一般的概括，从个别、特殊上升到普遍，这些也是形而上学讨论的问题。确实，亚里士多德是经验论倾向的哲学家，从他这里我们不能直接得出形而上学是超经验性质的学说的结论。但是，

---

① 康德说："形而上学知识这一概念本身就说明它不能是经验的。"见《未来形而上学导论》，庞景仁译，第 23 页。
② 这个划分出于德国哲学家、康德的前辈沃尔夫，转引自黑格尔：《哲学史讲演录》第 4 卷，贺麟、王太庆译，商务印书馆，1978 年，第 188—189 页。

我们要指出，尽管亚里士多德本人并没有意识到，当提出哲学以一般的是者为对象的时候，就已经引发了对普遍的东西的追求，作为其结果，最普遍的东西必定是超经验的、概念性的东西。关于这一点本文下面还要讨论。这也意味着，在西方哲学的框架内，要么采取彻底经验主义的立场，根本否认普遍的东西的实在性，因而也否认现象与本质的二元分裂，直至否认本质的东西的存在；要么采取理性主义的立场，把概念所表达的普遍性的东西当作客观实在，它存在于现象之外，因而是超越于经验的。作为历史事实，在西方哲学史上占据上风的是理性主义，造成这一结果的原因可能是多方面的，而对于普遍性的刻意追求以至于进入绝对普遍的领域，是其中一个决定性的原因。所以，人们说，一部西方哲学史不过是柏拉图哲学的注释。柏拉图首创的理念论的最显著的特点，正是设立了一个超经验的彼岸世界。在以后的发展中，形而上学逐渐明确为是纯粹思辨的哲学，理念遂为概念所取代。

关于形而上学需要略加说明。在中国以及在西方，都有些神话传说，像中国民间有关天堂和阴间的观念，还有西游记里的孙悟空等等许多虚构的故事，这些都不是实际生活中的事情，是现实生活中所不见的，但是，它们都不属于形而上学。这些故事的情节固然不见于现实生活，然而它们是人们依据现实生活中的素材通过想象创造出来的，想象是表象性的思维，而西方形而上学的超验性则表现为运用概念的纯粹思辨活动。

澄清了西方形而上学的超经验性质，那么，熟悉中国哲学史的学者大概会同意说，中国哲学的形而上学本不同于西方的形而上学。不过，我们还是有兴趣了解，中国何以会有形而上学这个词的？它的本意是什么？它与西方哲学的形而上学之间有联系吗？我们能否也会通这二者呢？中国古书中本来没有"形而上学"这个词,只是在《周易·系辞传上》我们读到:"形而上者谓之道,形而下者谓之器",想必是前辈学者从这里抽出了"形而上"三个字,再加上一个"学"字,就成了"形而上学"。构成这个词的目的,显然是为了翻译西方这门古老的学术。知道了超经验性是西方形而上学的显著特征,那么,这个译名倒真有点传神,形是可见的,往上超出形,就进入了不可见的领域。不过,情况并不是这样简单,中国哲学的"形而上"有超越的意思却并没有要人进入超经验的概念领域的意思,它是要引导人进入得道的境界,这种境界恰恰是在人们可以经验到的真切感受中的。

这里先要搞清器、形和道三者的意思。形和器都是可见的,有所谓"形器"之说,但是,形和器又是有别的。器指的是实际发生的事物,形的原意是人工的装饰物,《说文解字》:"形,像形也。"徐灏注笺:"象形者,画成其物也。引申为形容之称。"由此可见,形虽然可见,却并不是自然事物,在《周易》中,形指的是卦象,卦象是对实际事物的过程的形容或描画。从形到器的过程称为"下",形到道称为"上",从形向上,目的是为了达到道的领悟。朱熹说:"卦爻阴阳皆形而下者,其理则道也。"(《周易本义·系辞》)但是形既是人为的东西,它本身不会上,也不会下,上和下是对人自身与他者打交道方式变化的形象的表述,它指引人们从与实际变化着的事物打交道的状态进入体验道的境界,形不过是从器到道的中介。对形而上的这种理解,早就有王弼的话为证,他在《周易略例》中关于读《易》的方法说:"言以象尽,象以言著。故言者所以明象,得象而忘言。象者所以存意,得意而忘象。"这里的象就是形、卦。这两个"忘"字所传递的正是人自身借助于语言和卦象而又超越语言和卦象的束缚,一步一步进入得道境界的过程。让人自己从对形器的拘执中超越到与道相契合的状态。这就是中国的"形而上"的精神。

中国的形而上的精神与西方形而上学都涉及超越问题，但是，它们的性质是不同的。在西方哲学中，超越是指对于经验的超越，因而在文字表达中，超越与超验是同一个词。形而上学研究的对象是超越于经验的，因而也说成是超验的。西方形而上学是脱离了经验世界靠纯粹概念的思辨来经营的，因而又可以说，这是一门超验的学问。而据我的看法，在中文里，超越和超验的意思是应当加以区别的。超越是动词，指的是人自己的活动，超验则是超越活动可能有的结果之一，但超越不必一定是超验的。中国哲学形而上学的超越就不是超验的，它只是指人自己在与器物打交道中进入与道相契的状态，这一"进入"的过程就是超越。如果我们确认"形而上者谓之道"中的"形而上"是对人自身的超越活动的描述，那么，就不免要联系形而上的超越活动所要达到的目的，也即联系道来作说明。中国哲学以得道为最高目的，这点恐怕大家都能接受。但是，至于道是什么，却众说纷纭，且有许多是从否定的方面去解说的，例如"道可道，非常道"，"吾不知其名，字之曰道，强为之名曰大"，"视之不见名曰夷，听之不闻名曰希，搏之不得名曰微。此三者不可致诘，故混而为一。其上不皦，其下不昧，绳绳不可名，复归于无物。是为无状之状，无物之象，是谓忽恍"（以上见《老子》第一、二十五、十四章），"道隐于小成"（《庄子·齐物论》），又，"不见其形，不闻其声，而序其成，谓之道"（《管子·内业篇》），等等。这些否定的说法其实也是出于无奈，因为任何对道的确定的说法都不免是对道的一种限制，而"……（《易》之）为道也屡迁，变动不居，周流六虚，上下无常，刚柔相易"（《周易·系辞传下》）。既然道是变化无常的，我们只有在追寻道的过程中去体察道，这个追寻的过程，应当就是形而上的过程。以此作成的

"形而上学"应当是关于人自身超越活动的学问。

在西方哲学的熏染下,人们倾向于把道解释为规律。所谓规律要么是在某些限定条件下必然导致某种结果之谓,要么是在无所限定的条件下绝对的因果必然性之谓,前者是自然科学知识,后者就是所谓纯粹概念推论的形而上学的绝对普遍原理。道显然不是那样的规律。道并不分必然和偶然,凡是人生会遭遇到的情况,不论必然和偶然,都是道的展现。生活是多种多样的,道是无穷无尽的。在实际生活中体验一种适宜的生存方式或途径,称为"中"或"和"①,这就是得道。得道是一种境界,绝不是用概念可以把握的,更不是逻辑推论的产物。得道是在生存中学习生存达到生命自觉的状态。得道的人就是所谓圣人。

如果我们承认中国哲学是以求得得道为主要目标,并且道并非是以概念标志的普遍性的知识的对象,那么,就会承认道不能仅靠认知获得,得道与否是每个人在自己的生存状态的体验中才能确定的。但是,这并非说,中国哲学只有实践没有学说。形而上学之为"学",总应该有所说。事实上,中国古代的"哲人"们在追求得道的实践过程中不仅"立功""立德",也"立言",立言是对得道的实践活动的反思。他们所论述的中心议题无非是,人为什么要追求得道?人能否求得得道?得道的标志是什么?围绕这些基本的问题,进一步涉及一系列的问题,例如,怎样才能求得得道?是否在各种场合、各种活动中都有一个得道不得道的问题?每个人都有机会得道吗?此外,作为人可能得道的根据,还讨论人与天地万物的起源以及它们的一致性问题,人的本性问题,社会生活与自然过程

---

① 即《中庸》所谓:"喜怒哀乐之未发,谓之中;发而皆中节,谓之和。中也者,天下之大本也;和也者,天下之达道也。"

的相通问题；怎样应对贫富荣辱、通达与穷困等各种不同境遇的问题，技与道的关系问题，怎样通过修养获得原始起源的体验以便从源头处保养自身多样生存的可能性，修养的渐进性和顿悟的可能性，等等。要而言之，从事哲学活动的目的在于引导每个人自己达到生命的自觉，以便使生命的力量敞开出来，应对生活向人类提出的各种挑战。圣人就是其中的典范。这就是中国哲学的形而上学。在上述一系列问题的论述中，当然也涉及有关世界和人的知识。其中也有可以称作认识论、伦理学的问题。但是，如果我们按照西方哲学的观念和框架，去叙述中国哲学史，那就不免把中国哲学肢解了。最重要的是，中国哲学实践的性质就被抹杀了。

中、西两种形而上学显然有很大的差异。中国哲学的形而上学着眼于人自身的超越活动，但是，并非没有"说"，其说围绕着得道，而道只对于人自身形而上的超越活动才显示出来。西方哲学在形而上学的说中亮出了一个超验的世界，这个以概念表达的超越的世界曾被长期认为是独立自在的客观世界的本质，只是到了近代，当康德说，形而上学是"理性的一种自然趋向"①，人们才逐渐意识到，所谓客观的本质世界的呈现其实与人自身介入到生活中去的一种特定的态度相关，即它只是相对于采用理性的方式对待生活的人而言的，理性在此指的是逻辑思维的方式，它也是人自身的一种超越方式。

在此，我们揭示了人生现象的基本结构，即，一种世界的面貌总是对应于人的一种介入生活的方式。海德格尔在《存在与时间》一书中把这种结构描述为"是于世中"（Being-in-the-world，陈嘉映先生译之为"人生在世"），中国古代的庄子将它表述为"彼我"

---

① 康德：《未来形而上学导论》，庞景仁译，第160页。

关系:"非彼无我,非我无所取"(《庄子·齐物论》),这是说,一切言论及在言论中表达出来的对世界的见解,无非是从一种彼我关系中衍生出来的。如果我们承认人在与世界打交道中是能动的方面,那么,世界呈现出怎样的面貌,则是人自身活动方式的结果。不同的生存方式获得不同面貌的世界。中西不同形态的形而上学,则是人对自身采用的不同生存方式或超越方式的反思。我相信,生存状态的基本结构,是中西哲学的会通点,中西哲学形而上学的差异可以从这一基本结构中产生出来的不同生存方式方面得到说明。

## (四) 思想与体悟

概念式的思想和体悟是人自己两种不同的生存方式。对形成中西不同形态哲学有决定意义的生存方式,在西方哲学是思想,在中国哲学是体悟。广义上说,哲学就是思想。不过,当人们对中国哲学之为哲学心存疑虑时,往往以中国思想取代中国哲学。这暗示思想和哲学之间有一种差别。在日常中,人们所谓的思想应当包括记忆、想象、表象等,然而在西方哲学中,尤其在西方主流的理性主义哲学中,思想把记忆、想象、表象排除在外,更不必说意识的其他形式。思想离不开普遍性的概念,严格地讲,理性就是运用普遍性的概念进行逻辑演绎的能力,理性思想的结果就是理论。西方哲学的思想虽不限于这种狭义的思想,但是运用这种狭义思想的理性主义哲学却是西方哲学的主流。

接受了现代文化的教育后,我们习惯了概念式的思想,以至于想不起人类并不是天生就会作概念性思想的。事实上,概念性的思想即使在今天,也是通过各种途径接受了教育的结果。对于我们这个断语,人们可能不同意,他们会举出哪怕是日常语言中,人们也总是要用到普遍性的概念；甚至这样说也毫不夸张：离开了普遍性的概念，语言的交流几乎是不可能的。确实，每一种语言的词语，要是对它作反思，都能够分析得到它的形式具有普遍的性质，然而，日常中的交流并不留意于所使用的语词的性质，而总是在意于交流的效果，换句话说，日常的交流所关注的是事情本身：叙述是为了让对方明白某件事情，陈述在于揭示事实，祈使是为了向对方提出某种要求，表露是为了向对方倾诉自己的某种感情，提问则在于寻求答案，等等。以语言为媒介的日常交流的实现在于事情本身的进行和完成。概念及其普遍性，是对词语进行反思的产物。这时，人们关注的不是那些词语涉及的事情，而是词语本身。关注语言和关注语言所指的事情，从人的生存状态上说，是两种不同的生存状态。接受教育以后我们现在能够理解，所谓普遍的东西，就是思想上的一个概念，这个概念被认为涵盖着一类事物。这里的事物可以指同类的个别事物，也可以指经过思想活动抽象出来的同类性质。个别事物可以有这样那样的差别，而关于它们的普遍概念则被认为是揭示了它们之为这类事物的共同特征。西方哲学对事物本质的追问总是要跃上普遍的高度，个别事物的本质必定要到普遍的层面上去寻找。所以，所谓揭示事物本质的原理必定是思想才能把握的东西，反过来说，传统哲学意义上所谓的思想，主要是指把握着普遍性概念的思想。

但是，在柏拉图以前，人们根本就没有那样的思想方式。那时，日常语言中还没有出现"普遍"这个词，甚至在柏拉图的对话中，恐怕也找不到它[①]，所以，当要讨论那些普遍的东西时，例如，

---

[①] 在英文版的柏拉图全集书后的索引中，虽然列出了 universal 这个词，但我按图索骥，一条一条查找，在正文中都不出现这个词。

普遍的美德，对话中的人们总是要举出各种具体的美德，例如勇敢、节制、智慧、尊严等，甚至每种美德人们开始时也只是根据具体情况下的具体行为去断定的。这说明，普遍性的观念并不是每个人自然能够形成的，而是接受了一种特殊的哲学训练的结果。柏拉图称那些普遍性质的观念为"善本身"或"美本身"，这些就是所谓理念①。由于当时的人们根本就不熟悉思考理念那样的东西，这对于柏拉图来说也是一个难题，所以他说，只有神才能思想它们。另外，如果人也能把握理念，那么，那是灵魂的功能，因为灵魂本身就是理念，它曾经居住在理念世界，只是投身到我们这个世界以后，关于理念的印象被淹没了，尘世的人如果能知道理念，那说明灵魂还能回忆得起来一点。柏拉图又称理念是心灵的眼睛才能"看"到的东西。他大力渲染对于理念有所把握的人：有见于理念的人好比在光天化日下见到了真实的事物，而昧于理念的人则好比是被囚禁在洞穴中只见到洞外的光线把物象投射到洞壁中的影子。这就是著名的洞穴比喻。另一个比喻是：昧于理念的人好比是水中的鱼观望天上的日月星辰，有见于理念的人则是跃出水面的鱼直接观看日月星辰。

西方哲学中有几个重要的术语可以说明概念性的思想并非天然就有的。在希腊文中，思想出于 noein 一词，据论家引希腊哲学史专家格思里，"他说：'译为思想 noein 的动词，在巴门尼德以及他以前的时代，不能表述想象出来的、非存在的东西，因为 noein 起初指的是直接的认识活动。'在荷马史诗中，只有当主体直接接触到某个对象，认出它是什么东西或什么人时，才用 noein。当女神阿佛洛狄忒伪装成老妇人时，海伦就不能'思想'她；只有当海伦

---

① Plato, *The Collected Dialogues*, 72 C-D, Princeton University, 1982, p.355.

揭开她的伪装，认出她是女神时，才能思想她"①。这说明在古希腊早期，"思想"这个词还没有获得普遍性的概念思想的意义。

概念性思想是人自己的一种生存状态，它是人介入世界的多种可能的方式之一。在这种生存方式中，人从当下与物打交道的状态中抽身出来，以便对之进行反思。前面说的心灵的眼睛的"看"就是反思，对文字的考察揭示了这种生存方式的由来。与柏拉图的理念的原文 idea 同源的动词 idein，就是看的意思。另外，英文中表示理论的词 theory 源于拉丁文，与之同源的动词 theor 也是看或观察的意思。在这"看"中，人生活动中涌现出来的一切都成了"看"的对象。不仅世界和自我是对象，我作的表达的形式也成了对象。作为这种看的结果，世界便是通过概念表达的本质世界，与之相应，人就必定成为思维主体。本质世界和思维主体的对应关系是在笛卡尔这里首次得到揭示的，他认为世界必须由清楚明白的观念表达才是可信的，所谓清楚明白的观念，就是超经验世界的概念。例如，思想中关于一千边形的概念比视觉中见到的一千边形要清楚。如果观念的世界是本质的世界，那么，把握着本质世界的"我"本质上就是一个"思维着的东西"，即，"我把自己领会成一个在思维而没有广延的东西"②，这就把自柏拉图以来潜伏着的西方哲学的二元分离的特征彻底亮了出来。

思想表达的是我们心中明白的东西，但是我们心中明白的东西并不限于表达出来的东西。读书的人有时会拍案叫绝，那是因为书上的文字表达出了他没能表达过的意思，但另一方面，他能够欣赏好文字，当然说明他心中原来是明白那层意思的。个人的经验足以

---

① 汪子嵩等：《希腊哲学史》第1卷，人民出版社，1988年，第604页。
② 笛卡尔：《第一哲学沉思集》，庞景仁译，商务印书馆，1985年，第26、45页。

表明，我们除了明白表达出来的东西，还明白许多可能从来也没有表达过的东西。这样说并不神秘，在日常中，我们要同他人打交道，要处理各种生活必须的事务，我们能够应对好各种关系而生存下去，表明我们对于切身的事理有一种明白、有一种驾驭。恰恰是在当下的事务中，我们不是根据概念来明白事理的，而是沉没在事务中，尤其当事情进行得得心应手的时候，自己和事情混为一体，自己是事情得以进行的一环。往往只是当事情的某个环节出了问题，我们才从事情中摆脱出来，对事情及其环节采取审视或"看"的方式。海德格尔曾经详细分析过这两种生存状态，他把我们当下与之打交道的事物称为"应手状态"的事物，进入我们审视或"看"的事物为"显在状态"的事物。在我们当下与物打交道的过程中，事情之能进行下去，就不能否认我们对事理有一种明白，但是这种明白的方式区别于"看"，海德格尔称之为"环顾"（circumspection）。概念显然是从事情中抽身出来实行"看"的结果，而且，不止是一次性的抽身。它从事情中抽身出来，在表象和语言中把事情显示出来，又再次抽身以便对表象和语言进行"看"。这后一种"看"就应当是一种反思了。

"看"也是人获得自身生存自觉的一种努力，它出于人自己的生存能力，是人展开出自己生存的一种方式。对事情采取研究的态度，是"看"的一种方式，研究的目的是为了修复事情中的环节，让中断了的事情本身继续下去，归根结底，是让生命的活动展开出来。但是，一旦"看"形成了自己的轨迹，就可能发生究竟"看"是为了人的生存还是人的生存应当遵循"看"的差异，日常生活中科学和伦理的冲突就是这种生存状态矛盾的体现。

中国哲学反映的是另一种方式的对人生的自觉。既然一切都是人生的展现，人应当调整自己以求得对于切身事理的得当驾驭。我以为这就是中国哲学的道的精神。以语言、概念表达的思想固然可以传达一部分如何驾驭事理的体会，然而，这毕竟是从当下的事务中抽身出来了，离开了事情谈论对事情的得当驾驭总不免是隔靴搔痒。还可以一试的途径就是切身体悟。佛教禅宗曾用"以指指月"的比喻引导人们不要停留在语言的层面，其要在于"月"，而不是停留在指向月的"指"，这个比喻很代表中国哲学的精神。通俗地讲，中国哲学讲的是做人的道理，要在于去做、去实行。在这个意义上，我们理解老子说"为学日益，为道日损"的良苦用意。我们也读到伟大的孔子的教诲竟是如此直白、朴素，尽是对一些具体问题的回应。例如，《论语》开头："学而时习之，不亦说乎？有朋自远方来，不亦乐乎？人不知而不愠，不亦君子乎？"径是直抒胸臆。我们可以理解孔子在教导我们应该勤学习，善待朋友，不被别人理解时也要襟怀坦荡。但是他并没有讲"应该"二字，更没有讲"应该"二字是什么意思，而是讲自己在这三种情况里的感受，你自己如效仿着体会一下，妙处尽在其中。孔子的话也不是没有前后不一致的地方，例如，关于他的学说中也许是最引人注意的那个观念"仁"，起码就有四五种说法，那都是针对不同具体情况的问题的回答。不像柏拉图，非要给它一个定义，即"思想"它，那就必须从具体情景中抽身出来了。

体悟总是当下的，但也不要因此而以为中国人的思想总是停留在当下体悟的阶段，那样的话，中国哲学之为哲学倒是成问题了。事实上，中国哲学之为哲学正在于对这种生存方式的反思。这种反思不同于西方哲学概念式的反思，而是对自身当下体悟的描述。在上一节中，我们已经列举了中国哲学反思的主要论题，那些论题都是只有结合自身的体悟才获得明白的。这里且再举一种说法。《中庸》的话"寂然不动，感而遂通"，这是说，人如能体验物我一境的原始根源状态，那么，就能保持灵敏的感受能力，从而敏感我们生命活动中彰显出来的各种事情，以便作出恰当的应对。这种说法在中国哲学史上多得很，例如，孟子说的"浩然之气"，佛学说的"涅槃"，宋儒说的"切己功夫"，明儒王阳明说的"良知"，这些都不是靠概念能够把握的，而是要在自己生命活动中去体悟的。在自己的生存活动中体悟，体悟不离生存，这就是中国哲学的反思方式。这种反思方式是身心修养的过程。

接受了西方思想方式的熏陶以后，人们倾向于把概念式的反思放在比体悟式反思优越的地位上。这多半是因为在"看"的方式中发展出了自然科学的方法，另一个原因是，人们感到体悟式的反思难以交流。关于后一个原因，那是由于交流的内容不同，我们前面已经指出，人能在语言中说出来进行交流的东西比他明白的东西要少得多，那些没有说出来的东西、难以说出的东西，对于人生来说并非不重要，更不能说毫无意义。顺便提到一个问题，曾经听人说，西方人的思想语言由于具有逻辑性，因而严谨而清晰，中国人的思想语言因为不习逻辑性而含糊混沌。对这个断语应当质疑。思想是对事理的明白，思想可以逻辑地去想，但是思想本身却不是逻辑的。中国人的思想交流应该说是适合我们自己的生存实际的。一个明显的例子是关于亲戚称谓，我们常常为西方人的语言中不区分叔叔、伯伯和舅舅，阿姨和姑妈，表兄和堂兄，外公和祖父，外婆和祖母而感到困惑，那是因为西方人的社会生活不像中国人那样讲究宗族关系。当然，哲学的交流比日常的交流要困难，那是在反思的层面，西方人不懂修身养性这一套，没有这种实际体验，他们就无法翻译"气功"这个词，其中的"气"，英文译成 energy 即"能量"，这在我们看来是很可笑的。

至于西方哲学和自然科学方法的联系，这是西方哲学的长处，我们是要学习的。学也要虚心，虚心需要"寂然不动"，心中掏空了才能有容，中国哲学本身就是教人保持对生存过程中展现出来的新事物的敏感性，唯其如此，才有"周虽旧邦，其命维新"之说。

现在我们习惯于把思想看作是人类精神生活的本质，这是有问题的。思想在人类精神生活中的比重太大了，以至于在思想光芒的强烈照耀下，人类其他有意识的活动都黯然失色。海德格尔对此深有感触，他在《关于人道主义的书信》一文中劈头就说："我们对行动的本质还深思熟虑得远不够坚决"[1]，他是深切感受到了西方哲学思想方式的局限，主张人们越过概念的思考，进入事情本身中去。他还说，"如若人要再次找到进入'是'的近旁的道路，他就必须学会在无名中生存。"[2] 他主张回到思想的源头，即人类的生存活动。思想固然是人类意识活动的重要方式，是人类生存活动的有力手段，然而，思想是靠概念来滋养的，它决不是人类生存的全部内容。关于人的全面发展的要求，应当包含让思想之外的其他意识能力也得到适当伸展的意思，相应地，让我们的生存世界显示出更丰富的色彩，因而使生命的意义得到充分的发挥，打破思想对于哲学的垄断，为哲学观念的更新开辟道路。

## （五）原理和源头

由思想说到原理。原理只是对于概念式思想才有效的东西，是概念式思想的出发点和根据。在西方传统观念中，哲学作为普遍的

---

[1] Martin Heidegger, *Basic Writings*, ed. by David Farrell Krell, San Francisco: Harper Collins, 1993. p. 217. 中译本见孙周兴选编：《海德格尔选集》（上），上海三联书店，1996年，第358页。

[2] 同上书，第233页；孙周兴选编：《海德格尔选集》（上），第364页。

知识，是其他各门知识的原理，而 ontology 曾被认为是原理中的原理，故有第一哲学之称。这种观念影响着我们，以至在寻求会通中西哲学的过程中，人们也想找出某种原理性质的东西。在中国哲学中寻找本体论，恐怕正是出于这样的动机。然而，原理本身也是思想所表达的，是思想性质的东西，中西哲学是不能在某种原理中得到会通的。追溯原理的形成及其特征，有利于我们消除对原理的神圣感。

追求原理的哲学方向肇始于古希腊。亚里士多德《形而上学》第五卷专门解释各种哲学概念，第一个解释的就是 arche。Ross 的英文本译为 beginning，即"本原""开端"或"始基"。在吴寿彭的中译本里，根据上下文，分别译成原、原始、原本、原由、原意、原理等意思①。根据亚里士多德的看法，哲学既是最普遍的知识，又是第一原理。所以，亚里士多德叙述哲学史，突出的是最初那些哲学家们对世界始基的看法，他们展示智慧的许多其他途径却被抹去了。在亚里士多德看来，"'原因'与'原始'之义相通"②。这个看法对于西方人追求原理具有决定的影响。亚里士多德本人自然地从对始基的追问进入到对世界万物的原因的追问，提出了著名的四因说，即质料因、形式因、动力因、目的因③。他认为比起前人来说，四因说才能完整地回答世界万物的原因。其中尤其值得注意的是形式因，它又称为"事物的定义"，即关于一类事物的确定的解说，它揭示事物的真正所是，即本质。

原理最重要的特征是普遍性。事物的定义、本质，是用普遍性

---

① 亚里士多德：《形而上学》1013a1-23；参见吴寿彭译本，商务印书馆，1981年，第83—84页。
② 同上书，1013a15、1013b20-28、981a16、981b9；参见吴寿彭译本，第83页。
③ 同上书，1013a15、1013b20-28、981a16、981b9；参见吴寿彭译本，第85页。

的概念表述的,是普遍的知识。亚里士多德《形而上学》一书的开端说,"求知是人的本性",而知识是分等级的,从感知、记忆、经验到技术,技术之高于经验,是因为"经验为个别知识,技术为普遍知识"①。"与经验相比,技术才是真知识。"② 亚里士多德的这些论述给我们以强烈的印象:哲学是从追寻万物的始基开始的,求始基就是求原因,就是追求事物的定义,定义表达事物的真正所是,最后,定义是普遍的知识。在《形而上学》一书中,我们读到亚里士多德论述普遍知识的如下要点:(1)哲学就是关于普遍知识的学问③;(2)普遍的知识是包容一切的知识④;(3)普遍知识最远离感觉⑤;(4)普遍知识内涵最少,却最精确⑥。这是亚里士多德关于原理的最初说明,原理的特征是最普遍的知识。

既然普遍原理是对于概念推论式的思想才有效的东西,而概念推论式的思想方式并非人类天生就有的,那么,追求普遍原理的趋向也不是人类天生就有的倾向。中国古代文献中"普"和"遍"是独立而同义的两个词,却没有"普遍"这个词。中国古代侧重于名实关系的思考,强调的是名当符实,没有把名与实脱离开来进行反思,因而没有发展出概念式推论的思想,当然,也就没有建立原理

---

① 亚里士多德:《形而上学》,1013a15、1013b20-28、981a16、981b9;参见吴寿彭译本,第2页。
② 同上书,1013a15、1013b20-28、981a16、981b9;参见吴寿彭译本,第3页。
③ 亚里士多德说:"智慧就是有关某些原理与原因的知识。"(同上书,982a1)
④ 亚里士多德说:"博学的特征必须属之具备最高级普遍知识的人:因为如有一物不明,就不能说是普遍。"(同上书,982a23),"明白了原理与原因,其它一切由此可得明白。"(同上书,982b4)
⑤ 亚里士多德说:"最普遍的就是人所最难知的;因为它们离感觉最远。"(同上书,982a24)
⑥ 亚里士多德说:"最精确的学术是那些特重基本原理的学术;而所包涵原理愈少的学术又比那些包涵更多辅加原理的学术更为精确。"(同上书,982a25)

的要求。中国哲学关于天地万物是从原始未分状态展开出来的观念也不是原理性质的,因为它不是概念性的,概念的东西是不能感觉的,是纯粹思想的规定,而原始未分的状态则可以通过入静感受到的物我一境状态加以类比地说明。或者用冯友兰先生的术语来说,二者是真际和实际的区别:西方哲学重真际,中国哲学讲实际。

原理的观念驱使人们从普遍走向普遍,乃至于完全脱离实际世界。这是因为,当普遍性成为自觉追求的目标时,普遍性的程度问题就显出来了。根据其程度,普遍本身也有两种类型,一种是从经验概括得到的普遍,这是相对的普遍,其普遍的程度总是同我们经验所达到的范围是一致的,其所涵盖的经验范围越大,就越普遍。事实上,由于人总是有限的,因而从经验概括得到的普遍性总是相对的、不完全的。相对于这种普遍,另一种普遍可以称为绝对的普遍,绝对的普遍被认为是无所遗漏地涵盖全部可经验事物的,它是纯粹思想的产物。柏拉图的理念就是这种绝对普遍的东西,它们被认为是在可感事物之外而独立存在的。虽然这样得到的绝对普遍的概念的实在性是一向被怀疑的,但是,既然西方哲学从柏拉图起就选择了寻求事物普遍本质的方向,普遍性程度越大被认为越能揭示事物的本质,这种取向最终必定导致在思想上形成绝对普遍的概念。柏拉图主义能够压倒亚里士多德主义而在西方哲学史上占据统治地位,其原因恐怕也正在此。

西方哲学的核心部分就是绝对普遍的原理,也即 ontology。纯粹原理运用的概念不同于特殊知识的概念,后者的概念其所指的对象就是这种概念的意义;纯粹原理的概念则不指示任何对象,它们的意义来自相互之间的逻辑关系,所以,它们的意义又称为逻辑规定性。看到了这一点,那么,也就可以理解,所谓纯粹原理必定是通过概念的逻辑推论产生的。所以,黑格尔会说,哲学是概念自身的逻辑运动,是"研究理念自在自为的科学"①。

由于所谓绝对普遍的原理是通过概念的逻辑推论表达的,整个原理系统需要一个作为逻辑起点的概念,从中演绎出整个范畴系统,这个起始的概念就是 Being。Being 作为逻辑起始的概念是最高、最普遍的概念,其余一切概念被认为都是从中推论出来的。这里我们要略讨论一下 Being 这个词的翻译及其意义问题。这个词的汉语翻译之所以成为一个问题,最重要的原因在于,我们根本没有那种思想方式。我们习惯于依据词所指的对象来理解词的意义,但是 Being 不指示任何对象,它的意义就在于,相对于其他各种概念,它是逻辑上最高、最普遍的概念,用黑格尔的话来说,它是没有任何进一步规定性的。因为,任何进一步的规定性都会使它成为一个特殊规定性的范畴。过去我国多数学者用"存在"译 Being,其理由之一是,把各种存在着的东西抽去他们的各种特殊性质,余下来的就是"存在",这就是最普遍的东西了。然而,"存在"本身也是一个特定的规定性,且在西方哲学中另有一个词 existence 来表示。在西方哲学中,existence 并不是最高、最普遍的范畴,西方哲学家一般把它和 essence(本质)并列。从历史的情况看,在亚里士多德的时候,希腊文中的系词"是"既表示存在,又表示本质的意思。这在我们现代汉语中的情况也一样,当说"这是某某"时,既表达了有某某东西(存在),又指出了这是什么东西(本质)。一切实际的事物都应当既有它的存在,又有它的本质,存在和本质的分别是思想上加以抽象的结果。这种情况使得最早亚里士多德试图在思想上区分 existence 和 essence 时显得格外困难,以至于他不得不分别以 whether it is 和 what it is 加以区分。但是,据

---

① 黑格尔:《小逻辑》,贺麟译,商务印书馆,1980年,第60页。

说阿拉伯文的情况却恰恰相反,那里没有像希腊文那样的既表示存在又表示本质的系词"是",却有分别表示存在和本质的词,因此,当亚里士多德的著作译成阿拉伯文,后来又转译成拉丁文时,存在和本质才清楚地区别开来①。这段历史也表明,存在(existence)和本质(essence)是并列的范畴,是从 Being 中分化出来的。这也是 Being 有时可以作存在,有时可以作本质的原因。如果我们将它译成存在,那么,怎么使它区别于 existence 呢?根据 Being 是系词"是"演变成的哲学概念,将它译成"是",就不至于造成上述混淆。况且,Being 覆盖的范围要比存在广得多,在日常语言中,它可以指一切东西,不管这个东西存在还是不存在。作为哲学上严格的最高、最普遍的范畴,它逻辑地包涵一切其他范畴,在这里,即使存在也不是指实际的存在,而只是一个思想上把握的、从逻辑上规定的范畴,它与从经验概括得到的存在概念无关。

但是,我们常听到的反对意见认为,"是"作为哲学概念实在不好理解,也不知它是什么意思。在这种疑问方式中,思想已经期望着概念必须指示某个对象,以期获得意义。然而我们已经说过,作为绝对普遍的概念或范畴与我们日常思想中通常从经验概括中得到的概念是有别的,它并不指示什么对象,而只是一个纯粹从逻辑上规定的概念。"是"这个译名正因为它并不是任何的所是,却倒是更适合于表达西方哲学寻求的普遍原理中的那个最高、最普遍的概念或范畴。从"是"到各种"所是"表达的是从最普遍的范畴 Being 到各种特殊规定性的范畴 beings(包括本质和存在)的推论。我们是否愿意取这样的思想方式是一回事,西方哲学是怎样的思想

---

① 参见 A. C. Graham, *Unreason within Reason: Essays on the Outskirts of Rationality*, Open Court, 1992, pp. 85 – 88。

方式是另一回事。只要我们还是在讨论西方哲学，就不能只守住自己理解的东西，那样就不容易看清西方哲学了。

杨国荣先生主张中国哲学有本体论的主要想法是因为中国古代关于本体的学说涉及存在这个概念，这个存在就是西方哲学的Being；他主张现代中国哲学尤其应该有本体论，其理由是说，现代中国哲学要研究认识的前提、道德的基础、价值判断的根据和审美的内在意义，深入下去的讨论涉及的是存在的意义，那更是本体论的。尽管杨国荣先生声明他说的本体论不同于西方哲学的ontology，但是，当他把所谓中国的本体论与存在即西方哲学的Being联系在一起的时候，又怎么能与ontology区别开来呢？杨国荣先生认为对"存在"的意义问题的讨论是本体论时，还引证了海德格尔，这与海德格尔的原意是不一致的。的确，海德格尔在他早期的《存在与时间》一书中提出Being的意义问题，他说的Being虽然与传统哲学使用着同一个词，但却不是传统哲学作为逻辑规定性的范畴的Being，而是指人的生存过程，对人的生存状态的分析可以解说围绕逻辑范畴的Being展开的ontology的起源。他称自己的学说为fundamental ontology，即"基本是论"或照流行的译名"基本本体论"，所谓"基本"，是相对于传统ontology作为第一原理而言的。我的理解，第一原理本来是不能被进一步解说的，既然被解说了，第一原理的地位自然就崩溃了。海德格尔的fundamental ontology正是为了分解（或曰摧毁）ontology。西方有的工具书至今还把海德格尔的学说看作是一种ontology，这是未能摆脱传统哲学观念的人对他的误解。他本人生前早就意识到自己会被误解，所以，他后期的著作根本就不提fundamental ontology这个词，也避免使用Being，甚至在不得不提到Being的时候，别出心裁地在这个词上打一个叉。海德格尔表达了与ontology为核心的传统哲学不同的哲学，却不得不使用西方传统哲学的术语。我们的哲学本来就不同于西方哲学，没有必要也不应该把各种最深的问题归结为"存在"问题。

在中国哲学中寻找或建设本体论，不管人们是否把它与西方的ontology相区别，归根结底，是出于把哲学当作原理的观念。我在前面已经论说过，原理只是对于推论式的思想来说才是必要的，传统西方主流哲学正是那样建构思想的。我已试图说明，追寻原理的思想路线必定推崇普遍性，最终不免越出实际生活的范围而进入纯粹概念思辨的领域。那么，我们究竟能不能不要原理呢？在日常生活中，原理已经被认为是必须遵循的神圣不可侵犯的东西，不要原理似乎有令人失据的危险。然而，我们今天不是正在呼吁创新吗？试问哪一种创新不是对既有原理的更新呢？除非原理的更新，否则一切号称的创新充其量只是对既有原理的演绎和发挥。而原理的更新之所以可能，就在于人类在生活。人类的生活是各种原理所从出的源泉。原理的更新是生活的结果，也是生活的需要，但是，这毕竟是以一种原理取代另一种原理。真正的创新在于认清一切原理的局限性，从追求普遍原理的格式中解脱出来，关注于生活本身，这就是从原理回到源头。"实事求是"的说法指引着人们回到源头，没有比这个说法更能表达思想的解放了。哲学应当承担起使人类常持保养源头的意识。

在唯物史观指引下谋求中西哲学会通，我们突破了西方哲学"原理"的框架。我愿意再次引用马克思、恩格斯的话："思辨终止的地方，即在现实生活面前，正是描述人们的实践活动和实际发展过程的真正实证科学开始的地方。"如果把这句话也当作概念思辨的"原理"来看待，那就是见"指"不见"月"了。

原载：《社会科学》2005 年第 5 期

# 十九、在比较中发展哲学

## (一) 哲学的现状

现在大家都迫切地想进行理论创新。就哲学这门学科本身来说,中外哲学家已经有了许多论述,它是否还有发展的余地?一般来说,哲学发展的契机在于时代的实际需要,同时,也要看哲学本身是否积累了发展的势能。如果哲学本身没有显示危机,人所能做的多半只是对历史上某些哲学家的思想作些发挥。根据我的体会,目前哲学正经历着从柏拉图以来最大的危机,这个危机从黑格尔逝世后不久就开始了,它涉及传统哲学观念的更新。这不止是为哲学的发展留有余地的问题,简直是开辟了新的天地。由于现在各种文明交流频繁,将来的哲学一定是在各种不同形态哲学的比较中得到发展的。中西哲学的比较对于未来哲学的发展尤其具有重要的意义。

先要把现状搞清,把现状搞清了,才能讲哲学是不是有发展的可能。一个表面的现象是看哲学系的情况。改革开放之初哲学系吸引过一批年轻人,热闹过一阵子,时间不长。后来,哲学系招生的时候曾经不得不把报考其他系的学生拉过来。这几年大学生数量增多了,哲学系的学生似乎也在增加,但是,真正有志于学哲学的人恐怕不多。讲一句不中听的话，现在第一流的人才很少愿意进哲学系；但是还有一句聊以自慰的话，那就是哲学需要第一流的人才。哲学是最智慧的，最聪明的，需要大才。

如果说哲学系招生的现状还只是间接地、表面地反映了一些情况，那么，衡量哲学景气不景气最主要的还是看哲学这门学术本身的状况。谈到哲学本身的状况，我要提到一百多年前恩格斯在《路德维希·费尔巴哈和德国古典哲学的终结》里面讲的话："全部哲学在黑格尔这里终结了。"[①] 大家知道这句话，但不会太在乎，因为这个话讲到现在已经一百多年了，我们大家还在学哲学。在《反杜林论》里边恩格斯还讲过，现代唯物主义"不再需要任何凌驾于其他科学之上的哲学了"[②]。恩格斯讲过之后，不断有人表达了同样的意思。海德格尔有一篇论文的题目就叫"哲学的终结和思的任务"[③]。（熊伟先生在翻译的时候故意把 thinking 翻成"思"。为什么呢？因为西方人对于思想有特定的含义，哲学思想严格来讲就是概念式的思想，海德格尔要冲破这种限制，为关注各种形式的意识活动开辟空间，区别就在这个地方，所以他翻成思而不翻成思想。）此外，从分析哲学的阵营来讲，卡尔纳普有一篇论文叫做"通过语言的分析清除形而上学"[④]，这篇文章是很经典的。根据传统哲学的

---

① 恩格斯：《路德维希·费尔巴哈和德国古典哲学的终结》，人民出版社，1972年，第11页。这句话在1995年版的《马克思恩格斯选集》（第4卷）中译为："哲学在黑格尔那里完成了"（第220页）。我以为，这样的译文把马克思主义在哲学领域实行的革命性变革的意义湮没了。事实上，关于旧哲学终结的思想在马克思主义经典作家的其他作品中也有明确的表述，如下引《反杜林论》的话，另外见马克思、恩格斯在《德意志意识形态》中的论述，那里，甚至对哲学使用的超生活世界的特殊语言王国也进行了揭露。
② 《马克思恩格斯选集》第3卷，人民出版社，1995年。
③ 见孙周兴选编：《海德格尔选集》（下），上海三联书店，1996年。
④ 见洪谦主编：《逻辑经验主义》上卷，商务印书馆，1982年。

观念，没有形而上学那就不叫哲学，或者说，哲学的哲学就是形而上学。你可以有社会哲学，可以有美学，可以有伦理学，什么是哲学本身？哲学本身也称为哲学的哲学，或者叫第一原理、第一哲学，那就是形而上学。如果把形而上学去除了，就是去掉了哲学的灵魂。那就是说，不论是分析哲学的阵营还是存在主义的阵营，都讲哲学的终结。

我们学哲学的时候，这些话都已经有了，但是我们并不太理会这些话，也不在说这些话的人和传统哲学之间加以区别，认为反正他们都是哲学，以致我们所学的西方哲学主要还是传统哲学。尤其是德国古典哲学，它是西方传统哲学的巅峰，至少我们是把它当作西方哲学的正统来学的。这也有它的原因，因为列宁讲马克思主义的三个来源和三个组成部分，马克思主义哲学的来源是德国古典哲学。这并不是说不要了解、掌握西方传统哲学，而是说，我们不要以为西方传统哲学就是哲学的正统，更不要把它当作是哲学唯一的形态。对于它，我们要知道；不知道的话，对于马克思主义在人类哲学史上所实行的革命性变革的意义也是不能理解的。遗憾的是，在我们学哲学史的时候，确实是把从柏拉图到黑格尔的西方传统哲学，尤其是德国古典哲学当作哲学的正统来学的，不仅很少考虑西方传统哲学的局限，甚至还为马克思本人没有写过黑格尔《逻辑学》那样的著作而感到遗憾。

那么问题是，应该终结的究竟是什么？并不是讲要把柏拉图、亚里士多德、笛卡尔、康德、黑格尔这些人扫除掉，他们在历史上自有其地位，而是说，我们不应该再守着他们的哲学观念不放。他们的哲学观念，就是从柏拉图到黑格尔为代表的以 ontology 为核心的理性主义哲学。这种哲学是西方传统哲学中占统治地位的哲学，西方人自己是这样讲的。比如怀特海讲，一部西方哲学史就是柏拉图哲学的注释。就像中国人讲，中国的学问就是孔子的话的注释。同样的话，海德格尔也说过，他说，西方哲学史就是柏拉图哲学的变换着样式的传承。那么理性主义的精神是什么呢？现在我们对理性有很多引申的说法，比如，某个人碰到恼火的事情而能够压制自己、克制自己，就讲这个人很理性。日常生活中有这样的说法。但是西方理性这个词产生的时候不是这个意思。reason 这个词同 logos 有关，而 logos，照海德格尔的考证，意思是结合。把词结合在一起就是话语。后来，那种结合话语的方式逐渐规范起来，就成了逻辑。所以，在严格的意义上说，理性就是人运用概念进行推理的能力。这应该是理性最基本的含义。

与理性相关的是本质的观念。西方哲学教我们透过现象看本质，本质是理性才能把握的东西。工具书上说，本质是事物内在、固有的规律。把握了本质也就是把握了事物普遍、客观的知识。这些是从西方哲学来的一些基本的观念。我们从来也没有怀疑，学哲学就是学这些东西。当然，这些观念之所以值得学，是有它的积极的作用的。我们现在有各门自然科学，它们的分类就是在上述哲学观念的指导下进行的。各门学科讲的都是具有普遍性的知识，也就是具有普遍性的原理，掌握了原理，我们就可以运用到实际中去解释问题，用来解题。哲学在产生普遍性的观念的同时，也把自己建立为一门最普遍的知识，这个意思是说，与哲学相比，各门自然科学研究的都是某一特殊领域的事物，而哲学本身作为最普遍的知识，是不限于任何特殊领域的，或者说，哲学没有自己特定的对象领域，它就是最一般的知识、最普遍的原理，用亚里士多德的话说就是一般的关于 Being 之为 Being 的学问。从这方面着想，哲学对于整个知识体系的建立是起了积极作用的。有些人来学哲学就是冲着哲学是最普遍的知识这一点而来的，认为学会了哲学就会知识很渊博，从中可以获得有关世界观、方法论的指导。这种哲学观念在黑格尔那里最终实现为绝对理念的体系，它是运用纯粹概念逻辑地构造出来的原理体系，这个原理体系包罗万象，被认为是自然界和人类社会运动所必然遵循的最高原则。既然这样的原理已经被发现出来了，哲学还有什么发展的余地呢？所以马克思主义经典作家批评黑格尔哲学是一个令人窒息的封闭体系。

现代西方哲学的一个主要倾向就是对以黑格尔为代表的传统哲学观念的反叛，它有种种表现：所谓反形而上学，反本质主义，反ontology，以及张扬非理性主义，等等。从这些标题看，对于传统哲学的反叛是从反二元论入手的。传统哲学追求的本质被认为是在现象之后的，是感觉不能直接达到的，因而是超验性质的，是形而上学。与此相应，把握本质需要理性，哲学看重本质世界，也就高扬理性。理性被认为是人的本质，它与肉体是分属两个不同领域的。尤其是这一点与实际生活中人的状况造成的冲突更尖锐。人是可以照理性的要求去思考的，即，人能逻辑地思想，但逻辑思想并不是人的全部思想活动，在从事艺术活动、历史科学的研究中，在下价值判断中，说得更直接一点，在涉及人的利益问题的时候，人不是光凭逻辑去思想的。从学理上说，只突出以逻辑为特征的理性，是与人的全面发展的要求相背的。我认为，正是人的全面发展的要求潜在地推动着对传统西方哲学的反叛，不管这些反对者本人是否意识到这一点。

## （二）还中国哲学的本来面貌

西方哲学的动态，影响着中国哲学的发展。当西方整套的知识体系按其分类的方式传到中国来以后，前辈学者想到了整理中国自己的哲学史，但是，由于我们原来没有哲学这个名称，在做这项工作的时候不得不"依傍"西方哲学的观念和框架，例如，或者把中国哲学史从本体论、宇宙论、认识论等角度去写，或者试图把中国哲学史写成人类认识发展史，甚至把中国哲学史看成是概念、范畴的发展过程。这些都程度不等地反映了西方传统哲学观念的影响。那么，当西方传统哲学的观念受到质疑时，依傍着那种观念而写的中国哲学史自然也就成问题了。

不过，近年来学界对于依傍西方哲学写中国哲学史之不妥的认识倒不全仗着西方人的批判，对于那种批判，中国学界几乎很少有人把它和中国哲学史的写作联系起来，却总是把传统西方哲学的观念当作是正统的哲学观念。我觉得，对于依傍的做法真正形成质疑的是对西方传统哲学的深入了解。西方传统哲学的核心部分即ontology，过去，我们一直把它当作是关于世界本原或本体的理论，当作是对组成自然界的物质的理论，或者，与中国关于本体的学说类似的东西，事实上，那是西方哲学的最高原理，是纯粹哲学，它是逻辑地演绎出来的范畴体系。中国哲学不存在这样的ontology，如果承认这一点，那么，从西方传统哲学的观点来看，中国简直不存在哲学，或者，即使有，也只是品位低下的，或者，只是某些零星的哲学思想。在这种情况下，曾经一度有人对中国哲学的合法性表示焦虑。"焦虑"这个词表明，提出这种说法的人自己其实是不愿意把中国哲学判断为不合法，只是他们无法突破西方传统哲学的观念。

如果我们冷静而实事求是地思考，那么，中国哲学的存在与否，是关乎事实的问题，而不是合法不合法的问题。如果承认起码像《老子》《庄子》这样的书是哲学，那么，凭什么说它们作为哲学有合法不合法的问题呢？只是在深入思考的时候，人们发现，中国哲学确实与西方哲学有形态上的区别，表现在哲学的根本目标、从事哲学活动的方式，以及围绕着目标、活动方式所产生的问题方面，还有西方哲学内部的分类也不适宜于中国哲学。确实，勉强依傍西方哲学终究会支离中国哲学。近来，已经有了重写中国哲学史的呼声，对哲学的基本理论问题的研究也就变得更迫切了。

还中国哲学的本来面貌并不是要回到中国传统学问的方式。中国传统学问采用的主要是注经的方式，注重的是历史文本的文字和义理阐释，虽然在注经的过程中也会有所发明，但是，照它原有的样式已经不适合现代社会的情况了。且不说别的，有许多新事物、新观念，是传统学问中没有的，却是现代社会生活中的重要内容。如果时下所谓国学就是指上述的路径，那么，出于传承的目的，有一部分学者去研究它是必要的，这可以为中国哲学在现时代的发展提供准确的资源，但试图以此取代中国哲学的发展则是不足取的。还中国哲学的本来面貌的目的在于使中国哲学获得以传统为依托的现代发展，达到这一目的，需要我们如实把握中国古代从事哲学活动的方式，更需要我们站在现代社会生活的立场上，对那种活动方式作反思。所谓现代生活的立场，主要是指中国的现实，也包括世界的视野。所谓中国哲学的本来面目，既不是依傍西方式的，也不是注经式的，而是现代中国人从事哲学活动的产物，即，在我们自己的生存活动中对中华民族生存活动的方式进行反思的结果。现代的生活包括与世界各民族的交往，从这个角度说，虽然中国未来哲学的建设不能依傍西方传统哲学，但是也要把它收入眼底。这意味着，通过反思，争取对包括中国哲学和西方哲学在内的哲学之为哲学作出一致的说明，即，说明中西哲学是出于同一根源的两种不同形态的哲学。我以为，未来的哲学也将在这种反思中得到发展。

还中国哲学的真正面貌，其意义远远超出了中国哲学建设的范围，这可以从现代西方哲学批判传统哲学的进程中感受到。后现代主义对于传统哲学的批判是十分激烈的，我们前面讲过，他们反对形而上学，反对逻各斯中心主义，甚至在阅读文本时强调自己主观的观感，却毫不在意文本作者的本意。总之，他们在解放思想的名义下反对一切主导因素的统治。这些做法反映了他们要求哲学有新的发展的强烈愿望。但是，他们自身也难免受到两方面的责难。一是被责难为反对一切传统，正如伽达默对德里达的批评。二是被讥为相对主义，这里说的相对主义是指，他们反对一切权威，反对一切主导因素，既然如此，那么他们也不应该让别人相信他们自己的任何主张。德里达似乎正是这样，以至于人们吃不准他究竟在主张什么，另一方面，他自己也在为自己辩护，说他并不是无所肯定，他借海德格尔的话说，哪怕在"这是什么？"这个发问中，也已经有所肯定了①。这样的辩护恰恰说明他所立甚少。德里达这样的后现代主义对传统哲学的批评大致如此。他之所以陷入这种处境，主要是因为他站在西方哲学内批评西方哲学，站在这种圈子内，对于普遍主义的批评所用的武器只能是相对主义，而这两者都是西方哲学已有的观念。他根本没有想一下，是否能跳出普遍主义和相对主义的对峙，这就要求考虑一种不以普遍性知识为目标的哲学的可能。如果有，那就是一种形态不同的哲学。

近几年，法国哲学家于连就注意到了这个问题，他主张到西方哲学传统之外去看一下。他在中国发现了这种异质的哲学，开始从各个角度去揭示中国哲学的特征。其中一本小册子题为《圣人无意》②，在这本书里，他注意到中国的哲学不存在西方那样的

---

① 见德里达在上海社会科学院的讲演纪要：《解构与本体论——记德里达在上海社科院的讲演》，《世界哲学》2002年第4期。
② 弗朗索瓦·于连：《圣人无意》，阎素伟译，商务印书馆，2004年。

ontology，也注意到中国古代的圣人并不是从任何原理出发的，这意味着中国哲学并没有把普遍性当作一种价值追求。他由于抓住了能够突显中西两种不同形态哲学的关键，获得了一种眼界，提出了许多新的见解，越来越受到人们的瞩目。

## （三）新一轮中西哲学比较的开题

当前中西哲学的比较研究在以往工作的基础上有了很大的进展。对照以往的工作，现在正在进行的比较研究的一个显著特点是，要对传统的哲学观念本身进行检讨。这一轮的比较研究比以往的比较研究要更深刻，它涉及哲学观念的更新，对于西方哲学来说，这是自柏拉图以来未曾有过的挑战；对于中国哲学来说，也将通过这一轮的比较逐渐让世人了解，并且在现代社会中发挥更大的作用。所以，我把它称为新一轮中西哲学比较研究。

由于新一轮比较研究不以现成的西方哲学观念为坐标，便遇到了一系列难题。我在这里先提出其中两个难题，它们是开展中西哲学比较研究时普遍遇到的[①]。

首先一个难题还是关于哲学的观念问题。我们要比较的是两种哲学，它们可能是不同的，然而，它们应该都是哲学。那么，什么是哲学以至于我们可以将它们做比较呢？我们可以不把西方哲学当作哲学的唯一标准，却不能否认它是一种哲学。（这里还有一个问题：像本文那样以 ontology 作为西方传统哲学的主要特征，以便和中国哲学做比较，有人表示不同意，他们指出，西方哲学有那么多

---

① 参阅倪培民：《探涉中西哲学比较的疆域》，《学术月刊》2006 年第 6 期。该文提出了与这里讨论相似的问题，但解决的办法却不同。

流派和主义，用 ontology 去概括是否妥当？对此，有两点说明：(1) 站在西方哲学的内部，当然看到各色各样的哲学，似乎很难作出概括，但是，特点之为特点，总是相比较而存在的，当它与中国哲学比较时，有无 ontology 就成为区分中国哲学和西方哲学的明显标志；况且，(2) ontology 作为西方传统主流哲学的核心，这点也是西方哲学家所肯定的，只有肯定了这一点，才能理解现代西方哲学，尤其是后现代主义的种种矛头所向①。）但是，对于中国哲学来说，确定哪些文献资料归入哲学却是个问题。如果把所选的内容与西方哲学看作是一致的，或者按照西方哲学的观念去取舍中国文献资料，就像我们过去曾经做的那样，那么，所谓"新一轮"的说法就是虚张声势；如果所选内容不一致，或者大胆地把一些西方哲学不讨论的问题划归进来，那么，有什么理由说这些资料是哲学？这个问题确实伤脑筋，以至于人们总是倾向于回到西方哲学的观念。有的学者干脆就否认比较哲学的必要，他们认为，所谓不同哲学只是为哲学这个数据库增加数据而已，哲学的方向是已经确定了，所不同的只是在那个方向上问题的增益和不同的解答。

大多数人都认为，上述这种提问思路是清晰的，所以它使大家感到为难。但是，为什么大家认为应当这样提问呢？除此之外，还可以有另一种方式的提问吗？为了说明提问方式中就有着对于思想的导向，可以举这样的例子：在日常情况下，说一只玻璃杯子是杯子是再正常不过了，然而有这样的情况，在学习识别不同物理材料的课堂上，当教师举起一只玻璃杯子问，这是什么，如果有学生回答这是杯子，岂不引得哄堂大笑？对于同一个杯子问同一个形式的

---

① 关于这个问题的深入讨论，可参阅王森洋的文章：《认定本体论是西方传统哲学形态的主要特征及其意义》，载俞宣孟、何锡蓉主编：《探根寻源——新一轮中西哲学比较研究论集》，上海译文出版社，2005 年。

问题"这是什么",在不同语境的引导下尚且有不同的回答,更何况不同的问题呢!例如,我们可以问,这东西何以会如此这般?

在西方哲学中,定义就是从"是什么"这种提问方式中发展出来的。一般而言,定义的方法就是把被提问的对象联系到这个对象所属的类概念上去。例如,人这个概念的定义是通过动物来说明的,其实质是求助于一个普遍性更大的概念。但是这种从西方哲学中发展出来的方法是否适用于定义哲学本身是值得怀疑的。因为,西方哲学追求普遍的知识,并且以黑格尔《逻辑学》的形式实现了最普遍知识的要求。沿着这个提问方向去比较,中国哲学充其量只是普遍哲学下的一个分支。有一种看法,就是想把中国哲学和西方哲学看成两种特殊的哲学,这意味着存在一种普遍的哲学。可以这样说,在其现有的形态上,西方哲学已经是最普遍的哲学了,要在西方哲学之外寻找另一种最普遍的哲学是不可能的。

如果我们用"何以如此这般"的方式去提问,在这样的提问中,并不是说思想摆脱了一切事先的导向,而是导向对事实的承认。这里要承认的事实不是别的,而就是中西两种不同形态的哲学。这里的困难是在不知道确切定义的情况下承认哲学,这种情况并不是不可能,事实上,在有些情况下,我们倒是不得不如此。比如对于时间,如果你不追问时间是什么,我对时间知道得很清楚,如果你追问时间是什么,我倒茫然了。对于中国哲学也一样,当西方哲学传入中国时,前辈先生就意识到中国也有自己的哲学,虽然对于哲学这门学科的认识是后来逐渐加深的,但这种最初模糊的感觉并非没有一点根据。不过到了今天,我们不能停留于模糊的认知,时代已经提出了更新哲学观念的要求,而哲学观念的更新一定是各种不同形态哲学比较的结果。通过比较研究,哲学观念应当能逐渐清晰起来,就像在古希腊的时候,也是先有一种学问,后来才有柏拉图、亚里士多德等人为哲学下的定义。

又一个难题是，中西哲学究竟能不能比较。这个问题较少有人去想，一般认为，既然过去也一直在比，岂有不可比之理。然而当我们放弃以西方哲学为准则，这个问题就出现了，因为中西两种哲学文本看上去简直有质的差异。冯友兰先生最初向国外介绍中国哲学时，曾经把成为圣贤作为中国古代人们从事哲学活动的主要目标。我很赞成这个说法。现在写入中国哲学史的那些哲学家，如孔子、老子、孟子、庄子等人，本来并不冠有哲学家的头衔，他们多半是被称为圣贤一类的人物。这意味着他们不只是以学问名世，他们之得到彰显，主要是因为他们高明的处世方式和生活态度，中国人称之为"得道"，文字作品则是对那种处世方式和生活态度的描述或反思。比如，得道是为了求得人与包括自然和社会在内的环境的和谐一致；之所以要求得人与环境的一致，是因为人与天地本来就出于同一根源，在一定界限内的和谐一致是生命能够出现和得以维系的保证；至于是否每个人都能成为圣贤，这就涉及对人性的讨论；人生主要实现在社会生活中，因此，中国哲学极大地关注社会生活的规范。中国哲学也有对世界的认识，但其落脚点还是做人的问题，如，《周易》描述了一幅万事万物从太极、阴阳中演化生成出来的图景，强调一切都在生生不息的变化中，其最终目的还是要人适时应变，以避凶趋吉。求为圣贤不过就是求得生命的自觉。达到这一目的，决不仅仅靠认知，更重要的是要践行，身心的修养是哲学活动的重要课题。对比以追问世界普遍知识为目标的西方传统的主流哲学，二者文本的差别是如此之大，要对它们进行直接的比较确实是困难的。有一种说法，把中国哲学叫做伦理本位的哲学，这显然是比照着西方哲学的框架，想把中国哲学涉及伦理的内容抬升为纯粹哲学或哲学的核心内容，这既不合西方哲学的观念，又支离了中国哲学的精神。说它不合西方哲学的观念,是因为,在西方哲学中,哲学的核心部分或曰纯粹哲学是最普遍的原理,它囊括自然和人的精神生活的原则,甚至这样的原理在形式上也有自己严格的要求,即它是纯粹概念的推论所构成的,是 ontology,无论从哪个方面讲,伦理学都不能取代它。说它支离了中国哲学,是因为,伦理关系虽然是中国哲学谈论的重要内容之一,但是,它并不是中国哲学的全貌,哲学作为哲学有它的形而上的性质,中国哲学也不例外,只不过中国哲学的形而上学不同于西方的形而上学;离开了形而上,伦理学便显得是缺乏根据的。说中国哲学是伦理本位的哲学,这不免是一种"硬比"。

认识到文本的直接比较是有困难的,这样才促使我们去寻找新的方法。可以一试的方法是,把比较的眼光从文本转到人从事哲学活动的方式。这不是说要转到与哲学文本无关的问题方面去,相反,如果我们承认哲学文本是人的哲学活动的结果,那么,对从事哲学活动的方式的比较,应当能够揭示中西哲学各自产生的方式,以及表现为不同形态的原因,这不是深入到了哲学文本更深的层面上去了吗?

事实上,已经有许多哲学家启示了这个研究方向。例如,当康德提出人为自然立法时,已经包含着这样的意思:自然科学所揭示的那些我们信以为是自然本身的客观规律,其实是我们人类启用理性作思考的结果,所谓自然科学知识的普遍必然性的根源在人自身的认知方式中。胡塞尔的现象学告诉我们,一向被认为不知其来历的逻辑范畴或观念,当它们作为意识对象显示在人的意识中时,无不对应着人自己的某种意向方式,而且,是意向方式决定了意识对象。海德格尔的眼界更开阔,他认为,世界上一切被当作是这样那样的东西(是者),无非是人自己生命展开的过程中、相对于自己介入到世界中去时所采取的方式而显示在自己意识中的,他用西方哲学的术语表达就是:"是"的方式决定是者之为是者。海德格尔甚至还提出,人的生存和显示在人生中的万物是在"是于世中"(Being-in-the-world,或译"人生在世")这样一个结构中展开出来的。

　　传统西方哲学追求的普遍知识既是第一原理,又被认为是客观真理,所谓客观的一种意思是指不以人的意志为转移,事情本来如此。这对于想从人的生存状态方面去分析哲学形态的做法又是一个挑战。不过,这个问题也有人思考过。康德把自然科学的客观性看作是因为这样的知识具有了普遍必然性的结果,而普遍必然性又是因为人整理经验材料时运用了范畴的结果,实际上,也就是运用了逻辑演绎的结果,所以,所谓的客观性归根结底是主观理性活动的结果。他的这个观点受到过黑格尔的批评,黑格尔说,康德的客观性仍然是思想性质的,因而是主观的。他认为正确的客观性是指,思想也就是事物的本质。我觉得很难相信黑格尔的说法,他混淆了对本质的把握必须通过(概念式)思想与本质本身的区别。关于这种客观性的讨论,关键还在于逻辑的东西的性质,对于逻辑的遵从使人们得出了同样结论,于是就认为这样思考的结论是普遍接受的,因而是客观的。这里,真正的问题在于,逻辑究竟是怎么回事?人们一般把逻辑不仅当作是思维规律,同时也当作是世界运动的客观规律。当维特根斯坦说出逻辑的使用与语言的使用有关,并且语言之遵守规则恰如人玩游戏时需遵守规则一样,这正是石破天惊!难道游戏规则不是人创造的吗?

　　以上的发展值得我们注意,尽管其中还有许多环节有待进一步澄清,然而,它已经启示我们,哲学是人的活动,哲学所表达的内容、它的形态,是可以从人从事哲学活动的方式中去说明的。其实，马克思早就指出过这个方向，他说："从前的一切唯物主义——包括费尔巴哈的唯物主义——的主要缺点是：对对象、现实（reality）、感性，只是从客体的或者直观（contemplation/Anschauung）的形式去理解，而不是把它们当作人的感性活动，当作实践去理解，不是从主体方面去理解。因此，结果竟是这样，和唯物主义相反，唯心主义却发展了能动的方面，但只是抽象地发展了，因为唯心主义当然是不知道现实的（real）、感性的活动本身的。"[1] 我理解这段话正面的意思是这样的：对一个对象的把握，无论是关于它的现象（感性）还是实在（reality），都应当结合着主体的状况才能理解，即，现象显示在人的感性活动中，实在显示在人的（与理论态度相关的）实践活动中。既然对象以什么方式显示给人决定于人自身的活动状态，那么，人自身的活动就值得重视。人的活动归根结底是为了生存而在环境中的不断抗争，所以马克思说："哲学家们只是用不同的方式解释世界，而问题在于改变世界。"[2] 现代西方哲学透露出这样的信息：在面对哲学文本的时候，要追问与文本对应的人的生存状态。这里已经蕴涵着哲学观念的变更。

把眼光放到人的活动方面，对作为人的一种生存状态的哲学活动作分析，就为中西哲学的比较洞开了门户。人的生存活动是哲学的基础，哲学无非是对人的生存方式进行反思的生存方式。考察哲学文本，我们可以追寻出人们与世界打交道的不同方式，以及人们对自己生存活动不同环节的重点关注及实行反思的不同方式。沿着这个思路，有许多值得讨论的问题敞开出来了。例如：中国哲学既

---

[1]《马克思恩格斯选集》第1卷，人民出版社，1995年，第58页。
[2] 同上书，第61页。

以"得道"、求为圣贤为目标，重点关注的是调整自身的生存状态，以达到与环境的相契。其重要的功课是启发人们意识到每个人自己是来到世间的一条生命，应当积极应对生活向人类提出的各种挑战，使生命的意义得到充分的伸张。世界并没有事先确定的原则，前人的经验是值得重视的，但归根结底要凭人自己"敏于事、慎于行"。这里有许多道理可讲，然而归根结底还是靠自己在实际生活中体验，所以，我们看到，身心修养是从事中国哲学的主要方式。从西方哲学这方面看，他们追求的是关于世界的普遍知识，前面已经指出过，当普遍知识呈现在意识中的时候，心灵处于一种与之相应的状态，这种状态在现象学中称为"看"，现在我们还可以看到，与 idea（理念）、theory（理论）同根的动词 eidein、theor，都有"看"的意思。与之相关，努力发现最终原理，阐述发现原理的认识论机制，就成为西方哲学的主题。

以上的讨论在中西哲学比较中只是序幕式的，真正深入下去有许多艰难的工作要做，对于从事哲学研究的同志来说，当抓住历史提供的这一良机，在我们的时代把哲学的发展向前推进一步。

原载：《毛泽东邓小平理论研究》2006 年第 7 期

## 二十、写中国哲学史要"依傍"西方哲学吗?
——兼评冯友兰的中国哲学史观

自新文化运动以来,中国哲学界有一种观念日渐成为主流,这就是编写中国哲学史应"依傍"西方哲学。这个说法最初见于蔡元培在1919年为胡适的《中国哲学史大纲》(上卷)所作的"序":"我们今日要编中国古代哲学史……古人的著作没有可依傍的,不能不依傍西洋人的哲学史。"① 受此影响,之后的各种中国哲学史著作尽管不标"依傍"两字,但都离不开依傍,差别只在于所理解的西方哲学深浅不同。为改变这一学术境况,近年来不断有学者主张"重写中国哲学"。但是,"重写"有一个前提,那就是应先弄清楚:中国哲学史家究竟是如何依傍西方哲学的?依傍的结果是否成功?故此,这里试以哲学家冯友兰的著作为例来考察。

之所以选择冯友兰,在于他是对中国哲学史建设用力最多的人。在六十余年的学术生涯中,他前后写过四部"中国哲学史",主要两部是《中国哲学史》② 和《中国哲学史新编》(全七册,以下

---

① 蔡元培:"序",《胡适学术文集·中国哲学史》(上),中华书局,1991年,第1页。
② 冯友兰的《中国哲学史》上册出版于1931年,下册出版于1934年,现在流行的是1944年增订本。

简称《新编》）①。其中，《新编》的第一、二册出版于1964年，最后定稿的是1980年修订本，第三至六册出版于20世纪80年代，第七册完成于1990年6月，时年九十五岁，广东人民出版社1999年的版本易名为《中国现代哲学史》。由于《新编》的写作年代跨度很大，更遭世事变化，他的思想也因之变化，尤其是随着对西方哲学理解的不断深入，折射在他的中国哲学史中的面貌也是不同的。

## （一）早期从哲学分类入手的"依傍"

出版于1931年的《中国哲学史》上册第一章"绪论"开头就说："哲学本一西洋名词。今欲讲中国哲学史，其主要工作之一，即就中国历史上各种学问之中，将其可以西洋所谓哲学名之者，选出而叙述之。"那么，西方哲学是什么呢？他感到这个问题不容易说清，因为各家对哲学的定义并无一致的说法，所以，他就把哲学的内容列举出来，这样，其定义"亦无需另举矣"。

从哲学分支名目入手，是冯友兰最初的"依傍"。然而，从他列举的西方哲学内容看，这个问题还是不容易讲清楚。因为，西方哲学史上对哲学（内容）的分类也不是一成不变的。他说，古希腊分哲学为三大部：物理学（Physics）、伦理学（Ethics）、论理学（Logic），即今人所说的宇宙论、人生论、知识论。这三部分又各可以分为两个部分：宇宙论既包括"本体论"（Ontology，研究

---

① 另外两部是《中国哲学小史》（1933）和《中国哲学简史》，后者是根据1948年的英语著作 *A Short History of Chinese Philosophy* 的汉译。这两本书都是以他的《中国哲学史》为基础写成的。

"存在"之本体及"真实"之要素者),也包括狭义的宇宙论(研究世界之发生及其历史,其归宿者);人生论可以分为在心理学方面对人究竟是什么的考究,在伦理学、政治哲学方面对人应该如何的考究;知识论可以分为研究知识性质的知识论,研究知识规范的(狭义的)论理学①。

其实,冯友兰所举这个分类也不能作为定论。德国哲学家黑格尔在谈到沃尔夫时说道:"此外,他又给哲学作了有系统的、适当的分门别类,这种分类直到现代还被大家认为是一种权威。"② 这个"权威"的分类将哲学分为两大部分:一是理论哲学。它包括逻辑学和形而上学,而后者又包括:(1)本体论,(2)宇宙论,(3)理性灵魂学,(4)自然神学。二是实践哲学。它包括:(1)自然法,(2)道德学,(3)国际法或政治学,(4)经济学。

沃尔夫的分类与冯友兰的分类有很大差别,前者不列知识论,后者没有提形而上学。不过,即使被认为是"权威"的这个分类,也不是"权威"到底的。以黑格尔的哲学体系为例,它主要由三部著作组成:《逻辑学》,这是理念自身运动表达的纯粹哲学原理,是哲学的核心;《自然哲学》,这是哲学原理在自然界的展开或体现;《精神哲学》,是绝对精神通过有意识的人类活动的回归。此外,还有一部《精神现象学》,把人类意识描述成是从低级的个体感受性向高级的普遍意识发展的过程,在普遍意识中达到了绝对理念的水平。这是进入《逻辑学》的引道。沃尔夫的分类就不适于规范黑格尔的哲学体系。近代以来,哲学中有了美学和价值学,亦在沃尔夫分类之外。现代更是出现了科学哲学、语言哲学等等。所以,从分

---

① 冯友兰:《中国哲学史》上册,华东师范大学出版社,2000年,第4页。
② 黑格尔:《哲学史讲演录》第4卷,贺麟、王太庆译,商务印书馆,1978年,第188页。

类的角度，也不比定义更容易把握哲学之谓"哲学"。

由于不能确切讲出西方哲学究竟是什么，冯友兰就把中国历史上的"义理"之学看作与哲学约略相当的东西，只是觉得"义理"这个名称与近代发展起来的科学联系不上，于是就换成"哲学"这个名称。究竟哪些义理属于哲学应当关心的？这里略举他书中几个重要章节的标题可见大概：(1) 第四章"孔子及儒家之初起"共有六节，标题分别是：孔子在中国历史中之地位；孔子对于传统的制度及信仰之态度；正名主义；孔子以述为作；直、仁、忠、恕；义利及性。(2) 第八章"《老子》及道家中之老学"共有九节：老聃与李耳；老学与庄学；楚人精神；道、德；对于事物之观察；处世之方；政治及社会哲学；老子对于欲及知之态度；理想的人格及理想的社会。(3) 第十章"庄子及道家中之庄学"共有九节：庄子与楚人精神；道、德、天；变之哲学；何为幸福；自由与平等；死与不死；纯粹经验之世界；绝对的逍遥；庄学与杨朱之比较。

从这些章节的安排看出，冯友兰一方面还是继承了古人的为学之道，很重视材料的考证，但也不完全是传统学案式的写作，而是有了新的视角。例如，注意到了古人对传统制度的信仰与态度，发掘他们关于幸福、自由、平等、死与不死等的观念。另一方面，也出现了"对于事物的观察""纯粹经验之世界"等说法。这些是新的哲学观念，但与人们现在所知道的西方哲学还不是很挂钩。也就是说，冯友兰这部《中国哲学史》有将中国学术现代化的愿望，同时也泄露出他取的是哲学之名，谈得较多的是义理之实。

对于冯友兰这部《中国哲学史》，陈寅恪与金岳霖做了不同角度的评审。他们的意见对于中国哲学史的建设来说至今仍值得重视。这里不妨作一回顾。

作为历史学家，陈寅恪首先看重的是史实的真实。他认为，冯友兰的这部著作"取材精审,持论正确"。因为,"今日之谈中国古代哲学者,大抵即谈其今日自身之哲学史者也;所著之中国哲学史者,即其今日自身之哲学史者也。其言论愈有条理统系,则去古人学说之真相愈远"。他特别提到,其他人表现在墨学研究中的错误最严重:"今日之墨学者,任何古书古字,绝无依据,亦可随其一时偶然兴会,而为之改移,几若善博者能呼鹿成鹿、喝雉成雉之比;此近日中国号称整理国故之普通状况,诚可为长叹息者也。"虽然他没有点名是谁的墨学研究,错在哪里,但指向胡适的可能性较大。因为,胡适以名学概括先秦各家的那本《中国哲学史大纲(上)》当时已经出版。陈寅恪痛恨那种整理国故的路子。而冯友兰的《中国哲学史》则让他觉得没有堕入那个邪道:"今欲求一中国古代哲学史,能矫傅会之恶习,而具了解之同情者,则冯君此作庶几近之。"① 三年后,当冯友兰此书下册发表时,陈寅恪又写了第二份"审查报告";除重申他在上册审查报告中的观点外,还提出了一个重要观点,即以佛学进入中国被改造吸收的历史经验,展望西方哲学侵入后中国学术的前景。他说:

> 窃疑中国自今日以后,即使能忠实输入北美或东欧之思想,其结局当亦等于玄奘唯识之学,在吾国思想史上既不能居最高之地位,且亦终归于歇绝者。其真能于思想上自成系统,有所创获者,必须一方面吸收输入外来之学说,一方面不忘本民族之地位。此二种相反而适相成之态度,乃道教之真精神,新儒家之旧途径,而二千年吾民族与他民族思想接触史之所昭

---

① 陈寅恪:"审查报告一",载冯友兰:《中国哲学史》下册,华东师范大学出版社,2000年,"附录"第432—433页。

示者也。①

这个意见看似离开了对冯友兰的书的评论,其实是陈寅恪做评审的根据。按照他的看法,什么是哲学其实不重要,要紧的是最终能够把西方哲学改造吸收到本民族的固有文化中来,所以,写一部中国哲学史,决不能把中国学术本来面目模糊掉。冯友兰的《中国哲学史》能得到陈寅恪的肯定,就在于其"取材精审,持论正确"中所反映出来的对中国传统学术的忠实。用陈寅恪的评论去看冯友兰的《中国哲学史》,人们会明白,这本书中并没有去讲什么本体论、认识论,也没有唯物主义、唯心主义的区分,即使出现"形而上"的字样,那也是就《周易》里的意思来谈的。

与陈寅恪不同,金岳霖是逻辑学家、哲学家,所以要他来评审冯友兰的著作,首先就要讲清"哲学"究竟是什么。但是,他也没有正面讲出哲学是什么,只是肯定了冯友兰书里的一句话:"哲学根本是说出一种道理来的道理。"这句话看似太模糊,然而这个表述蕴藏着可以深入探索的线索。关于这一点,金岳霖没有说下去,而只说了他更极端的说法:"哲学是说出一个道理来的成见。"所谓成见,用金岳霖的话来说,它或是假设或是信仰,是这门学问本身不能突破的。这就用"道理的成见"封死了"道理的道理",即最后要确定在一种不能进一步追问的"成见"上。那么,关于哲学的具体的成见是什么呢?这个问题还是没有交代。金岳霖只是委婉地认为,一个不容易终止的趋势是,把欧洲哲学当作普遍的哲学,把欧洲的哲学方法当作普遍的方法。他自己的哲学观见于他的《道论》一书,书中用逻辑推论的方式,演示"道"这个观念从简单到

---

① 陈寅恪:"审查报告三",载冯友兰:《中国哲学史》下册,"附录"第441页。

复杂、从普遍概念的领域进入具体的实际领域，以此作为对世界的解释。但是，几十年后，他叹息没有人能懂他的这本书。究其原因，在于他讲的虽然是中国话，但想表达的却是西方哲学。在这种哲学观的基础上，金岳霖很难把冯友兰的《中国哲学史》看成是一部成功的中国哲学史。他的评审结论是："冯先生的态度也是以中国哲学史为在中国的哲学史；但他没有以一种哲学的成见来写中国哲学史。"前一句说的是，冯友兰既写中国哲学史，就承认了要从（西方的普遍）哲学角度看中国学术，但这只是一种态度、愿望；后一句则委婉地指出，其实冯友兰并没有一个明确的哲学观念。这篇评审结尾的一句话是："但从大处看来，冯先生的这本书，确是一本哲学史而不是一种主义的宣传。"这个话同时也包含着批评胡适写的那本《中国哲学史大纲》，因为胡适的那本书是从实用主义而不是普遍哲学的成见出发的，"胡先生于不知不觉间所流露出来的成见，是多数美国人的成见"；对比之下，冯友兰学过实在主义，"但他没有以实在主义的观点去批评中国固有的哲学"[①]。

比较两种评审意见，陈寅恪强调的是中国学术的史实不能歪曲，并且指出面对西方哲学的侵入，中国学术仍要在保持自己本色的基础上吸收消化外来文化以形成新的文化或哲学。虽然他对冯友兰的《中国哲学史》给予了热情的赞扬，但对这部著作的"哲学"含量并没有给予正面回答。而金岳霖则致力于指出西方哲学的主要特征，他对于能否在中国古代文化中找出与西方哲学一样的东西是怀疑的；像胡适那样照实证主义的思路生造出一点逻辑的东西，他是明确否定的。他对冯友兰这部著作的"哲学"性质所说的其实也

---

[①] 本节所引金岳霖的话，俱见冯友兰《中国哲学史》下册，"附录"第434—438页，"审查报告二"。

尽是客气话。

依傍西方哲学，首先就要弄清楚西方哲学究竟是一门怎样的学问。这需要一个由浅入深的过程。如果说冯友兰的《中国哲学史》还没有关于哲学的"成见"，那么，后来他着手写《中国哲学史新编》时，就有了"成见"。这个关于哲学的"成见"，事实上是从黑格尔那里取来的，因而"依傍"得更紧了。

## (二)《中国哲学史新编》前六册的"理论思维"问题

写了一部《中国哲学史》，还要再写一部《中国哲学史新编》，自然是因为作者的想法有了发展。而写这部《新编》历时近三十年，作者的思想继续经历着复杂的变化，包括他对西方的深入理解。1964 年出版的第一、二册，冯友兰并不满意，于是就有了"文革"之后的修订本。即使这样，这七册著作又可分为前六册和第七册两个时期。

### 1. 从人类精神的反思到理论思维

在前六册中，冯友兰对哲学有了一个自己的明确表述："哲学是人类精神的反思。"[①] 同时，他还指出，虽然人类精神的主要部分是认识，但认识论只是对认识形式的反思，而不问认识的内容。也就是说，认识论不问关于世界的知识，"而对于人类精神生活的反思则必包括这些认识的内容"，所以"哲学并不等于认识论，不就是认识论"[②]。"反思"出哲学，这个思想是黑格尔的。黑格尔说：

---

[①] 冯友兰：《中国哲学史新编》第一册，人民出版社，1982 年，第 9 页。
[②] 同上书，第 10 页。

"具有为思维所决定所浸透的情绪和表象是一回事,而具有关于这些情绪和表象的思想又是一回事。由于对这些意识的方式加以'后思'所产生的思想,就包含在反思、推理等等之内,也就包含在哲学之内。"[①] 黑格尔的这个话需要联系另一句话来理解,他说:"不过哲学乃是一种特殊的思维方式,——在这种方式中,思维成为认识,成为把握对象的概念式的认识。"[②] 站在这种概念式哲学的立场,黑格尔并不认同中国的孔子达到了哲学的水平。但是,如果撇开孔子,还谈什么中国哲学史呢?冯友兰的办法是对孔子做一个"反思",让他获得哲学的身份。因此,该书第一册第四章的标题是"前期儒家思想的形成——孔子对于古代精神生活的反思";下面八节,除了第一节标题是"孔丘的阶级立场及其对于周制的态度"外,其余全部标明是"反思",即第二、第三节是"孔丘对于古代道德生活的反思"(副题分别是关于"仁"的理论和关于"礼"的理论),第四至八节分别是"孔丘对于古代道德生活的反思——论完全人格""孔丘对于古代宗教生活的反思""孔丘对于古代文艺生活的反思""孔丘对于古代学术生活的反思""孔丘对于他自己的精神境界的反思"。一般的思想、道德、宗教文艺生活、学术生活本身不一定是哲学,对它们进行反思就成了哲学。也就是说,反思的目的是把发生在人类日常生活各方面的意识上升为概念,这才是哲学。这里不免有一个疑问,所谓的反思,是孔子本人直接做的,还是冯友兰对孔子的学说的反思?如果是前者,照这里的标准,孔子之为哲学家就是不言而喻的;如果是后者,虽然孔子仍可成为哲学发展的环节,但这个标题就不是"孔子对……的反思",而应当是

---

[①] 黑格尔:《小逻辑》,贺麟译,商务印书馆,1980年,第39页。
[②] 同上书,第38页。

"对孔子……的反思"。

反思的目的是要获得哲学的概念。在《新编》的"绪论"中，冯友兰写了一节关于区别理论思维与形象思维的论述，对他所谓的"精神反思"要达到的目的即"理论思维"概念作进一步说明："哲学的对象是极其广泛的，因此它所用的概念必然是极其抽象的，这就决定它的方法是理论思维。""哲学的思维是理论思维。科学的思维也是理论思维，但是，哲学是人类精神对于科学研究这种精神活动的反思，所以是理论思维的最高发展，或者说最高形式。"① 这就表达了冯友兰的哲学观念。

那么，什么是"抽象"或"理论思维"呢？他对此解释道：

> 与理论思维相对的是形象思维。在日常生活中，人们所常用的思维都是形象思维，所以对于形象思维比较容易了解。但对于理论思维的了解就比较困难了。一说到"红"的概念或共相，就觉得有一个什么红的东西，完全是红的，没有一点杂色，认为所谓红的概念就是如此，以为这就是理论思维。其实这不是理论思维，还是形象思维。"红"的概念或共相，并不是什么红的东西。就这个意义说，它并不红。一说到运动的概念或共相，人们就觉得它好像是个什么东西，运转得非常之快。其实，"运动"的概念或共相并不是什么东西，它不能动。如果能了解"红的"概念或共相并不红，"动"的概念或共相并不动，"变"的概念或共相并不变，这才算是懂得概念和事物，共相和特殊的分别。②

---

① 冯友兰：《中国哲学史新编》第一册，第16、25—26页。
② 同上书，第22页。

这反映出冯友兰哲学观的出发点,即哲学作为理论,是建立在类似"'红'不红"这种概念或共相的基础上的。

有了共相,就有共相与殊相这样的哲学问题,这是所谓"本体论"讨论的问题之一。"本体论"问题可以说是西方正统哲学的核心,是纯粹哲学,一部西方哲学史就是围绕本体论的问题展开的。而本体论的形成又是因为进入了普遍概念的领域,是普遍概念结合的结果。共相与殊相,即普遍与特殊,是结合普遍概念中的重要问题之一,而所有这一切又都是建立在普遍概念基础上的。冯友兰正是试图在这个层面上去写《新编》的。他试图在中国哲学中找出普遍概念,又以共相与殊相为重要问题写他的《新编》。冯友兰的上述主张并不见于他20世纪40年代的哲学史著作,这说明,他对西方哲学的理解在不断加深。他的《新编》这种写法也说明,他"依傍"西方哲学更紧密了。那么,这样写出来的中国哲学史的"哲学"性质是否得到展示了呢?答案是否定的。因为,中国哲学与西方哲学是两种不同类型的哲学,中国哲学史是不能依傍西方哲学去建设的。越是依傍得紧,就越是揭示依傍是行不通的。冯友兰的这部《新编》恰恰提供了一个样本。

初读冯友兰关于理论思维的"'红'不红"概念,相信大多数读者一定愕然。中国哲学史上怎么会有这样的概念呢?为了证明,冯友兰先引了宋代理学家朱熹的一段语录:

> 或问先有理后有气之说。曰:"不消如此说。而今知得他合下是先有理后有气邪?后有理先有气邪?皆不可得而推究。然以意度之,则疑此气是依傍这理行。及此气之聚,则理亦在焉。盖气则能凝结造作,理却无情意,无计度,无造作,只此气凝聚处,理便在其中。且如天地间人物、草木、禽兽,其生

也，莫不有种，定不会无种子白地生出一个物事，这个都是气。若理，则只是个净洁空阔底世界，无形迹，他却不会造作；气则能酝酿凝聚生物也。但有此气，则理便在其中。"①

然后，他又对这段话作了发挥，以为此中不仅有一般与特殊的关系问题，更有那不指实的概念。这里先说概念问题。冯友兰说：

> 一般是无情意、无计度、无造作的，有情、有计度、有造作的是特殊。情意之理并没有情意，计度之理并没有计度，造作之理也不会造作。举一个例说，动之理并不动，静之理也并不静，只有具体的动的东西才动，只有具体的静的东西才静。②

他之所以断定"理"是理论思维的概念，理由就是"理"是无情意、无计度、无造作的，称为一般。这里的表述有混乱之处。依照前面所说理论思维的"'红'不红"概念，那么，如果"理"是一个理论思维的概念，就应该说，"理"无理，那就没有什么可以谈下去了。然而，冯友兰把它换成了"计度之理""情意之理""造作之理"，这样就避免了对"理"的否定，否定的只是计度、情意、造作。但是，这里仍然没有交代清楚。既然"计度之理"无计度，"情意之理"无情意，"造作之理"无造作，那么它们到底是什么呢？还能接着讨论吗？这种从否定性方面来限定所谓共相、一般，造成了很大的误会。究其原因，是中国哲学中根本不存在普遍性质的概念。在此有必要简单介绍一下西方哲学中"普遍"概念的形成

---

① 《朱子语类》，中华书局，1986年，卷一"理气"（上）。
② 冯友兰：《中国哲学史新编》第五册，人民出版社，1988年，第161页。

及其规定性。

以理论思维的"'红'不红"为例,"红"是什么呢?中国文化向来认为,"名"必指实,没有实的名是没有意义的;哪怕是"无",也指示着一种空无的状况。冯友兰所谓的那种不指示实际对象的概念,应当就是西方哲学中的普遍性质的概念;但他只是浮光掠影,取了它的一个侧面。在西方哲学中,通常所说普遍性质的概念有两种,一种是经验概括的概念,另一种是绝对普遍的概念。前一种因为是从经验概括得来的,它指示着经验的事物,因而是可以表象的。就像"人"这个类概念使人们想到的是各种肤色、男女性别、各种身份等等的人,"红"使人想到的是深浅不等、纯杂混合的各种红色,与这些表象的联系就是对这种概念的理解。但是,绝对普遍概念就没有它的表象。要理解没有表象的概念,必须对它的形成过程有大致的了解。

西方哲学在柏拉图那里有一种追求事物"真知识"的要求,认为从经验得到的事物知识由于人说人异,不可靠,于是就提出应该有一种真知识的存在,就像世界上虽然找不到绝对相等的两片树叶,但是"等"本身是存在的。"等"本身不仅存在,还是人们用来判断经验事物之间是否"等"的标准。这样的"等"对于经验事物中的等具有优先地位——不是先有经验事物的等才有"等"本身,而是有了"等"本身才能确定经验事物的等还是不等。因为它的优先性,这样的"等"的意义不能用列举经验事物去表明;相反,经验事物之间等还是不等倒是靠"等"本身去衡量的。这就有了"等"不等,即"等"本身不是经验中的等。同样,冯友兰所谓的"'红'不红"也应作如此解释。但是,要进入这种"理论思维"的概念,必须同时让自己承认并接受,在人们的经验世界之外还存在着一个超经验的世界。并且,还要明白,知识不能是那样一个个孤立的概念，即所谓理论思维不能停留在"'红'不红"，必须就"红"本身说些什么。于是，就需要一种在这些普遍概念之间进行结合的理论。结合也不是以实际的经验事物为依据，而是单纯在思想上考虑这些概念之间能否结合，这样的结合才有意义。就像代数符号，单独一个是没有意义的，置入代数式后就在相互关系中获得了意义。这些工作都是在柏拉图的理念论中完成的。后来，理念发展为纯粹思想的概念，概念间结合的方法发展为逻辑，而纯粹思想概念组成的知识就被奉为纯粹哲学原理、真理。西方哲学的主流就是围绕着建设和质疑这种形态的理论而展开的，黑格尔的《逻辑学》就是这种理论最终的典范。作为这种理论基石的概念，就是所谓"理论思维"的概念，即普遍性质的概念，或者称之为"普遍"。它的特点有三：（1）表达的是现象后面的本质领域，是超经验性质的东西。（2）既不直接指示现象界的事物，也就不从可经验的事物方面获得自己的意义；意义在于其相互之间的关系，即所谓逻辑规定性。（3）每一个概念或范畴不能独立存在，彼此构成一个范畴体系。西方哲学出于其语言广泛使用系词的特点，可以把所有具有某种特殊规定性的概念称为"所是"或"是者"，并将它们归属于没有任何特殊规定性的"是"本身之下，这个理论就有了一个形式上的名称"是论"（ontology，汉语译为"本体论"是误译）。

澄清了"普遍"的含义，再回头看冯友兰关于朱熹那段话的论述。他说"情意之理并没有情意，计度之理并没有计度，造作之理也不会造作"，联系他所谓理论思维的概念"'红'不红"，那么，可以知道，他这里是把朱熹的"情意之理""计度之理""造作之理"当作理论思维的概念来看待的。不指示实际事物的概念只能是所谓普遍概念。然而，对于实际事物具有否定性，只是普遍概念形式上的特点，其真正的实质就是前面总结的三点。对照着这三点，朱熹的"理"没有一点是符合的。(1)朱熹从来也没有把"理"看做是与"气"分离的。尽管有一次在被追问一个他不愿意回答的问题时勉强说出"理在气先",但是,他更愿意说的是,"理在气中"。这与自古以来前贤主张的"道不离器"是一脉相承的。中国哲学中并没有经验世界与超验世界之分,"道"与"理"都不是表达超验领域的观念。(2)"理"既然不是表达超验领域的观念,就不存在不能用世界中的事物来表达的观念。这与中国文化中一贯认为名必副实的主张是一致的。也就没有必要通过概念间的逻辑规定性让概念获得一种意义。至于朱熹所谓情意之理无情意之类的说法,只能从另一个角度去解说,即一类事物最深的根源不是它自身,而是出自这类事物之外,这就是:"天下万物生于有,有生于无","无极而太极"之类。(3)既然没有前面两个特征,也就没有第三个特征,即中国哲学并不存在一个用纯粹概念表达的原理体系。这倒应了那句话:"理则只是个净洁空阔底世界,无行迹,它却不会造作。"

不仅朱熹,整个中国哲学都没有出现"普遍"概念、没有进入"普遍"概念营造的超验领域。这也是中国哲学中逻辑学不发达的根源。现在人们到处使用"普遍"这个词,说中国哲学中没有普遍性质的概念几乎没人相信。其实,"普遍"这个词不见于《辞源》,它似乎是对英语"universal"的翻译。但是,人们有时也用"普遍"翻译英语的"general",而这个英语单词的动词形式是"generalize",意为"概括",当指经验领域的"一般"。"普遍"与"一般"的不区分,也是导致误解的原因,人们就会把中国文化中关于"大共名"的提法——墨子、荀子均有提及,误以为是普遍的概念。然而,进一步了解,"大共名"就是泛指"物",是一个经验概括的概念。"普遍"只与"特殊"有关,二者都是超验领域的概念，它们有逻辑关系，即"普遍"概念逻辑地包容"特殊"概念。"一般"与"个别"有关，它们都是经验领域的概念，"一般"是"个别"的概括；也可以说，"一般"在"个别"中。如果在经验领域谈"一般"与"个别"的时候插入一个"特殊"，这样的"特殊"与超验领域的普遍和特殊中的"特殊"不是一回事，这样的"特殊"其实也只是一个一般，只是其"一般"的程度层次不同而已。"普遍"与"个别"分属两个领域，它们没有关系，这一点正是唯心主义的致命伤。在冯友兰的《新编》中，"普遍""一般"，还有一个取自佛学的"共相"，三个词是不予区别的，混淆经验领域与超验领域，导致一片混乱。

对于西方哲学来说，普遍性质的概念是哲学的出发点，是柏拉图主义及其传承下来的理性主义哲学的基石，而柏拉图主义、理性主义则是西方传统哲学的主流。在普遍概念问题上依傍西方哲学错了，那么，对这个基础上发展出来的其他哲学问题的依傍也会显得很奇怪。这就牵涉到所谓"共相与殊相"或"一般与特殊"的关系问题。

## 2. 中国哲学史中的所谓一般与特殊的关系问题

冯友兰认为，共相与殊相，或一般与特殊的关系问题，"这是一个古今中外哲学家所共同讨论的问题，是一个真正的哲学问题"[①]。的确，西方哲学史上最早的讨论见于亚里士多德。他反对柏拉图的理念论，理由之一就是理念这样的东西设定在人们的世界之外，其存在是不可能的。但是，他又觉得包含在这种理论中的"以一统多"的思想是有用的。这个"一"，不是游离在事物之外，而

---

① 冯友兰：《中国哲学史新编》第五册，第30页。

是一类事物的"全体"(the whole)。全体越大，包括的具体事物就越多。他的《形而上学》称，"博学的特征必须属之具备最普遍知识的人"，最普遍的知识"离感觉最远"①。这里所谓的"普遍"，实际上只是经验概括的"一般"，"一般"就在被概括的经验事物中，就像"水果"指的就是苹果、香蕉、橘子等，离开了后者的"水果"是没有的。亚里士多德主张一般在个别中，这个问题显然是针对普遍性的理念而提出来的。西方哲学史上的唯物、唯心之争，也是与普遍密切关联的。唯心主义所谓精神的第一性，是指那个由普遍概念构成的原理体系的优先性。这个体系因为是逻辑地演绎出来的而具有必然性，因此不乏吸引力。然而，由纯粹普遍概念演绎而构成的原理怎样作用于实际世界？这对于唯心主义是一道跨不过去的坎。事实上，从柏拉图、亚里士多德关于是否存在理念这样的东西，以及中世纪的唯名论、唯实论之争，即普遍概念究竟是否指示着某种实在的东西，都是近代唯物论与唯心论争论的先声。只是到了近代，尤其到了黑格尔哲学，那个概念体系搞成了一个样板，所以，恩格斯述及这场斗争时强调，到了近代，唯心、唯物两军对垒，这个西方哲学史的基本问题就更加突出了。这些问题都是从那个普遍概念发生出来的，柏拉图因此在西方哲学史上留下了不可磨灭的影响。中国先哲不是柏拉图，依傍西方哲学，把中国哲学史纳入西方哲学中发生的问题，结果一定很牵强。

(1) 玄学。冯友兰所谓的那个"古今中外""真正的哲学问题"应该就是这样一个问题。玄学和宋代儒学是他关注这个问题的重点。在玄学中，魏晋时期的王弼又是被重点关注的人物。他说："王弼对于一般和特殊的关系有几种不同的说法"，一是母子关系，

---

① 亚里士多德：《形而上学》，吴寿彭译，商务印书馆，1959年，第4页。

二是本末关系，三是体用关系。并且试图作出解释，认为母子关系指的是"万物开始于道。万物已经有了以后，道还经常保护，养育它们，如同一个母亲，在她的子女生出后，她还是经常关心她的子女"；本末关系是指"根和枝叶虽然是有所不同，但毕竟是一棵树的两个部分"，以此与母子关系有别；体用关系是指"'体是事物的本质，'用'是这个本质所发生的作用"①。冯友兰自己也意识到这样讲太牵强，于是，把讲不清的原因归结于王弼纠缠到宇宙形成论的"生"字上②。

当然，他认为王弼也有讲得比较清楚的地方，那就是在《周易略例》中对《周易》的解释和发挥。《周易》的卦都不只指一件事，而是代表一类事情或事物。比如，乾代表凡是具有"健"的性质的一类东西，坤代表"顺"的性质的一类东西。王弼的发挥解说是，乾或坤这样的象辞表达的是"一卦之体"，是具有那一类性质事物的"所由之主"。冯友兰认为，王弼这里表达的是"一类事物的规定性"。王弼也从众寡、动静关系的角度来解说："夫众不能治众，治众者，至寡者也。夫动者不能制动，制天下之动者，贞夫一者也。故众之所以得咸存者，主必致一。动之所以得咸运者，原必无二也。"冯友兰认为，"这就是说一般是一，特殊是多，一般是不动的，特殊是变动的，一能统多，静能制动"③。

冯友兰对王弼的解说存在两个问题：其一，从王弼的论说中虽然能够分析出一般与个别的关系，但这只是与个别相关的经验的一般，还不是西方哲学中的那个普遍与特殊的问题。作为西方传统主流哲学核心的"是论"是超经验的，其中的普遍与特殊是逻辑关

---

① 冯友兰：《中国哲学史新编》第四册，人民出版社，1986年，第54页。
② 同上。
③ 同上。

系，不涉及个别事物。对中国哲学无论做怎样的分析，都无法找到像西方哲学那样的用纯粹概念表达的超经验的领域。其二，在冯友兰作了那样的依傍以后，中国哲学就从内容变成了一种形式的东西。即各有不同丰富含义的每一卦，统统被把握为"一与多"的关系；又从"治众者，至寡者也"得出"一般是一，特殊是多"，从"制天下之动者，贞夫一者也"得出"一般是不动的，特殊是变动的，一能统多，静能制动"。王弼思想被作了这种形式化的抬升后，它的内容就刷成灰色了。况且，从整个中国哲学史发展的过程看，中国哲学也没有向那种形式化发展的趋势。至于包含在王弼关于众受制于一、动出于静的论述中的深层思想，可以做这样的分析：一个事物的最后根源不能是它自身，而是出于别的事物，讲到最后就是"有"生于"无"。这是符合中国哲学实际的。

冯友兰有一段话分析得很好。《周易》占筮用数五十，但实际上只用四十九，把"一"放在边上不用。王弼解释说，这放在边上的"一"是"非数"，但不是没有用处，用依赖于不用，"夫无不可以无明，必因于有，故常于有物之极，而必明其所由之宗也"。冯友兰评道："这个一'非数'，就是说，它不是和其余四十九个具体的数并列的，所以不用。虽然如此，其余四十九个具体的数都要靠它才能成为数，这就是数之为数者，数之理，这就是数的'极'。"又说："凡是可为一类东西所由之宗，都是无。"① 这符合中国哲学"有生于无"的一贯思想。然而，他又夹带着把这里的四十九说成"具体"的数，从而把"所由之宗"的"一"说成"一般"的数，认为"其实所讲的只是一个问题，一般和特殊的问题"，这就作了多余的引申。

---

① 冯友兰：《中国哲学史新编》第四册，第59页。

（2）宋代儒学。这也是冯友兰分析所谓一般与特殊问题的一个重点。他说："道学的目的是'穷理尽性'，其方法是'格物致知'。在'穷理尽性'这一方面，道学和玄学就联结起来了，因为道学讲理和性，也是就一般和个别、特殊的关系讲的。"① "道学的中心问题是关于一般和特殊的问题。'理'是一般，'气'或'器'是特殊，就这一点说，道学是玄学的发展和继续。"② 在对二程（程颢、程颐）的言论作了大量引用后，冯友兰总结说："从哲学的观点看，这里所谈的问题是一般和特殊的关系。一般是特殊的标准。'有物必有则'，'则'就是标准的意思，'则'就是理。"③ 释"理"为"则"，为标准，在这个意义上说，"理"是一般也无可争议。但他接着又说："《易·系辞》说：'形而上者谓之道，形而下者谓之器。'照程颐的了解，'道'是一般，'器'是特殊，'形'是可以为人们所感觉的形体。一般是不能为人们所感觉的，所以是'形而上'；特殊是可以为人们所感觉的，所以称为'形而下'。"又说："程颐在他的《周易·传》的序文中有两句重要的话：'体用一源，显微无间。'在他的体系中，一般是'体'，特殊是'用'；一般是'微'，特殊是'显'。"④ 这里，冯友兰释"道""理""则""体""形而上""微"为一般，"用""气""器""形""形而下""显"为特殊。这最多是对二程思想作了形式化，从这方面去关注，中国哲学自身的意义很可能被偏离。例如，"微"在中国哲学中与"几"相关，关注"几"就是要留心事情的萌芽开端，这与西方哲学之关注本质是不同的。知几通变不离过程，是时间性的；本质要与现象

---

① 冯友兰：《中国哲学史新编》第 5 册，第 17 页。
② 同上书，第 156 页。
③ 同上书，第 103 页。
④ 同上书，第 105 页。

区别，是结构性的。中国哲学讲"生"，西方哲学讲逻辑，这个区别是冯友兰提出的，也是正确的；但是，他这里做的一般与特殊的分析是不顾这个差别的。况且，要是做成形式，"道""体"等可以是一般，"器""用"等未必也不是一般。

冯友兰自己也觉得以上这些人物所谈的问题不尽符合西方哲学关于一般与特殊关系的问题，于是又找到一个最符合的，那就是朱熹。他说："朱熹对于一般和特殊的分别比前人认识得更清楚，说得更明白。"① 所据共有三段引文。第一段引文是：

> 天地之间，有理有气，理也者，形而上之道也，生物之本也；气也者，形而下之器也，生物之具也。是以人物之生，必禀此理，然后有性；必禀此气，然后有形。其性其形，虽不外乎一身，然其道器之间分际甚明，不可乱也。

冯友兰认为，"朱熹的这一段话，不但说明了'理'和'气'这一对范畴的分别，也说明了他是怎样认识这个分别的。用哲学的话说，他首先对于普通的事物作逻辑的分析，从这样的分析中得到了这样的认识"②。冯友兰把这段话定性为"逻辑分析"，是认为这不是对物质的分析，而是思想上的分析。物质的分析能知道构成事物的成分，思想的分析则得出了事物有"形"和"性"两个方面。

第二段引文是：

> 问："枯槁之物亦有性是如何？"曰："是他合下有此理。

---

① 冯友兰：《中国哲学史新编》第五册，第161页。
② 同上书，第159页。

故曰：天下无性外之物。因行阶云，阶砖便有砖之理。因坐云，竹椅便有竹椅之理。"问："枯槁有理否？"曰："才有物便有理。天不曾生个笔，人把兔毫来做笔，才有笔便有理。"问："理是人物同得于天者，如物之无情者亦有理否？"曰："固是有理。如舟只可行之于水，车只可行之于陆。"

冯友兰认为，"照朱熹的说法，他的那些意思并不限于自然界的东西，任何东西都有形和性。人造的东西也不例外"①。

第三段引文就是前面已经出现过的，朱熹提出了情意之理无情意，计度之理无计度，造作之理无造作，引申为朱熹提出了类似"'红'不红"这样的"理论思维"概念。根据上述三段话，冯友兰认为，朱熹说明了一般与特殊的不同。

其实，这三段话并未体现出朱熹在一般与特殊问题上"比他的前人认识得更清楚，说得更明白"。因为，问题的关键在于，普遍概念表达的是超经验的领域，这在中国哲学中是没有的。普遍性概念因其对于经验事物的优先性、不能用经验事物去解释它，因而出现了"红"不红的情况，但是，它作为一个概念，总是要有意义的，这个意义就是它们相互之间的逻辑规定性。冯友兰应该是注意到了这一点，所以他的第一段引文判定朱熹有了逻辑思想。其判定的理由是，对物质的分析不可能区分性与形，对性与形的区分只能是思想分析的功效。这样的判定是不充分的。逻辑固然是思想上的分析，但是，并非凡是作思想分析的都是逻辑思想。第二段包括多个引文，讲的是一个意思，即凡物都有理，不管是自然物还是人造物。这与从一般和特殊看问题的角度是不同的。

---

① 冯友兰：《中国哲学史新编》第五册，第 160 页。

西方哲学中关于普遍与特殊的讨论，根源在于柏拉图提出的理念论。理念是绝对普遍性质的，它代表了事物的本质，有了这个观点，人类对事物的认识似乎深入了。然而，由于理念被设定为是存在于感性世界之外的，于是就有了理念存在的实在性的种种疑问。普遍与特殊的关系问题就是其中之一。"普遍"（universal）与事物是分离的，能存在于个别事物中的只是"一般"（general），它本身就是从经验中概括出来的。西方哲学史上对普遍与一般也不是从来就分得很清楚的，所以，对这个问题的认识也很纠缠。亚里士多德实际上是用一般取代了普遍，所以他可以说是一般存在于个别事物中。康德回到柏拉图的理念，他发现，这样的普遍且有逻辑必然性的概念是人们能够获得数学和理论物理学那样的普遍必然知识的条件，但是，那些概念本身只是思想的运作。这样，普遍与特殊的关系又生出了精神与世界的关系。黑格尔试图弥合二者的鸿沟，在《逻辑学》中演示出全部概念的原理体系，但这毕竟是一个纯粹精神的世界。黑格尔的回答是，精神世界会"外化"到自然界，成为自然界的规律，又会进一步呈现为人类意识，在人类的思想活动中回归绝对精神。他的这个说法，是把绝对精神作为出发点，由此突出了近代唯物主义与唯心主义的争论。

西方主流哲学的这一切复杂的内容都源于柏拉图的理念论。理念后来是超越经验世界的普遍概念。中国哲学自始就没有产生过这样的普遍性概念，因此，并没有产生诸如普遍与特殊或一般与个别那样的问题。宋儒发明了"理"这个观念后，说"理"贯穿在一切东西中，是放之四海而皆准的，也用从佛学中借来的术语"月印万川"来形容"理"与万物的"理一分殊"的关系。这里的意思是，普天下只是一个"理"；后面蕴藏着的进一步的意思是，天地万物出于同一根源，即要追溯出太极阴阳的问题。从太极阴阳到具体万物是"生"的过程,这与讲结构的、同时性的逻辑就区分开来了。再者说,中国哲学讲"理"时候,从来也没有离开"气",这是更早的"道不离器"思想的发展。道与器、理与气的关系是明确的。因为没有相反的说法,也就没有两种对立观点的争论。脱离了气,理是没有内容的。所以,所谓"计度之理无计度""情意之理无情意""造作之理无造作",并不是说"理"本身是否定性的,而是说"理"就在气的计度、情意、造作中,"理"离开了"气"是空无内容。把理气关系从当作普遍与特殊或一般与个别的关系,就掩盖了中国哲学自己的面目。中国哲学有自己的宗旨和从事哲学活动的路数,依傍着西方哲学写中国哲学史是行不通的。

(3) 所谓"本体论"问题,它也同普遍与特殊或一般与个别的关系相关。冯友兰说:"没有本体论的分析,共相和殊相的矛盾是不能搞清楚的。"① 这个说法是对的,但问题是怎样去理解。有人把本体论理解为关于组成世界的基本物质、基本成分的理论,这实际上叫做自然哲学。冯友兰则明确表示,本体论是以逻辑为特征的,这样理解的本体论应当就是西方哲学的"ontology"。而本体论对于逻辑的需要,是因为其所使用的范畴是绝对普遍性质的概念。那么,冯友兰就不应当说"事实上朱熹就是中国哲学史中的一个最大的本体论者"②。因为,整个中国哲学史上就没有出现过普遍性的概念,也就没有所谓的本体论。冯友兰提出的论据是,朱熹分析出事物中的性与形,这不是实验室里对事物成分的分析,而是思想的分析,因而是逻辑的。他以为凡是思想的分析就是逻辑的分析,这是不对的。从经验概括的一般概念是思想的对象,先验的绝对普遍概

---

① 冯友兰:《中国哲学史新编》第五册,第14页。
② 同上。

念更是思想的对象。能用于逻辑的是普遍概念而不是一般概念。普遍概念与一般概念在文字表达上是一样的，但人在把握它们时的意向方式是有区别的。在普遍概念中，由于概念被设定为先在的，不能征用实际事物来表象，这就是"'红'不红"；在一般概念中，因为它是从经验概括的，人在用到一般概念时，意识就指向了所概括的经验事物，尽管它不实指某种确定的红而是思想对象，在这里的"红"总是各种红，不然是没有意义的。没有普遍概念就没有逻辑，没有逻辑的运用就没有本体论。因此，说"朱熹就是中国哲学史中一个最大的本体论者"是不能成立的。

## （三）《新编》第七册增补的"概念游戏"说

冯友兰写《中国哲学史新编》直到生命尽头。在第七册即《中国现代哲学史》中，他关于哲学的观念有了一点变化："哲学是概念的游戏。"这个看法，反映了他对西方哲学核心精神的深入理解。

"哲学是概念的游戏"的观点见于该书最后一章"《中国哲学史新编》总结"中：

> 金岳霖在英国剑桥大学说过："哲学是概念的游戏。"消息传回北京，哲学界都觉得很诧异，觉得这个提法太轻视哲学了。因为当时未见记录，不知道他说这句话时候的背景，也不知道这句话的上下文，所以对这个提法没有加以足够的重视，以为或许是金岳霖随便说的。现在我认识到，这个提法说出了哲学的一种真实性质。①

---

① 冯友兰：《中国现代哲学史》，广东人民出版社，1999年，第239页。

根据这个认识，他不仅理解了金岳霖的《论道》一书是概念游戏，而且也承认他自己的新理学（即《贞元六书》）也是"概念游戏"。

哲学是概念游戏，可以追溯到柏拉图的《巴门尼德篇》。柏拉图通过虚拟的巴门尼德与少年苏格拉底的一场对话，揭示了从他自己前期理念论中产生出来的一个新问题，即事物的性质是因为分有了理念才是其所是的。一个事物中结合着多种性质，这不用多说；问题是：理念本身是否相互结合着的？柏拉图没有独断地下结论，而是任取两个理念，把它们结合与不结合的结果演示出来。其结果是：如果不结合，没有一个理念能够成立；如果结合，不仅结合的双方都能够成立，而且还带出了一连串关联的理念①。正是在这篇对话中，柏拉图演示了绝对普遍概念性质的理念的结合，西方哲学史上的"是论"就是从这里发展出来的。

金岳霖之所以讲"哲学是概念的游戏"，原因在于他的哲学观念是西方的。这一方面见于他对冯友兰《中国哲学史》的评审意见，更反映在他的《道论》一书中。这本书标题虽然取的是"道"，但中国人看不懂，因为其实质是阐述西方哲学的②。他是用从概念到概念的逻辑运动来表达哲学原理的。在有些逻辑学家看来，逻辑可以说就是一种游戏，它处理的是概念间各种可能的关系，是一个可能的世界。逻辑也是高级游戏，要是其中一种可能实现出来了，就是现实。

冯友兰最终走进"概念游戏"是有迹可循的。他的"哲学是人类精神的反思"这句话不只见于《新编》中，在1946年写《新知言》时就讲过。但是，那时的冯友兰界定"反思"的意思是："哲

---

① 柏拉图：《巴曼尼德斯篇》，陈康译注，商务印书馆，1982年，第105页。
② 俞宣孟：《移花接木难成活》，《学术月刊》2005年第9期。

学是对于人生底、有系统底反思。"① 后来改为"精神的反思",但这两者是有差别的,"人生的反思"可以走向人生哲学。写《新编》的时候,虽然他不同意把哲学等同于认识论,但因为"人类精神的主要部分是认识论,所以也可以说,哲学是对于认识的认识"②。对认识的反思,不是对认识对象的反思,而是对关于对象的人的认识的反思,即对于关于认识对象形成的概念的反思。这样一来,从反思得到的概念就脱离了对象,或者说不直接指示对象了。于是,就有了他所谓的理论思维的概念"'红'不红"的情况。还有一个情况也许可以视作冯友兰形成哲学观念的一个背景。他在书中提到,在20世纪30—40年代,"关于共相的讨论是中国哲学界都感到有兴趣的问题,特别是共相存在的问题"。冯友兰那时就认为,"共相先个体而'潜存'"③。这就是柏拉图主义了。

虽然冯友兰接受了金岳霖关于哲学是"概念游戏"的说法,但冯友兰在中国传统文化中毕竟沉潜了一辈子,觉得那样说未免把哲学看得太低,于是在"精神反思"之外又提出了哲学的"精神境界"说。他写道:"就人的实际生活说,哲学中一组一组的对于实际无所肯定的概念,看着似乎无用,但可能是有大用。哲学不能增进人们对于实际的知识,但能提高人的精神境界。"④ 他总结出人的境界有四种:自然境界,功利境界,道德境界,天地境界。在全书最后的"总结"里,他提到古人所谓"内圣外王之道"就是今天的哲学,并对他所理解的社会生活的现状发表了意见。

---

① 冯友兰:《中国现代哲学史》,第238页。
② 冯友兰:《中国哲学史新编》第一册,第9页。
③ 冯友兰:《中国现代哲学史》,第184页。
④ 同上书,第140页。

## (四) 余论

蔡仲德在总结冯友兰的《新编》时,归纳为三个特点:(1) 以时代思潮为纲;(2) 以共相与殊相、一般与特殊为基本线索,贯穿整部中国哲学史;(3) 着重阐述关于人的精神境界的学说[①]。这个概括是准确的。如果没有第二点,这部著作也许不一定叫做哲学史,而是叫思想史或其他什么史了,可见这一点对于冯友兰这部著作的哲学之谓哲学具有决定性的作用。但是,正是在这一点上,反映出来的是对西方哲学的依傍。

写中国自己的哲学史,是中国传统学术走向现代化的必然要求。因为,随着社会生活、人的生存状态不断发生变化,每个民族总有让自己生存至今的一些基本的观念;尤其是自近代以来,中国发生的变化急剧而深刻,而这个变化主要是外来影响促成的,外来影响中最显著的是与科学密切相关的生存观念。科学是从超经验的基本观念中发展出来的,阐述这种基本观念的学问就是哲学。由于中国传统文化中本来没有那种超经验的观念,而哲学是关于基本生存观念的学问,有悠久传统的中华民族不可能没有自己的基本生存观念,这应当是中国学者开始写作中国哲学史的最初动机。那种认为中国本来没有哲学这门学科,所以要依傍西方哲学,其实这只是表面的原因;要达到现实的科学,这才是依傍的深层原因。试图在中国传统文化中发现与西方哲学相似的基本观念,这应该是写中国哲学史的学者的愿望。依傍的过程,实际上也成了了解西方哲学的过程。

---

① 蔡仲德:《冯友兰先生评传》,见冯友兰:《中国现代哲学史》,"附录"第 262 页。

冯友兰的依傍是从西方哲学的分类开始的,后来标明哲学是人类精神的反思,以共相与殊相、一般与特殊为贯穿的线索,其实这一切的起点就是那个"理论思维"的概念,即西方哲学中所谓的"普遍性"的概念。正是在这里,冯友兰探测到了西方哲学的起点。然而,他围绕共相与殊相、一般与特殊,试图在中国哲学中发现同样性质观念的努力是失败的。原因在于,中国哲学中并不存在那样的观念。如果硬要在这点上依傍,不仅勉强,而且还让中国哲学的本来面目走了样。也许有人会说,今人写哲学史,不应该停留在古人的水平,而是应该有所提高。但是,那就不是写哲学史,而是写自己的哲学了。

虽然冯友兰依傍西方哲学的道路走不通,但冯友兰以及其他学者写中国哲学史的功绩不可抹杀。因为只有彻底的依傍,才能揭示依傍之路不可行。冯友兰年轻时到美国攻读过西方哲学,有这方面的优势,所以他更清楚应当从哪个方面去依傍,从而客观上也更能揭示依傍何以行不通。"依傍"作为新时期中国哲学史建设中的一个阶段,是会被超越的,就像历史上佛学进入中国以后曾经有"格义"阶段,最终还是会被吸收为滋养中国哲学这根主干的营养。

依傍之不行,最终的证明是要拿出真正的中国哲学史。真正的中国哲学史是存在的,其信心在于,哲学是生存的基本信念,中华民族有这种深厚的基本信念。科学作为生活中的新发展,是可以而且应当纳入自己的信念主干的。

原载:《南国学术》2017 年第 3 期

第四编

# 探寻哲学观念的更新

# 二十一、中西传统哲学的不同超越与哲学观念的更新

长期以来，中西哲学的比较研究就是在求同和辨异的过程中展开的。从同的方面去考虑，没有人怀疑中国哲学之为哲学；从异的方面去比较，问题就比较复杂。近年来，随着对西方传统哲学理解的步步深入，揭示了它的核心部分 ontology 的实质，意识到中国哲学中并不存在西方哲学 ontology 那样的"本体论"。这引起了一部分人对中国哲学合法性问题的焦虑，乃至于有人主张中国有思想无哲学。中国哲学之为哲学是一个铁的事实。问题在于，中国哲学和西方哲学是两种形态殊异的哲学，用西方人的话，叫做 heterogeneous（异质）。那么，怎样说明一种与西方哲学异质的哲学之为哲学呢？

中西哲学的异质性，不只表现在哲学问题的指向、问题的表述和问题的解决这些方面，更表现为从事哲学活动的方式的不同。在中国历史上，从事哲学活动离不开修身养性，即通过不断调整自己的生存状态以与当下的生活世界相契合，这就是所谓得道的境界，也是自身生存状态超越的过程。对于西方哲学来说，从事哲学意味着把握普遍的知识，直至超越一切特殊知识的最普遍的知识，那是超验的知识，也被认为是绝对真理，是本质性的知识。以上的差异，又进一步导致一系列其他的差别。例如，得道的境界需要在身体力行中予以体悟，而把握普遍的知识则需要学会概念的推论。又

如，西方哲学从对哲学门类的划分，逐渐形成对全部知识体系的分类，这种分类已经包含着逻辑方法的运用，而中国学术则并无依照逻辑方法的分类；西方哲学在"说"的形式方面颇下工夫，在一定意义上可以说，西方哲学就是在对"说"的反思中展开的，但在中国哲学中，"说"的形式不是一个突出的问题，哲学搞得越深，是越倾向于摆脱语言的束缚。

对于中西哲学这两种异质的哲学的比较，一种常见的方法是概括的方法，即抽象出中西哲学中共同的东西。但是，其结果往往差强人意，在一种简单化的哲学是世界观的结论中，不仅中国哲学的面貌凸显不出来，西方哲学的特征也被模糊掉了。还有一种是向下探源的方法，这种方法以既有的中西哲学为事实，深入到产生这两种哲学的根源中去。这需要我们按照这两种哲学各自的要求，在从事哲学活动中体会自身生存状态方面的变化。一旦我们体会到了从事中西哲学活动时不同的生存状态，我们就可以问，为什么不同的生存方式导致不同形态的哲学？

不同形态的哲学是人们以不同方式从事哲学活动的结果。但是，这个根据本身需要首先得到说明。本文对这一根据的探讨，拟从超越问题入手，这主要是基于超越与形而上学的密切关系。形而上学被认为是西方传统哲学的灵魂，所以，在论说中国哲学之为哲学时，最终要为中国哲学的形而上学性质作论证。西方形而上学的主要特征之一就是超越，它是超越于经验的。中国哲学文献中虽然没有出现超越这个词，但是，我们可以说明，追求得道需要人变换自身的生存状态，这正是一个超越的过程。中国哲学注重的是超越的活动，西方哲学突出的是超越的对象，这两种超越观看似互不相干，事实上却是互为表里的。这一揭示将向我们展示出中西哲学的共同根源。

## (一)

超越的观念是西方传统哲学中一个十分重要的观念。它揭示出一个超越于可感世界的领域,造成了西方哲学二元论的特征,与中国哲学形成了鲜明的对照。

超越作为动词,在英文中写作 transcend,名词作 transcendence,其形容词为 transcendent 或 transcendental。在认识论成为哲学关注的主题时,相对于经验而言,transcendent 和 transcendental 也译作超验的和先验的。

在不同的哲学家那里,超越有不同的意义,其中有三个环节很重要。第一,柏拉图的理念世界具有超越的性质,它是后世各种有关超越的理论的源头。虽然在柏拉图的《对话集》中,超越还不是一个哲学概念①,但是他的理念是具有超越性质的。柏拉图为同类事物寻找定义,觉得可感世界的具体事物因为是变动不居的,不能充当一类事物的定义,于是就提出有理念这样的东西,它们不存在于可感的世界,而独立存在于理念世界中。柏拉图所谓的定义,就是表示一类事物的普遍概念。不过,在柏拉图的时候,

---

① 法国哲学家 Francois Jullien 读了本文的英文稿后对我说,在柏拉图《理想国》第六章结尾处,出现了"超越"这个词,他说英文是 beyond。我查了原文,大概是指这段话:"这个世界划分成两个部分,在第一部分里面,灵魂把可见世界中的那些本身也有自己影象的实物作为影象;研究只能由假定出发,而且不是由假定上升到原理,而是由假定下降到结论。在第二部分里,灵魂相反,是从假定上升到高于假定的原理;不像在前一部分中那样使用影象,而只用理念,完全用理念来进行研究。"(510B)(郭斌和、张竹明译,商务印书馆,1986 年)其中"高于"一词,在 Edith Hamilton and Huntington Cairns 主编的 *Plato: The Collected Dialogue* 中即"transcend"。在 John M. Cooper 编的 *Plato: Completed Works* 中作"proceeding from",但是在这两种版本的柏拉图英文译著索引中均未见 transcend, transcendence, transcendent 等词。

恐怕还没有"普遍"这个词①，所以，柏拉图表达得很吃力。比如，在谈到普遍性质的美德时，就要说明这不是指某些特定身份的人（如老人、小孩、男人、女人）所应有的美德，也不是指公正、勇敢、节制等各种性质的美德，而是指美德本身。还需要用比喻的说法，例如，谈到关于形的理念，他需要转弯抹角地把它和三角形、圆形区别开来②。这说明，虽然人们日常语言中随处使用着具有普遍性的词，但在柏拉图之前，还没有人对这些词所具有的普遍性质进行过反思。换句话说，柏拉图是第一个唤醒人们对普遍性的自觉意识的人。柏拉图的理念论中包含着西方哲学史上最初的超越观念，在这个基础上，哲学区分出一与多、实在与现实、真理与意见、不变与变，等等。在这些成对概念中，前者是对后者的超越。

第二，基督教神学所反映的超越观念。上帝及其所在的天国被认为是超越的，它与人间相隔绝，芸芸众生不能凭自己的努力从现实的世界跨进天国。但是，既然天国和人间是阻断的，上帝如何把恩惠赐向人间呢？于是，在基督教神学中，引进了上帝既是超越的又是内在的（immanent）观念，即上帝既是居于高高在上的天国又是存在于我们尘世中的。内在观念的引进实是出于上帝要突破天国尘世隔绝的需要。

第三，近代西方哲学最大的特点也许可以概括为人的觉醒，反映在超越观念上：超越不再是柏拉图的理念世界的性质，而是人的理性思想的对象。它与经验隔绝因而是超越的，在这个意义上，超越也就是超验或先验。对这方面问题谈得比较多的是康德。康德认

---

① 在上引柏拉图的两部著作的索引中，有 universal 一词，但按图索骥，正文中均未见。
② 见柏拉图：《美诺篇》，70A—76A。

为，我们的知识始于经验，经验中从感官得来的材料是杂乱无章的，但是，用它们构成我们的知识以后，就有了规律性、普遍性和必然性。那么，知识的普遍性和必然性是从哪里来的呢？既然知识是人自己对感性材料经过整理的结果，想必是人整理感性材料的方式具有普遍必然的性质，从而使知识成为可能。原来我们自己天生就有获得知识的能力，康德用范畴来标志，这些能力与刺激我们感官产生经验的材料不能混为一谈。他的《纯粹理性批判》一书，就是讨论人是怎样使用，以及应当怎样正确使用范畴的，考察的是从知识中剥离出来的人的先天认识能力，因而称为先验（transcendental）哲学。"我称全部这些认知能力为先验的能力，因为它只是先天的可能性，不与对象相关而只与我们认知对象的方式相关。这类概念的体系，可以名为先验哲学。"[1] 由此可见，西方哲学所谓超越的或先验的东西，都是指超出经验的事物，不管它是指对象的性质（作为事物的本质或绝对真理），还是指康德所谓人的理性概念。

感性和理性的割裂使得西方哲学呈现二元论的特征。我们讲到二元论，一般就想到笛卡尔关于身心二分的二元论。这是狭义的二元论：身体是感性的，思想是理性的。感性和理性的割裂还导致更大范围的二元分离：本质与现象、精神与物质、必然性与偶然性、知识与意见、客体（客观）与主体（主观）、理性与非理性、绝对主义（或普遍主义）与相对主义、唯心主义与唯物主义，等等。西方传统哲学主流的立场是站在每个二元对立的前者中。

---

[1] Kant, *Critique of Pure Reason*, trans. by Pual Guyer and Allen Wood, Cambridge University Press, 1998, p.149；参阅蓝公武译本，商务印书馆，1982年，第42页；邓晓芒译本，人民出版社，2004年，第19页。

在西方哲学中，超越的观念同普遍而又绝对的观念是密切相关的。罗素曾经用数学集合论说明普遍观念对具体事物的某种程度的脱离。按照他的想法，人作为一个集合的概念，包含着个体的张三、李四……但是，人这个概念本身所表示的不是这个集合中任何一个具体的人，人作为集合的概念不能同时作为这个集合中的一个因素。我们从经验概括得到的普遍概念大体就是这样的概念，但是经验性的普遍概念还不是绝对普遍的概念。因为，当我们理解这样一个概念的时候，我们总是联系到自己经验过的那些时空中的具体事物，这样的普遍性是随着我们经验范围的扩大而扩大的，这种相对普遍的概念相当于"名"。超越的概念是绝对普遍的概念。绝对普遍的概念是超时空的，它被设想为是囊括一切可能经验到的事物的概念，即囊括一切时空中同类的经验事物，结果这个概念本身必定是与任何经验事物相脱离的。关于相对普遍和绝对普遍即超越概念，英文中有 general 和 universal 两个词。前者指相对普遍，动词形式为 generalize，意为概括，说明它总是指从经验概括得到的普遍，后者才指绝对普遍。

超越的概念不限于最高的范畴 Being。任何概念，只要人们作超时空的使用，就可能成为超越的概念。例如，在先有竹还是先有笋这个难题中，难就难在这里的竹和笋都不是指某特定的竹和笋，而是指一切时空即超时空的竹和笋，因而它们已经被当作绝对超越的概念使用了，然而问题的形式却要求人们对它们在时间中的先后给出答案。经验和超验的概念是两个不同领域的概念，在前者中，我们的思考离不开经验事实，而后者则要求人们做纯概念的思考，即逻辑的思考。例如，在上述竹和笋的关系中，所能设想的只是二者的互为因果关系。

在西方哲学中，尤其是在作为主流的理性主义哲学中，超越概念是必不可少的。黑格尔《逻辑学》中的理念世界就是用这种概念逻辑地构造出来的，正因为如此，他要求人们在运用这类概念时摆脱表象性思维[①]。由于这种哲学运用的是绝对普遍的概念，又有逻辑的必然性，因而它所表述的内容也被认为是第一原理、客观真理。这里说的那种哲学实际上是指 ontology，黑格尔的《逻辑学》就是其典型。这样的哲学要求我们进入一个超验的领域。学习西方哲学的关键也就在于了解、熟悉纯粹概念的思考，换句话说，在于了解并熟悉超越的思考。

（二）

中国传统哲学中并不存在超越这个概念，也没有"形而上学"这个词。超越和形而上学是我们用来分别翻译 transcendence 和 metaphysics 的。但是，如果深入到中国哲学的内部，我们会发现，中国哲学也有超越的性质。超越是中国哲学之为哲学的重要特征。让我们从中国哲学的"形而上"谈起。

中国哲学资源中原来并没有"形而上学"这个词，有的只是"形而上"。我们在《周易·系辞传上》中读到："形而上者谓之道，形而下者谓之器。"现代人通常的理解是，在形之上的东西称为道，在形之下的东西称为器。在这种理解中，称器物为"东西"是可以的，但是，称道是"东西"却是成问题的。而且，一般把"上"和"下"当作是道和形、器的方位关系，这样的理解

---

[①] 黑格尔说："至于哲学难懂的另一部分困难，是由于求知者没有耐心，亟欲将意识中的思想和概念用表象的方式表达出来。所以假如有一个意思，要叫人去用概念把握，他每每不知道如何用概念去思维。"（黑格尔：《小逻辑》，贺麟译，商务印书馆，1980年，第 41 页）

也是成问题的①。中国古代对于道有许多解释，但是可以肯定地说，没有人认为道是与器物一样的东西。因为道是遍在的，这种"遍在"就像每个人都享有同一个日子，但是日子和人不是一个东西，它们是异质的一样。也正因为道和形、器是异质的，它们之间的关系也不可能是方位关系。

要理解"形而上者谓之道，形而下者谓之器"，首先要清楚，这句话是指导人们读《易经》的。《易经》是讲变化的，包括世间事情的变化以及人顺应着世间事情的变化而变化。变化是无穷的，怎样把变化表述出来是一个难题。《易经》的创造是用卦象，其中贯彻着一个基本的认识：变化是在时间中的，是在阴、阳两种对立因素的相互作用中发生的。表达出来就是阴、阳两爻以不同的排列组合分布在六个爻位上组成卦象，即六十四卦。

我认为，上引句中的"形"就是指卦象。在古汉语中，形指的是画出来的形象，也可称为象。《说文解字》："形，象形也。"徐灏注笺："象形者，画成其物也，故从彡。彡者，饰画文也。"卦正是一种画出来以表示变化的形象。此外，《周易·系辞传上》还说，"在天成象，在地成形"，把形和象对举，说明形和象是同等的东西。那么象是什么呢？在《周易》中，象指卦象，这点是没有疑问的。对每个卦作解释时的开首语称"象曰"，意为"这一卦

---

① 把"上""下"理解成（时空）方位是很常见的。如，见于陈荣捷的英译："Therefore what exists before physical form (and is therefore without it) is called the Way. What exists after physical form (and is therefore with it) is called a concrete thing." (*A Source Book in Chinese Philosophy*, translated and compiled by Wing-Tsit Chan, Princeton University Press, 1963, p.267) 又如，Wu Jing-Nuan 的译文是："Thus, that which is antecedent to physical form is called 'The Dao.' What is subsequent physical form is called a 'vessel'." (*Yi Jing*, The Taoist Center, Washington D.C., 1991, p.272)

象的意义是"。既然卦称为卦象，那么，如果有人称卦为卦形，大概也是可以的。

明确"形"就是卦象，对于理解"形而上者谓之道，形而下者谓之器"很重要，这样就区分出三者，即道、形和器，而不是通常人们可能会认为的道和器（或"形器"连称）二者。在三者中，形是器和道的中介，器须经由形才能达到道。

现在再说"上"和"下"。这里的上和下决不是指方位，而是指从形达到道和回到器的方式。在古汉语中，"上"可作动词用，如，《广韵·养韵》："上，登也，升也。"《礼记·曲礼上》："拾级聚足，连步以上。"孔颖达疏："涉而升堂，古云'以上'。"同样，"下"也可作动词，如在"刑不上大夫，礼不下庶人"中，"上"指上达、超过，"下"指下及。问题的关键在于，作为动词的主语在哪里？西方语言的语法告诉我们，一个最简单的句子也应包括主语和谓语，受到这种方法的影响，就可能把"形而上者谓之道，形而下者谓之器"解读为"道是在形之上的东西，器是在形之下的东西"，或者，"形上升到达道，形下降及乎器"，在这里，道、形、器似乎分别都可以成为主语。说道、形、器三者都能成为主语，已经表明这种句子中的主语是不分明的。况且，说道、形、器三者自己能上能下显然也是不对的。我觉得，中国语言的一个特点是，语言不纯粹是表达对象的，它往往在表达对象的同时表达运用语言的人的状态①。恰恰在主语缺失的场合，语言的运用者就站出来了。在"形而上者谓之道，形而下者谓之器"中，正是由于缺乏主语，

---

① 例如，对于人死亡这同一个事实有不同的表达，《礼记·曲礼》："天子死曰崩；诸侯曰薨；大夫曰卒；士曰不禄；庶人曰死。"这不仅表达出了死亡者的身份，也表达了说话者对待不同对象死亡的敬畏程度的差别。又如，人们至今犹说"请佛经"而不说"买了一本佛经"。

要求读《易》者自己站出来。以这种方式去读,读出来的味道可以是这样的:从与形打交道的状态上升一步是与道打交道的状态,从与形打交道的状态下降一步是与器打交道的状态。这里,是人自己站到了上和下的过程中。

上面这种读法是能得到印证的。王弼在《周易略例》中教导人们读《易》的方法说:"故言者所以明象,得象而忘言;象者所以存意,故得意而忘象。"从字面推敲起来,似乎这段话有毛病:人能故意记住他想记住的东西,但是怎么能故意忘记他想忘记的东西呢?但是,正是这种故意忘记,表达出了人自己从一种状态到另一种状态的主动转换。上引文字中的"象",无疑是指卦象,"言"是《易经》中解释性的文字,"得意"就是得道。这段文字没有讲道是什么,而是突出怎样才能得道。事实上,只有有过得道体验的人,才会承认道的存在,才知道什么是道。所以,与其对道是什么作说明,不如指示人们怎样去获得对道的体验。

古人所谓的圣贤,都是对道有所体验的人,只是深浅程度不同而已。由于得道离不开个人的体验,修身养性是中国古代哲学最大的工夫。对于自然和社会的认识,都是围绕着得道这个目标展开的:人和环境世界之出于同一根源的涌现,是人遵循道的根据;认真应对生存中的各种挑战是得道的途径,展开出来就是个人得道的经验和整个民族的历史命运。中国哲学归根结底是求得生命自觉的学问,把中国古代哲学的最高成就宋明理学称作心性之学是有道理的。

由于翻译西方 metaphysics,提醒我们想到了"形而上者谓之道"这句话。这句话值得深思,因为作为得道途径的中国"形而上"的学说与西方形而上学的对照,可以成为我们比较中西哲学不同特征的一个切入点①。西方形而上学是超越而超验的理论，这主要是指，它作为一种理论，是超越于感性领域的，是概念思想所把握的对象。中国的"形而上"也是超越的，但这里的超越指的是人自身的状态，即人自己从与器打交道的状态进入与形打交道的状态，进而从与形打交道的状态再上升一步，求得与道相契的状态。总而言之，西方形而上学的超越指的是理论、学说的性质；中国哲学的"形而上"则是人转换自身生存方式，到与道相契合的过程，它不是靠思想可以把握的，而需要在身体力行中去体验。如果说，哲学作为学说要有所说，那么，中国哲学之说的核心内容就在于对自身超越活动的描述和相互交流。有所说，也是为了引导人们在实际生活中的体验。

## （三）

中西哲学是否可比？也许，既然在进行比较，就不存在不可比的问题。然而近年来国内外的工作却使我觉得，比较工作往往导致不可比的结论。

从西方传统哲学的角度看，哲学应当是理论的理论。但是，中国历史上的哲学是理论的理论吗？理论讨论的是一般性的问题，它或者是归纳的，或者是演绎的。归纳是所谓从特殊到一般，演绎则是从一般到特殊。无论是归纳还是演绎，理论不仅试图为实际提供一种"本质性"的认识，而且，更重要的是，人们期望理论能够

---

① 突出"形而上者谓之道"这一句话作为中西哲学比较的重要线索，是基于如下的理由：首先，这句话出于《周易》。《易经》是儒家和道家共同尊奉的原始经典，其对于道的追求可以代表中国古代哲学的精神；其次，这句话中包含的超越观念，更可以用来与西方哲学的超越观念形成对比，这一对比涉及中西形而上学的形态的差异，深入到了哲学的核心深处。

指导将来的实际活动。这种期望要求理论具有普遍必然的性质。西方传统哲学讨论这些问题，并且意识到，从归纳得到的理论是受时空条件限制的，因而用以指导将来的实践是有局限的，于是更看重的是演绎的理论。对于普遍必然的理论的期望，实现出来就是一个纯粹概念的推理系统。这就是所谓 ontology。这种理论形式在中世纪托马斯的神学中就已经得到了总结，最初是用于证明上帝存在的一种方法，近代以后被归入形而上学，成为哲学的核心。一旦我们搞清楚 ontology 的性质和形态，就没有理由认为中国存在着类似于西方 ontology 的哲学。

Ontology 在西方哲学中是纯哲学、是核心，而中国哲学根本就不存在 ontology，所以，如果比照着 ontology 的特点与中国哲学进行比较，就显得处处不可比。例如，西方哲学的超越是 ontology 这种理论的性质，如果这种理论也表达了实在，那么，这种实在是所谓现象后面的本质，是概念把握的对象，与主观的感性对象相比，它是客观的理性对象。中国哲学的"形而上"也有超越的意义，但它与西方哲学的超越根本不是一回事，它指的是人自身生存状态的转换，对它的把握是体验式的，而不是概念式的。正因为此，当牟宗三说中国哲学具有超越而内在的意义时[①]，就遭到了郝大维和安乐哲的反对，郝、安二先生紧扣着西方哲学超越观念的意义，抓住西方哲学的超越性质与二元论特征的密切关联，问道：难道中国哲学也是二元论的吗？[②]

---

[①] 牟宗三在他《中国哲学的特质》一书中谈到中国古代"天道"观念时说："天道高高在上，有超越的意义。天道贯注于人身之时，又内在于人而为人的性，这时天道又是内在的（Immanent）。"（上海古籍出版社，1997年，第21页）
[②] 郝大维、安乐哲：《汉哲学思维的文化探源》，施忠连译，江苏人民出版社，1999年，第234页。

又如，我们曾以天人合一作为中国哲学的特征去比较西方哲学。确实，西方哲学有二分的特征，但是，这种二分不是作为自然的天和人的二分。在西方哲学的观念中，经验范围内的天和人也是合一的，二分的是经验世界与经验世界之外的概念世界或理性世界，它们是互相独立、互相隔绝的二者。大概是感觉到了这种不可比，张世英采取的办法是，把中国哲学的天人合一与西方哲学的主客二分相比①。但是，问题仍然存在。如果"客"是经验范围内的客观事物，那么，西方人并不认为在主观和客观之间有什么隔断，隔断性质的"分"出现在作为纯粹思想对象的客观与主观经验之间。问题的症结在于，中国传统哲学并没有开辟出经验之外的纯概念思辨的领域，即没有所谓 ontology，中国哲学的"合"总是不能对应于西方哲学的"分"。从这个角度看，二者之比不免勉强。

如果说中西哲学比较研究一向是在求同和辨异中进行的，那么，近年来国内外的研究则较倾向于辨异。近年的辨异揭示，中国哲学和西方哲学是两种形态迥异的哲学。法国哲学家于连的研究认为，中国哲学和西方哲学原是两种异质的哲学。他的一系列著作，从各个方面揭示了中国哲学之"异"。在《圣人无意》中，他指出，"'所谓无意'是指圣人不会从很多观念中单独提取一个：圣人的头脑中不会先有一个观念（意），作为原则、作为基础，或者简单说就是作为开始，然后再由此而演绎，或至少是展开他的思想"。与此相应，"中国没有建立起本体论的大厦"②。仅举这一点，就足以使我们觉得，在其现有的形式上，中国哲学和有严密理论体系的西方哲学是不可比的。

---

① 张世英：《天人之际》，人民出版社，1995年，"序"。
② 弗朗索瓦·于连：《圣人无意》，阎素伟译，商务印书馆，2004年，第3页。

大致说来,西方传统哲学一向以建设普遍的知识为目标,而中国哲学则是求为圣贤之学。这一基本差异反映为不同哲学问题的形成、表述和解决方法。有无 ontology 则是中西传统哲学差异的一个集中表现。二者差异之大,以至于站在西方哲学的立场上,简直就对中国哲学之为哲学产生怀疑。即使对中国文化的价值充分肯定的一些西方学者,当谈到中国哲学时,也往往显得很谨慎。例如,郝大维和安乐哲,他们对中国哲学一向是同情的,但是在许多地方都慎用"中国哲学"这个词。例如,他们的《汉哲学思维的文化探源》一书,英文书名是 "Thinking from the Han: Self, Truth, and Transcendence in Chinese and Western Culture",其中根本未见"哲学"一词。2001 年德里达到中国来走了一圈,说中国有思想,没有哲学。这个观点影响很大。于连虽然对中国哲学之为哲学没有怀疑,但是,当他判定中国哲学异质于西方哲学,并且想从中国哲学中获取发展西方哲学的灵感时,他面临着同样的挑战:西方哲学真能从一种完全异质的哲学中获取资源吗?

对中西哲学作比较,对二者进行求同辨异还不是目的,真正的目的在于达到会通。从字面上说,会通当指二者相互交汇而能出入通达。但是,对于中西两种异质的哲学,它们交汇于何处?又怎能达到二者间的通达呢?中西两种哲学好比两枝分离而独立的树枝,它们本身不会会通,只有回到树干、绕道树干,它们才能相互进入。我们只有使自己成为树干,才能为中西哲学提供会通的场所。我们应当能够发现,在从事西方哲学的时候,重要的是要学会作概念思考,而在从事中国传统哲学的时候,免不了要下一番修身养性的工夫。概念的思考和修身养性都是我们自己的生存方式,我们可以这样去从事哲学,也可以那样去从事哲学。原来中西哲学的会通是研究者自己的事务。中西哲学两者间本身不通达,能通达的是人。

达到了上面这一步,我们从事中西哲学比较研究就进入了一个新的境域:我们不再限于中西两种哲学文本的比较,而要比较人们从事中西哲学活动的方式。哲学文本之所以这样那样,那都是人们从事哲学活动的一定方式的结果。在从事哲学活动的方式中,有中西哲学各自形成的机制。这种取向把我们引向对人的生存状态的分析。

伴随着两种不同性质的超越,有两种不同形态的形而上学。既然形而上学是哲学的灵魂,超越又是形而上学的基本特征,那么,对超越作生存状态分析就是首要的任务。

## (四)

生存状态分析研究的是人从事哲学活动的方式。从对哲学文本的比较研究转向对人的生存状态的分析,是出于这样一种考虑:哲学形态可以不同,但它们都与人自身从事哲学活动的某种方式相关。其依据在于:"人们是自己的观念、思想等等的生产者……意识在任何时候都只能是被意识到了的存在,而人们的存在就是他们的实际生活过程。"[①] 大家知道,这是马克思历史唯物论的基本观点。另一个重要的依据是马克思在《关于费尔巴哈的提纲》中说的话:"从前的一切唯物主义(包括费尔巴哈的唯物主义)的主要缺点是:对对象、现实、感性,只是从客体的或者直观的形式去理解,而不是把它们当作感性的人的活动,当作实践去理解,不是从主观方面去理解。因此,和唯物主义相反,能动的方面却被唯心主

---

[①] 马克思、恩格斯:《德意志意识形态》,人民出版社,1961年,第19页。

义抽象地发展了,当然,唯心主义是不知道现实的、感性的活动本身的。费尔巴哈想要研究跟思想客体确实不同的感性客体;但是他没有把人的活动本身理解为对象性的活动。"① 马克思主义的这些论述启发我们,无论是我们日常中见出的事物,还是哲学视野中见出的对象(包括作为感官对象的事物和理性思维对象的实在),都应当结合人的实践活动才能得到适当的理解。换句话说,我们所认识到的各色各样的世界、以为是完全客观的东西,其实都是与我们的实践活动即我们人类与它们打交道的方式相关的。

用马克思的上述观点考察中国哲学,我们不只是要关注在追求道的活动中呈现出来的器、形、道三者,更要关注与这三者相应的人的状态。正如器、形、道三者是性质有异的三种对象,与它们相对应的人的生存状态也是互不相同的。与器相对应的应该是我们日常生活状态的人。在这种状态中,人们手头的器物直接用于生活的目的。例如,杯之为杯在于用作喝水,杯的质料可以不一,形状可以有差,方便饮水的功能不能没有;衣之为衣在于能穿着蔽体,衣服式样可以时尚,用料可以有精有粗,但总要符合蔽体御寒的基本需要。人们也能从对器物的直接运用中抽身出来,对它们的性质和功能进行观察和研究。观察和研究虽然不同于直接的使用,但是,就被观察和分析的对象仍是器物而言,人与它们打交道的方式是一致的,人的注意力是在实际的东西方面。

但是,面对形的时候,情况就不同了。如前文所说,形指的是卦,卦不是表示器物的,而是表示事物变化的格式或形势的。《易经》认为,世界上的一切事物都在变化中,一切变化又是由阴、阳两种力量的相互作用造成的。由于阴、阳在发生作用的过程中所占

---

① 《马克思恩格斯选集》第 1 卷,人民出版社,1995 年,第 54 页。

据的形势不同，就生出无穷的变化。由于变化是过程性的，时间就必须加以注意。《易经》设计出阴、阳两爻在六个位子上的排列组合得出的六十四卦，不过是举例说明纷繁复杂的变化中可能有的一些情况。其中由下而上的六个爻位就是用来代表时间的延续，阴、阳不同交错的排列表示两种力量可能的态势及其发展。形是人创造出来以表示变化的，显然，对形的把握不同于对器的把握，这需要人从与器打交道的方式中抽身出来，实现自身状态的提升。从与器打交道到与形打交道是上升的过程，那么，反过来，从形回到器就是下降的过程。故曰："形而下者谓之器"。

对形的把握不是目的，最终的目的是要进入得道的境界。形只是一个中间环节，它启示人们树立变化的意识。从形到道是又一次"上"。但是人不是生活在纯粹意识的活动中，道要求人们以变化的意识回到实际生活中，以自觉的态度投入生活，"居易俟命，与时偕行"。在这里，仍然回到了与器物打交道的状态。与得道之前的与器物打交道的状态相比，得道是自觉的生存状态。如果我们承认对道的追求是贯彻在中国哲学中的基本要求，那么，我们也必须知道，中国哲学尤其是儒家的精神，并不是只要"上"不要"下"的，而是，从"器"经"形"上升到"道"，同时也是对"器"的返回。《中庸》所谓"极高明而道中庸"，就是这个意思。"形而上者谓之道，形而下者谓之器"，这两句话是不能割裂的，它们是得道的完整过程。所以，《易·系辞》在这两句话后讲了圣人设卦的目的在于"极天下之迹者存乎卦，鼓天下之动者存乎辞，化而裁之存乎变"，让人明白变这个道理。并且，"推而行之存乎通，神而明之存乎其人，默而成之，不言而信，存乎德行"。可见，得道与否，最后还是体现在生活中，存乎其人，存乎德行，即所谓"道行之而成"。

在中国哲学有关道的论说中，始终没有一个关于道的定义，因为道本来就不是纯粹思想的对象。虽然不能从概念上对道有所表述，但是，道并不是虚无缥缈的东西。从日常起居、掌握技能、交游治学到经世济国，各种自觉的发而中节、游刃有余的状态都是在一定程度上得道的状态。中国哲学提出道的目标，着眼点在于引导人的生存状态。这意味着，道只向进入得道状态的人呈现。这还意味着，中国哲学把人能够主动调整自身生存状态视为当然的前提。至于各种生存状态之间的转换究竟是渐进的还是顿悟的，这是一个存在争议的问题。但是不管是渐进还是顿悟，器、形、道是三种不同的生存状态，每种生存状态都伴随着一种意识，它们之间并没有连续性。所谓超越，应当就是生存状态的切换。

当我们转向西方哲学的超越观念的时候，初看之下，似乎是完全不适宜作生存状态分析的。这里的难点在于，生存状态分析着眼的是人自身的状态，用西方哲学的术语来说，其关注的是主观或主体的方面；然而从表面上看，西方哲学的超越观念却与客观性相关。客观性有许多不同的含义。根据一种朴素的看法，所谓客观性指的是存在于我们之外、又能被我们感官感知的东西。但是，这样的东西既然能被我们直接感知，它就存在于我们经验的范围内，并不具有超验或超越的意思。照理性主义的看法，感觉中的东西不是什么客观的东西，因为，感性的东西是因人而异的，因而是变动不居的。在他们看来，只有具有普遍必然性的东西才是客观的，康德就这样认为。根据这个标准，数学和自然科学知识具有客观必然性，因而是客观性的东西。这同我们寻常关于客观性的观念根本不是一回事。我们一般认为，即使具有普遍必然性的知识也是思想把握的东西，因而是主观的，而在康德这里则是客观的。至于具有普遍必然性的知识的内容是否反映了事物的本质这个问题，康德的回答是：不可知。(这正是黑格尔要提出思维与存在是否具有同一性问题的背景。)

如果我们谈的是西方哲学，而不是谈常识，那么，我们就不能忽略上述康德所谓客观性的意义。康德所谓客观性，是出于普遍必然性，归根结底又在于逻辑范畴的运用。关于逻辑的性质是个复杂的问题，但是，我们至少能够说，对逻辑的运用是人自己的事。人与世界打交道时可以运用逻辑的方法，也可以不运用逻辑的方法。运用逻辑的方法，如康德所说，可以得出自然科学知识。但是，并非每个人都从事自然科学。生活的方式是多种多样的，逻辑地思考是其中之一。尽管这种思考方式给人类的生存带来了重要影响，但它还是不能代替人类生活的全部，更不能以此而否认逻辑思考之外的各种生存方式的意义。

生存状态分析注重的是人的活动方式。从作为人的一种生存方式去看逻辑思考，它与人的其他生存方式的差别就显示出来了。首先，逻辑思考运用的概念须是超时空的。这是说，这些概念并不指示事实，而只是逻辑的规定性，或者，换一种说法，逻辑只表示纯粹的可能性。逻辑的这种形式化的特征在现代符号逻辑的发展中得到了充分的体现。其次，在逻辑思考中，人是不计功利、不讲善恶的，好比我们在做数学题的时候，要严格遵守演算规则，不能根据我们的喜欢与否去决定答案。也就是说，纯粹的逻辑判断与价值判断性质上是分离的。当人在这种状态中的时候，与日常生活状态的差异是不言而喻的。

人以各种方式生活在这个世界上，表明他有这样或那样的生存能力：从生理能力到思考能力。各种能力是不同的，耳能听却不能视，目能视而不能听，运用视觉与听觉是不同的生存方式，它们向我们提供出不同的世界，且这二者之间是无法过渡的。正如蝙蝠有感受超声波的能力，对于人类感官来说，超声波世界是一个超越的世界。同样，对于盲人来说，色彩世界一定是超越的世界。向我们显示为超越的东西，总是相对的，即对于同一个人，一种官能认知的东西对于另一种官能来说就是超越的。显示为超越的东西，是出于人类自己两种性质不同的官能，官能的不同，其显现物也不同。运用纯粹概念推论得出的逻辑世界不同于感官感知的世界，其根源在于动用了思想的官能。由于思想的功能和感官的功能的不同，它们的对象也不同。我们称前者为可能的世界，后者是现实的世界。纯粹思想的对象不能被感知，同样，从感官得到的观念也不能构成绝对普遍的知识。从这个意义上说，它们是互相超越的。但是，人们一般总是把思想的对象说成是超越性的，而不把感觉对象说成是超越的，那是站在感觉的立场上看问题。而站在感觉的立场上看问题是有理由的，因为，感觉是生命展开的第一需要，是日常生活的基本领域。

当我们说纯粹概念世界的超越性质在于人类思想的活动时，这似乎并没有说出什么新的东西，人们更关注的是，从感觉能不能上升到（具有普遍必然性质的）思想。大哲学家如休谟就讨论过这个问题。但是，奇怪的是，并没有人提出，从听觉能否过渡到视觉？其实这两个问题的性质是一样的。从感觉不能上升到思想犹如从听觉不能过渡到视觉一样，因为它们本是不同的认知机能。人们并不提出能否从听觉过渡到视觉的问题，是因为我们已经习惯于将视觉和听觉划进同一个与思想相对的感觉领域；还因为，在听到一种声音的同时，我们可以看到那个发出声音的东西，这二者是同一时间、地点出现的，在我们的意识中，它们就联系在一起，以至于在生活中常常有闻声如见其人的经验。

以上的论述导致以下的结论：对象的超越性，是人自身生存状态转换的结果。显示在一种生存状态中的对象不能显示在其他的生存状态中,不显示在日常状态中的对象对于日常状态的人来说就是超越的。人能够从一种生存状态转变到另一种生存状态。中国人通过学习能够掌握西方哲学,西方人也能够通过学习体会得道的境界,人自身的超越是超越的对象的根源。中西哲学形态的差异,是人的不同超越方式的结果。

## (五)

超越的观念对于哲学之为哲学具有决定性的意义,而超越的根源在于人自身。这个根源不仅是中西哲学的会通之处,也是哲学的出处。这个领域的显露引出了许多新的问题,涉及哲学的目标、途径和形态,对西方传统的哲学观念提出了挑战。这里我提出几点与大家讨论。

### 1. 哲学观念的更新

从柏拉图以来,西方传统哲学把追求有关事物的普遍知识当作哲学的目标,最终发展为黑格尔的宇宙精神。这种哲学据说提供了有关世界的客观知识,它与人的主观态度无关。但是西方哲学最新的发展表明,所谓普遍知识表述的事物客观本质并非与人的状态全然无关。胡塞尔从意向与意向对象相关的角度揭示,范畴、本质或观念(idea)作为呈现在意识中的对象,也伴随着一种相关的意向方式,他把处于这种意向方式中的人称为"先验主体"。在意向和意向对象这两端中,意向是主动的方面,人能够主动变换自己的意向方式。这等于说,所谓表述了事物客观本质的普遍知识,原来是人自己把自己纳入先验主体状态的结果。海德格尔的哲学进一步说明，对象向人呈现为如此这般的所是，取决于人与之打交道的方式，用西方哲学惯用的术语来说，就叫做是者是在"是"中是其所是的。这里所谓的"是"就是人自己的生存方式，而"是者"包括概念、范畴在内。所以，海德格尔在《存在与时间》一书中，通过对人自身生存状态的分析追问"是"的意义问题。从对普遍知识的关注到关注人的生存状态，西方哲学的观念正经历着重大的变革。

其实，马克思早就发动了这场哲学革命。问题的实质是，哲学要从纯粹概念的思辨中解放出来。在《关于费尔巴哈的提纲》中，马克思写道："哲学家们只是用不同的方式解释世界，问题在于改变世界。"在《德意志意识形态》中，马克思、恩格斯更明确地指出，"在思辨终止的地方，在现实生活面前，正是描述人们实践活动和实际发展过程的真正的实证科学开始的地方"[①]。在传统哲学观念的影响下，我们总是只把哲学当作纯粹的理论，而把改变世界的实践活动排除在哲学之外，这极大地妨碍了我们深入理解马克思的思想，妨碍了哲学观念的更新。

由于我们把实践限定在纯粹的行动方面，而把对实践的"说"流放掉了。诚然，哲学作为一种学说，总要有所说，然而，"说"其实也有多种形式。西方传统哲学的"说"是概念的说，是逻辑推论的说。当我们述说思想、观念和理论是如何从人的实际生存状态中产生出来的时候，可以用描述的方法，而描述的内容应当是人们在实际生活中可以切实体验的东西。哲学观念的更新也包括哲学表述形式的更新。本文关于人的超越观念出于人自身生存状态的超越，采用的正是描述、分析的方法。

---

[①] 马克思、恩格斯：《德意志意识形态》，第 20—21 页。

## 2. 作为理论的哲学和作为修养的哲学

中国哲学的形而上学要求人转变自身状态，目的是为了把自己调整到与生存环境相适应的状态。这往往需要人从已经陷入其中的状态中超拔出来，以新的眼光重新观察环境世界。中国哲学强调对"无"的境界的体验，就是从当下的执着中抽身出来，进入所谓"喜怒哀乐之未发"的状态，以便看清变化的形势，在应对中"发而中节"。这里有对环境的了解，也有对自身生存能力的估量，但是，关键在于实行。对于中国古代的人来说，从事哲学是自身修养的过程。

把修养仅仅看作是个人洁身独好的事情，那是消极的。从积极的方面看，修养的目的在于努力向上，所谓"天行健，君子以自强不息"，其关键是自觉应变，这是儒家精神的积极方面。一个民族、一个社会接受了这种精神，就会显出强大的生命力。东亚儒家文化圈四小龙的经济腾飞和中国社会的现代化发展，就是有力的证据。

与中国哲学的精神相比，西方哲学从追求事物的定义开始，逐渐聚焦于对普遍知识的构成、性质及其认识的讨论，并试图以这种普遍的知识作为囊括各种实证知识的原理。从事哲学活动在西方就成了以掌握逻辑方法为主的思想训练过程。这种思想方式的积极成果是造成了自然科学知识的发展。

原理具有强烈的逻辑性质，这不仅表现为原理和特殊知识之间的统摄和被统摄关系，更表现在原理本身是逻辑地构成的。西方哲学的核心正是这样的纯粹思辨形式的理论。从这个角度看，中西哲学之间的沟通似乎是很困难的。不过，由于有了马克思对西方哲学的革命性变革，也由于现代西方哲学的发展，我们看出了所谓的客观原理也是伴随着人自身的一种生存状态。如果说西方传统哲学是对世界的解释，那么，对哲学作生存状态分析就是对解释的解释。对哲学的生存状态分析不仅可以会通中西哲学，还向我们展现出未来哲学的意义。

3. 意识方式的多样性

西方哲学把意识划分为感性和理性，在中国传统哲学中是没有这样划分的。佛教唯识论曾经分出人有八识，但不符合理性和感性那样的分法。感性和理性的划分出于认识的需要，对应于人所认知的两种对象。感性认知指的是通过感官获得的印象、观念，以及对这些印象、观念组合变换基础上形成的知识。这样的知识受到时空的局限，是没有普遍必然性的。理性认知是指关于世界的规律、本质的知识。康德认为，所谓规律、本质是人运用范畴整理知识的结果，即所谓人为自然立法，所以，说到底，理性是指人运用范畴作逻辑推论的能力。如果用感性和理性的划分标准对照中国哲学关于道的意识，我们简直就感到不知所措。对于道的体验是每个人自己的体验，是个性化的而不是概念式的。但是，道又不是直接从感官得到的东西，更重要的是，道不是纯粹认识的对象。人们只能在得道的状态中把握道，一旦试图去观察道、说出道是什么，就已经从当下得道的境界中抽身出来、出乎其外了。把握道的意识与分为感性理性的认识论意识不是一回事。得道的意识不能纳入感性理性的分类，这说明人类的意识原是多样的。

人类的意识方式是多种多样的，认识的意识只是其中的一个类。在多数情况下，当一个人专心致志地投身于实际工作的时候，手头的东西并不被当作认识对象来看。例如，可以从力学原理上分析两个轮子的自行车能够稳当前行，但是，没有一个人是根据原理就能骑车的，他必须通过亲身体验学会骑车，在达到熟练程度的时候，甚至车子与自己的身体是融为一体的。他能够这样，当然有一种意识在其中，但是，那种意识是与行动结合在一起的，与其把其中的意识抽出来考察，不如就人的这种生存方式做考察。人类的实际活动表现为各种生存方式。意识渗透在各种生存方式中。意识活动只有作为生存方式才可能是有效的。例如，画家作画有一种意识，但是，有作画意识的人不等于能实际上画出一幅达意的画。足球运动场上的运动员也有一种意识，但是，他肯定不是单凭意识踢球。人的生存活动是有意识的活动，但是生存方式不能还原为意识活动。如果哲学号称是一切追问中最深的追问，那就应当对人的生存状态和方式加以追问。现代西方哲学已经揭示，理性思维也是人自己的一种生存状态。只是由于运用了逻辑的方法使思维的内容获得了普遍必然的性质，以为这样的思维内容是世界的客观本质、不以个人意志为转移，因而把人自己抹去了。

### 4. 关于人的全面发展

对意识的单独考察是一种抽象的考察，而实现在生活中的是人的生存状态，意识总是伴随着人的生存状态，哪怕沉思也是人的一种生存状态。生存状态不能还原为意识，意识及其对象必须根据人的生存状态才能得到说明。如果哲学意味着最深的追问，那么，就应当深入到人的生存状态及其方式中去。

人能够这样或那样生存，说明人有这样或那样的生存能力。康德的时代曾经追问过人的认识能力的界限，我们今天是否要提出人的生存能力究竟有没有界限？提出这个问题似乎很唐突。从人的机体对环境的适应到从事生产劳动、艺术创造、科学活动直至组织社会生活，凡是我们现在所知的一切文明成果都是人类生命能力的表现。迄今所知，宇宙中也只有人类才具有这样的能力。自从进化的观念传播以来，尤其伴随着科学技术的突飞猛进，人类从来没有怀疑自己的生存能力有什么局限，总是对发展的前景充满信心。然而恰恰在人类取得节节胜利的时候，人们越来越强烈地意识到人的全面发展的重要性，反映了人对人生自觉意识的提高，但是，它也从反面透露出，现代社会生活使人成为单相人的危机正在暴露出来。中国的教育方针把全面发展规定为德、智、体，即使现在又增加了美和劳，也难穷尽全面发展的含义。人的全面发展意味着让人的生命力得到充分的展示。所谓探询人生的意义，就是探询生命的能力。人的生存是一个与环境互动的过程，环境包括自然和社会。人的生存受制于环境，生存能力表现为应对环境的挑战。但是，人的活动也改变环境，改变了的环境又对人类提出新的挑战。在这一过程中，人类不断发掘出新的生存能力，同时，也有些能力的作用因环境的变换而削弱。自我和环境构成生命现象的互动结构，人生是从这一结构中开放出来并维系在这个结构中的现象。

当人类的文明已经能够超越地球的引力，渗透到其他行星去的时候，人们不免提出一个问题：人类的文明究竟要向什么方向发展？人的生命将以什么方式存活？什么样的存活方式才是出于生命本身的要求？现在，人的全面发展已经从一个哲学观念变成社会政治目标，这标志着人类对自身生命意义的自觉性的提高。那么，人类究竟有多大的能耐使生命的意义得到充分的扩展呢？这些问题超出了传统哲学认识论、伦理学、价值学和美学研究的范围，也不是被认为是各哲学分支共同基础的所谓"本体论"——那是纯粹概念思辨的原理——的对象。然而，这些问题的出现为古老的哲学学科注入了新的活力。

原载：《学术月刊》2006 年第 10 期

## 二十二、关于哲学原理的观念
## ——中西哲学的一种比较研究

有无"哲学原理",或者关于哲学活动的起点,是中西哲学形态比较时遇到的一个重要而令人感兴趣的问题。

哲学原理问题被认为是头等大事。我们不仅用它来统摄其他的理论、当作解释世界的最终根据,而且用它推论未知,甚至规范行动。一旦习惯了从原理出发,在没有原理可据时,人们不免茫然失措。现在我们已经很难体会,追寻原理的想法实在是一种很别致的想法,因为我们自己也已经通过教育受到了各种原理的熏陶。当相对论表明经典力学只是自己的一个特例时,人们就不免对普遍性越大的原理越充满敬意,正如亚里士多德所说,"凡能得知每一事物所必至的终极者,这些学术必然优于那些次级学术"[①]。既然原理的观念对各门学术乃至我们的思想和行为有重大的影响,对原理获得一种透彻的见解就具有根本性的意义,尤其在迫切呼唤理论创新的时代,这一任务显得更为重要。

这里说的哲学原理是指西方哲学的原理。事实上,除了西方哲学的原理,我们还没有在中国传统哲学中看到有类似的原理,连原理(principle)这个词也是随着西方哲学的传入才为我们所知的。

---

[①] Aristotle, *Metaphysics*, 982b5.

对于西方哲学来说，哲学的核心观念就是普遍原理。然而我们应当知道，从马克思主义对哲学作出革命性变革时起，传统西方哲学的危机就开始显露出来了，而西方哲学的危机也就是原理观念的危机。另一方面，如果中国传统哲学中并不存在西方那种原理，人们却照样生活了几千年，而且成为世界上唯一保持同一文化传统最久的民族，那么，支持他们生活的信念方式就是值得研究的。在这种背景下，中西哲学的比较也许能启发我们：一种没有西方那种形式原理的哲学是如何可能的？

本文依次讨论的问题是：西方哲学中原理观念的起源，原理的形态特征，中国传统哲学中不存在原理的观念，原理观念的历史命运和回到生命的源头。

## （一）西方哲学中原理观念的起源

我们在学校里学习各种原理，从自然科学直到人文学科。抓住原理，我们能够从浩繁的知识中迅速理出头绪，掌握它的要义；运用原理，可以解释这门学科领域内的各种现象，推论出其他的结论，甚至，还能预言某些尚未发现的现象的存在。原理对于每门学科来说是如此的重要，甚至一门学科的产生全在于原理的建立。那么原理究竟是什么呢？

原理这个词出于西方哲学，在亚里士多德的《形而上学》中，这个词作 arche（principle）。亚里士多德解释它有六种意思：事物本身的开端；人为安排的事情的开端；事物内部决定性的因素或部分；事情发生的由来；导致事情变化的初始意愿；理解事物所据的初始原理。值得注意的是，亚里士多德特别提到，"上述各种意义也都涉及原因，因为原因也都有开端的意思"①。

早在柏拉图的时候，人们就开始了对原理的追求。在《斐德罗篇》中，当解释包括艺术创造在内的精神迷狂状态的起源时，追溯到了灵魂。在这篇对话中，柏拉图把灵魂当作第一原理，其理由是："作为第一原理的这个事物不可能是产生出来的，因为一切事物的产生都必须源于第一原理，而第一原理本身则不可能源于其他任何事物，如果第一原理也有产生，那么它就不再是第一原理了。进一步说，由于第一原理不是被产生出来的，因此它一定是不朽的，因为如果说第一原理被摧毁，那么肯定就不会有任何东西从中产生出来，假定第一原理的产生需要其他事物，那么也不会有任何东西能使第一原理本身重新存在。"②

我们现在知道，所谓原理指的是各门学科中具有普遍意义的基本理论③。原理相对于其他理论具有优越性：从原理中可以引申出其他的理论，因而它可以对其他理论作出解释；反过来则不能，因为如果原理还需要从其他的理论得到解释，原理就不成为原理了。

原理的观念同原因的观念密切相关。原理是因，引申、推论出来的其他理论是果。这里所说的因果观念是有严格界定的。在日常中，我们看到前一个事件引起后一个事件，就把前一个事件当成是因，后一个事件当成是果。例如人间的婚姻总是始于交往，于是就认为交往是因，结婚是果，但是，这不是理论上所说的因果关系，因为交往不一定导致结婚。理论上的因果关系是原因必定导致某种确定的结果。因此，理论上的因果关系又称为因果必然性，它是一

---

① Aristotle, *Metaphysics*, 1012b33－1013a23.
② Plato, *Phaedrus*, 245C-D. 译文参考王晓朝译本《柏拉图全集》第2卷，人民出版社，2003年，第159页。
③ 参见《辞海》"原理"条，上海辞书出版社，1999年。

个逻辑的规定性,它使得原理作为推论的前提成为可能。所以我们可以说,原理肯定是原因,但是,并非我们认为的原因都是原理。二者的区别在于,一般的原因观念中也包含事件发生过程中时间在先的观念,用做推论前提的原理观念则纯粹是逻辑的规定,或者说是超越于时间、无时间性的观念。

西方哲学史上原理观念的形成同对于普遍知识的追求有关。我们现在都懂得并且熟练地使用着"普遍"这个词,但是,中国传统哲学中却并无"普遍"(universal/general)这个词。尽管任何一种学问总具有某种普遍性,然而一种学问具有普遍性(general)和一种关于普遍性的学问决不是一回事。中国传统哲学中没有"普遍"这个词,反映了一种不同于西方哲学的致思方向。"普遍"这个词的出现,反映了西方人追求普遍性的自觉意识,具体来说,他们把知识界定为普遍性的东西。"普遍"观念的产生,可以说是西方哲学史上的一次革命。柏拉图应当是这场革命的发动者,他提出的理念是普遍性质的东西。可是,因为"普遍"这个词在他之前从来也没有像他这样使用过,甚至在他之前可能还没有出现"普遍"这个词,所以,当他想让人理解理念的普遍性质时竟十分吃力,需要反复举例加以引导。例如,他说,作为理念的美德不是指不同身份的人所具有的美德,就好像要回答蜜蜂是什么时,不能通过一个一个蜜蜂去说明;也不是指各种特殊意义上的美德,比如公正和节制,而是要回答美德本身是什么,就好像形之于三角形、圆形,颜色相对于白色等[①]。在这一讨论中,尽管没有出现"普遍"一词,我们不难理解,柏拉图所谓的美德的理念实际上是绝对普遍性质的

---

[①] 参见柏拉图:《美诺篇》,71D-75C;《柏拉图全集》第1卷,王晓朝译,人民出版社,2003年,第492—498页。

东西。

到了亚里士多德，哲学之为普遍原理的思想就更为明确了。他把知识的种类作了从低级到高级的排列，它们分别是感觉、记忆、经验、技术和哲学。技术高于经验之处在于"经验为个别知识，技术为普遍知识"①。"智慧就是有关某些原理与原因的知识"②，"明白了原理与原因，其他一切由此可得明白"③。显然，原理和原因属于普遍的知识，哲学则是最普遍的知识，亚里士多德把它定义为关于"是者之为是者以及是者依其本性而有的那些属性"的一门学问，其他各门学问与哲学的区别在于，它们都不是研究普遍的是者的学问，而是研究某些特殊的所是的学问④。

柏拉图和亚里士多德倡导的追求普遍知识的方向对于人类文明的取向产生了决定性的影响。我们今天学科的分类就是它的一个结果，根据这种分类，普遍性较大的学科统摄着普遍性较小的学科，最普遍的学科是哲学。哲学内部还可以再划分，照黑格尔的意思，它的核心部分是逻辑学，这是纯粹哲学原理，它统摄着自然哲学和精神哲学，后二者是逻辑学所表达的哲学原理在自然科学和精神科学中的展开。用黑格尔本人的话来说，绝对理念"外化"为自然哲学，又通过精神哲学回到自身。在这个哲学体系中，逻辑学显然是哲学的哲学，它不是形式的逻辑，而是内容的逻辑，是用绝对普遍的概念构造出来的原理体系。这个原理体系被认为是绝对真理，说明一切自然现象和精神生活的最终根据。

---

① Aristotle, *Metaphysics*, 980b15；参见吴寿彭译本《形而上学》，商务印书馆，1981年。
② 同上书，982a1。
③ 同上书，982b4。
④ 同上书，1003a20。

对于西方哲学来说，只有进入这个原理体系才算是踏进了哲学的殿堂，在这个意义上，西方哲学就是原理的哲学。尽管对这个原理体系的表述和其所代表的意义，各位哲学家有不同的看法。如，对于柏拉图来说，它是理念世界，可感世界的事物因分有了理念才是其所是；对于康德来说，它就是纯粹理性，人运用推理的纯粹理性概念整理经验材料才得到普遍必然的自然科学知识；对于黑格尔来说，绝对精神是关于自然界和人类精神的总原理。在获得这个原理体系的途径方面，各位哲学家的观点也互相区别，如，柏拉图认为理念世界与我们可感的世界是割裂的，所以我们不能从可感世界事物的知识上升到理念的知识，只是由于灵魂在来到这个世界之前，居住在理念世界，灵魂本身就是一种理念，所以，我们的灵魂还能回忆起一些有关理念的知识。亚里士多德不赞成理念世界的假设，但是普遍知识的优越性在他这里得到了明确的表述和强调，他走的是从经验事物的概括中不断上升到普遍性知识的道路。休谟牢固地站在感官经验的立场上，证明从我们的经验中不可能得出普遍必然性的知识。然而数学和自然科学知识都具有普遍必然性，这个事实促使康德把体现在数学和自然科学知识中的普遍必然性归结为人先天具有的认知能力，是人的先天认知能力把经验材料整理成了普遍必然的知识，这等于说，原理是先天性的东西，它的起源则无可考察。黑格尔认为，康德的这种说法割裂了对象和认识能力，对他来说，事物的本质和思想是同一的，所需说明的是人怎样从个体感性意识达到普遍理性精神，他的《精神现象学》就是描述这个过程的。尽管有以上不同，原理哲学的信奉者都认为，原理不是感性的东西，而是理性思想把握的对象，因为原理之为原理必须具备普遍必然性。达到这个要求，原理必须在形式上具备一定的特征。

## (二) 哲学原理的形式特征

普遍必然的哲学原理在形式上必须符合如下两个要求：第一，哲学原理必须由普遍的概念来表达；第二，整个原理是逻辑地构成的一个体系。

为了说明哲学原理的形式特征，先要明确所谓普遍性是什么意思。从词典学的意义上说，普遍指的是涉及全体，无所遗漏。从这个要求看，除了哲学，没有一门学科是普遍性的学科。因为没有一门学科是没有自己确定的研究领域的，而确定的领域就是一种限制，是全体中的一个部分。人们可能会认为，各门具体的学科（主要指自然科学）虽然不能涵盖全体，但是，这门学科的原理应当涵盖自己的领域，在这个划定的有限领域内是有效的，这难道不是普遍性的体现吗？如果不承认这种普遍性，那么，学习自然科学和各门学科又有什么用呢？这话不错，但是，它没有达到西方传统哲学原理观念的普遍性的要求。其间的区别在于，各门具体学科的范围的划定就是设立条件，各门学科的原理只是在符合这些条件的情况下才是有效的，因此，这样的普遍性可以称为是有条件的普遍性。而哲学原理所追求的则是无条件的普遍性，或者说，它是绝对普遍的。只要普遍性成为自觉追求的目标，普遍性越大就被认为越有价值，向着这个目标，哲学必定踏进无条件普遍性的领域。西方哲学的原理正是试图展示这种无条件的普遍性，从而使自己成为原理的哲学。

关于哲学原理绝对普遍性的性质还反映在它的起源问题的讨论中。我们能不能从经验的概括中获得普遍性知识？关于这一点，近代理性主义和经验主义的观点是一致的，他们都否认从经验中可以获得普遍性的知识。其理由是，经验的概括受到时空的局限，它只能解说过去的情况，而无法断言将来的发展。黑格尔说："特殊科学的对象只是有限的对象和现象。把关于这种内容的知识聚积起来本身就不是哲学的任务。这种内容以及它的形式均与哲学不相干。如果他们是系统的科学，包含有普遍性的原则和定律，并根据这些原则和定律进行研究，则他们设计的也只是有限范围的一些对象。"① 普遍性的观念又与必然性的观念相关。真正的普遍性不仅适用于已经经验到的事物，而且应当适用于还未被经验到的一切可能的事物，不允许有例外。从经验的概括得到的普遍性充其量只是相对的普遍性，而哲学原理要求的普遍性则是绝对的普遍性。

哲学原理对于绝对普遍性的追求，使得它对语言提出了特别的要求。日常语言不能承担表述绝对普遍原理的任务，因为，使用日常语言的时候，无论是叙述事情还是表达感情，总使人想到某种对象或情况，其所指的对象或情况就是语词的意义。对语词或者概念的这种理解，用黑格尔的话来说，属于"表象思维"②。显然，日常语言是有局限的、不适于表达绝对普遍的哲学原理。哲学原理使用的语言是纯粹概念的语言。纯粹概念不指示任何对象，就像冯友兰先生所说，理论思维的概念"红"不红③。缺少了所指的对象，就是有名无实，在日常的思维方式中，没有所指对象的名简直是无意义的。这种情况迫使纯粹概念转向另一种获取意义的方式，即以概念间相互的逻辑规定性作为自己的意义。例如，作为纯粹概念的整体的意义与任何整体的事物无关，它的意义只存在于与部分的关系

---

① 黑格尔：《哲学史讲演录》第1卷，贺麟、王太庆译，商务印书馆，1957年，第58页。
② 黑格尔：《小逻辑》，贺麟译，商务印书馆，1980年，第41页。
③ 冯友兰：《中国哲学史新编》第一册，人民出版社，1995年，第22页。

中，即整体包容部分，或部分在整体中。范畴只有在相互关系中获得它们的规定性，一个孤立的范畴是无意义的。所以原理必定是成体系的，整个原理体系在纯粹概念的逻辑关系中展开出来。所以黑格尔称，哲学就是概念自身的逻辑运动[①]。

总之，原理之为原理，它既要成为理论的出发点，又要提供普遍的说明，这就要求它使用普遍性的概念，以便作逻辑的推论；而能作逻辑推论的概念必须是逻辑规定性的概念，这就决定了逻辑概念是成立于概念体系中的，理论是成体系的。原理是理论体系的原理，它成立于概念的逻辑演绎中。

上面从普遍性问题入手，从语言和逻辑方面揭示了哲学原理的特征，这些特征属于形式方面。我们学西方哲学的时候，比较容易从观点入手而忽略其形式的特征，然而，忽略了形式，其观点为什么能成立就讲不清楚了。例如，西方哲学流行的观点认为，真理是与事实符合的理论。"符合"之必要，就是因为，真理是一个与经验世界完全隔绝的王国，绝对真理在这里是由纯粹概念的推论构成的，于是，理论本身的有效性就是一个需要通过实践来检验的问题。从总结经验事实中得出的结论，本来就是对事实的解释，无所谓检验的问题，其中要有问题的话，只是解释的当否与体会的深浅。只有当试图把从经验得到的结论当作是普遍有效的理论时，才是需要在实践中作检验的。

也许有人会对形式的强调不以为然，他们会说，西方哲学历经两千余年，其流派之林立，观点之纷争，形态之多样，似乎难以一言以蔽之。确实，本文所揭示的西方哲学原理观念的形式特征也只

---

[①] 黑格尔认为，否定之否定是概念自身运动特征，"概念的系统，一般就是按照这条途径构成的，——并且是在一个不可遏制的纯粹的、无求于外的过程中完成的"（黑格尔：《逻辑学》上卷，杨一之译，商务印书馆，1974年，第36页）。

是就其成熟的样式而言的,这种特征并不是一开始就展示得很充分。换一句话说,本文谈西方哲学的形式特征所依据的主要是黑格尔哲学。并不是每个哲学家都赞成这种形式的哲学,有的甚至明确持反对态度,如休谟。然而,一部西方哲学史正是在构造和怀疑、破坏这种形式特征的哲学中发展起来的。

### (三) 中国哲学不存在西方哲学那样的原理观念

如果我们承认西方哲学原理必备的上述特征,那么,我们不得不承认,中国传统哲学不存在西方这种哲学原理的观念。站在西方哲学的立场看,哲学原理是纯粹哲学,没有原理的哲学是不是哲学就成了问题。这个结论看似惊人,其实也不是什么新结论。这几年,我们已经看到,至少已经有相当一部分人承认中国哲学不存在与西方哲学 ontology 相应的部分,其实 ontology 就是纯粹哲学原理,承认中国哲学不存在 ontology 就是承认中国哲学不存在纯粹哲学原理。

有许多理由可以说明中国哲学不存在西方那种纯粹原理,最主要的是中国哲学没有以追求普遍知识为自己的目标,没有形成对于"普遍"观念的自觉意识[①],与此相关,也没有发展出逻辑规定性的概念以及使概念结成体系的逻辑方法;更没有形成一个独立的观念王国。

以上的观点或许会受到质疑。人们纵使承认《论语》《孟子》这样的语录体著作不是论说原理的,但是,怎么看待《周易·系

---

① 参见俞宣孟:《论普遍性——中西传统哲学形态的一种比较研究》,《复旦学报(社会科学版)》2004年第5期。

辞》关于天地万物出于太极演化的学说呢？又怎样评说老子关于道生一，一生二，二生三，三生万物这些论述呢？这些论述之所以被当作原理，是因为它们能够满足某种"终极关怀"。但是终极关怀本身可以指向不同的方向。上述中国哲学资源表述的终极关怀指向的是事物的原始起源，它是时间性的；而我们已经知道，西方哲学的原理（arche/principle）就这个词的起源处说，虽然也有起源的意思，但是，由于走上了追求普遍知识的方向，把普遍的东西看作是特殊的东西的原因，终极关怀最终指向了绝对普遍的东西，绝对普遍的东西呈现在特殊和普遍的逻辑链条的终点，西方哲学的终极关怀是逻辑的。因此，并非能满足某种终极关怀的都是原理性质的东西，原理是用来做推论的，而对原始起源的追溯则是描述的。原理的观念中包含着因果必然性的观念，与之相关就产生出必然和偶然的观念，这些概念在中国哲学中也是不突出的，因为它们本来就属于不同形态的哲学。进一步说，原理是一种解说事物的根据，但根据不全是原理形式的。中国关于万物起源于太极和道的学说可以是解释性的根据，但不是推论所据的根据，即不是原理。

原理哲学同其使用的语言有密切的关系，其所使用的是逻辑规定性的概念。对此，有人可能会说，老子哲学中不是也有成对概念吗？例如，有无相生，祸福相倚，前后相随，高下相倾，音声相和等。把老子的成对概念比附于逻辑规定性的概念是不对的，这种比附忽略了逻辑规定性的概念与成对概念的根本区别，逻辑规定性的概念并不指示对象，它们只是从相互关系中获得规定，因此，单独的逻辑范畴是没有意义的。那么我们能够说老子哲学中的成对概念中的每个概念离开了对方就没有所指了吗？我们能够像说"理论思维"的概念"红"不红一样，说老子书中的"有"不是有，"无"不是无，"祸"不是祸，"福"不是福吗？曾经有谁是这样去读老子的呢？二者的区别还体现在，既然每一个逻辑规定的范畴都不能单独存在，全部逻辑范畴都是在相互关系中，逻辑范畴必定构成一个体系。还由于逻辑规定的概念与对象无关，从中发展出纯粹符号的体系就是一件十分自然的事情，正像我们在现代分析哲学中所看到的那样。这些也是不能从中国传统哲学中自然导出的结果。

宋明理学，尤其是朱熹的学说，常常被人引用来说明中国哲学中有类似于西方纯粹哲学原理的学说，用他们使用的术语来说，朱熹是中国本体论学说的最典型的代表，是客观唯心论者。我已经在其他地方①指出过，这实际上是用西方哲学的观念来剪裁中国哲学，他们所引朱熹的话并不完整，在中国哲学的背景下，只要朱熹的学说还是中国哲学，他就不可能违背道不离器、理在气中的基本思想。这同以范畴体系表达的绝对普遍的原理哲学根本不同。

在西方哲学的强势影响下，中国哲学史的写作曾经不可避免地模仿着西方哲学的观念和框架。摆脱模仿是使中国哲学的真正面貌得到重新展露的需要。为了做到这一点，我主张对于我们似乎把玩已熟的每一个哲学术语都采取谨慎的态度，查一下，这个术语是中国传统哲学中固已有之的呢，还是翻译进来的？如果是翻译进来的，看它究竟是不是适合于表达中国哲学？因为我觉得，中国哲学作为一种与西方哲学形态不同的哲学，在哲学观念更新的时代将发挥重要的作用，作为一种宝贵的资源，我们要防止它被西方哲学熏染。然而，熏染既久，要真正摆脱西方哲学的影响也不容易。最近，这种影响又在关于中国哲学的本体论的讨论中表现出来。

现在，越来越多的人意识到，以本体论翻译 ontology 是不确切的，中国传统哲学中也不存在西方 ontology 那样的哲学。本文所谓

---

① 参见俞宣孟：《本体论研究》，上海人民出版社，2005年，第87—88页。

中国哲学不存在原理哲学，是中国哲学不存在 ontology 这个主题的另一种发挥。有关体用关系的学说是中国传统哲学的一个重要内容，尤其是在宋明理学中有许多阐述，近人熊十力的发挥也很重要，对这部分理论的讨论是揭示中国哲学形态的一个重要方面。如果中国哲学的本体论指的是这部分理论，那么，这方面的发掘研究是很有意义的。但是，我发现，有的学者在研究中国哲学的本体论的时候，却逸出了体用说的范围，尽管字面上也承认，中国哲学的本体论不同于西方的 ontology，然而，在行文中，却把它看作是关于一般的"存在"问题的理论，认为即使中国过去没有那样的理论，现在也要把它建设起来，其理由是，哲学既有认识论、伦理学、美学和价值学各个分支，必有一种将他们统一起来的基础，这就是本体论。且不说"存在"这个概念不是中国传统哲学原有的概念，把中国哲学概括到"存在"层面上就已经不能反映中国哲学的真实面貌了。

进一步说，试图为各哲学分支寻找统一的基础，这是受追求最大普遍性的驱使，其结果必期望构造出普遍原理。我们已经说过，普遍原理之为普遍原理，其形式必符合一定的要求，在那种形式中实现出来的不是西方的 ontology 又能是什么呢？而体用学说，据我肤浅的理解，说的是万事万物从原始开端中开显的情况，其中特别强调的是，在这个过程中得到开显的人的生命活动对于开显过程的积极作用，因为对生命现象的强调，把它称之为心性之学，还是比较名实相符的。

## (四) 原理观念的历史命运

原理的观念对于西方哲学乃至西方整个的精神生活具有多方面

的意义。它指引学问的分类,直至学科内部的分级,即我们现在实行的所谓一级学科、二级学科等。哲学原理作为最普遍的原理,是原理的原理,它不仅承担着为各种特殊学科的原理作解释的任务,而且还为它们获得普遍必然性、成为客观的科学提供着担保。关于这一点,从自然科学方面也得到了承认。例如,自然科学研究各种存在的事物,但是它们对于这些事物为什么会存在?存在究竟意味着什么?是不予追问的。从事科学研究往往需要根据已知推论未知,科学的假设区别于胡乱揣测在于使用着因果必然性的原理,因果必然性究竟是怎么回事?我们是如何获得因果必然性观念的?这些问题科学本身是不思考的。一般承认,包括数学在内的各门学科对于使这门学科得以建立的基本定理或原理,在这个学科内得不到解释。哲学承担着对各门学科本身无法回答的那些定理、原理的解释,于是哲学原理本身被认为是最高、最普遍的知识,是世界观、方法论,是普遍(绝对)真理,它既是人的理性精神,又是世界理性。西方哲学从希腊时期起就不断探索着这种原理,在这种主导的生存方式中发展出了欧洲的文明。黑格尔的《逻辑学》一书则是西方哲学原理的最高结晶。

西方人一般认为,文明的进程在于理性的展开。如果我们进一步追问:什么是理性?根据康德的总结,纯粹理性指的是人运用先验范畴进行逻辑推论的能力;而在黑格尔看来,把理性仅仅限制在思想的范围是对思想和实际的割裂,理性也是客观世界的规律。尽管他们二人对理性的范围看法有别,但是,他们都把对理性的研究作为哲学的最高任务。哲学为理性作论证,为解释世界提供最终的原理,理性就是纯粹的哲学原理,因此,说西方文明中最辉煌的精神部分是以哲学原理的观念为基础的,这是没有问题的,这个基础的牢靠与否对于建立西方文明的观念来说性命攸关。

正是在这个性命攸关的问题上，马克思和恩格斯首先发难。他们写于1845—1846年的《德意志意识形态》一书的核心观点是强调人的实际生存活动的第一重要性，不是实际生活服从原理，而是作为观念性的原理产生于人的实际生存活动。马克思写于1845年的《关于费尔巴哈的提纲》进一步指出，"哲学家们只是用不同的方式解释世界，而问题在于改变世界"[1]。这句话的重要性在于，它提出了不同于传统的从事哲学的方式，从而为一种新的哲学的展现指出了方向。恩格斯在批判传统哲学方面作了发挥，他说过，"总之，哲学在黑格尔那里终结了"[2]；对于现代唯物主义来说，"再不需要任何站在其他科学之上的哲学了"[3]。

对传统哲学发起攻击的还包括一些被戴上非理性主义帽子的人。其中令人印象最深的是尼采，他说，上帝死了。他用这样的话来表达他已经看穿了人们衡量各种价值的标准的虚妄，他所谓的标准和传统哲学的原理密切相关。到了20世纪以后，对传统哲学的反思更是达到了前所未有的高潮，马克思主义关于哲学终结了的结论一再被提起；各种有影响的流派几乎都表明自己对形而上学的批判态度，只是有的比较温和，如实用主义；连试图为理性主义作辩护的胡塞尔的现象学，最终也被海德格尔等人当作摧毁传统哲学原理的方法，原理式的传统哲学的局限性越来越暴露。

哲学原理的观念遭到如此的重创，有许多原因，一些问题的暴露也由来已久，有些可以一直追到近代的休谟、康德。据我的看法，其最主要的原因在于哲学原理的超越性质。这里的超越是指对一切可经验事物的绝对的超越，绝对的超越是不讲条件的普遍，超

---

[1]《马克思恩格斯选集》第1卷，人民出版社，1995年，第61页。
[2]《马克思恩格斯选集》第4卷，人民出版社，1995年，第220页。
[3]《马克思恩格斯选集》第3卷，人民出版社，1995年，第364页。

时空的普遍，它是无法以经验来验证的。如果认为这种纯凭概念推论得出的原理表达了世界的本质，那就是独断论，并且它还是造成二元论的根源。对于这一点，西方哲学界大多数人都是很清楚的，他们认为这在现代西方哲学界已经是一个过时的、没落了的观念，以至于当中国哲学界有人试图说明中国哲学具有那种超越的性质，从而为中国哲学之为哲学作辩护时，遭到了嘲笑[①]。

然而，仅仅指出西方传统哲学的超越性质，还不足以解释哲学作为最终原理的观念在当今所遭遇的严重危机，因为西方哲学的超越性质在历史上虽曾屡遭诟病，但它一直在发展。其真正的原因，从学理上说。在于哲学上的某些难题有了突破性的进展。这主要是指逻辑的实质和逻辑范畴的形成问题。逻辑的运用赋予哲学原理以普遍必然的性质，因而使得原理具有了客观性。即使像康德所说，这种必然性只是出于主观的纯粹理性，令人不可思议之处是，主观推论得出的结论有时竟会实现出来。我以为，有三方面的研究有助于打破逻辑的神秘性：一是弗雷格关于意义和指称的划分，它启发我们认识到逻辑范畴是没有指称的，因而是不同于日常使用的语言的；二是维特根斯坦的语言游戏说，它告诉我们语言规则产生于生活方式；三是胡塞尔的现象学理论，他具体描述了普遍概念（逻辑范畴）在意识活动中形成的过程。这些研究使我们终于明白，逻辑的语言是与日常语言不同的语言，是一种特别规定了的语言；所谓逻辑的客观性决不是与人的生存方式完全脱离的，而是由于人遵守着同一种语言（或思想）游戏规则得出的一致结论；一向被标榜为是客观的逻辑范畴，它们的显现离不开与它们响应的意向方式。虽

---

[①] 郝大维、安乐哲：《汉哲学思维的文化探源》，施忠连译，江苏人民出版社，1999年，第 194、198、235 页。

然还有许多问题有待于深入，但是，这些研究成果足以说明，当逻辑也要从人的意向方式和生存方式方面去说明时，西方哲学一向具有的二元对立的界限开始模糊了，而超验的哲学原理正是建立在二元分离基础之上的。

海德格尔又向前跨进了一步。他通过对日常的生存方式的描述，得出人的生存状态的结构，又根据生存结构的展开解说各种是者之为是者。他的主要想法是，我们以各种途径认知的东西，都是天地间开显出来的现象，这些现象之能够得到开显，是因为其中有能明白事理的人，就好像林中出现了一块能让阳光照射进来的澄明之地。人就是这块澄明之地，它是从天地中开显出来的，同时，通过人介入到世界展开自己生命的过程，它又是使人生和世界在此得到开显的开显者。他用这种方法去解说包括范畴在内的一切所是的开显。例如，在西方哲学中，全部原理体系启动于 being 这个范畴，它是最高、最普遍的范畴，包容一切的所是，即凡不是无的东西都称为所是，问题在于，作为有限的人的思想如何能够把握包容全体的无限的所是呢？海德格尔提到某种类似东方修行进入涅槃的状态，他照西方人的习惯称为真正的无聊或畏的境界，在这种状态中，物我不分，连自我的意识也没有，只是当从这种状态中清醒过来，人才能说，原来刚才就是无的状态。人正是以这种可以获得的无的体验为根据，把以无为背景显示出来的一切称为所是①。这就说明，一向被认为具有客观必然性因而具有客观性的逻辑范畴，它的根子也在人的生存方式中。既然范畴的起源也能够得到说明，那么，由范畴自身运动构成的纯粹概念体系的第一哲学的地位自然就

---

① 海德格尔：《形而上学是什么？》，见孙周兴选编：《海德格尔选集》（上），上海三联书店，1996年，第142—144页。

告吹了，因为所谓第一哲学作为最终根据，号称能够说明其他一切，而它本身应当是不能被说明的。

海德格尔的哲学道路与传统哲学的一个重大区别在于，他的哲学不是去追求普遍的知识或最高原理，而是关注人生世界的开显过程。他借助中国哲学道的概念，把对开显过程的关注看成类似于中国传统哲学寻求得道的过程。这一追问要比对原理的追问更深。哲学是普遍原理的观念，盛行了两千多年，这个观念滋养了自然科学，却耗尽了自身，以至于哲学自身的地盘越来越小，最后只剩下纯粹符号逻辑的枯骨。哲学要重新焕发生机，在于哲学观念的更新，而哲学观念的更新，在于以哲学为普遍原理的观念的突破。

## (五) 回到生命源头

哲学原理被认为是指导人们思想和生活的，而中国传统文化中并不存在西方那种原理哲学，那么，中华民族究竟是在何种观念的指引下生活至今的呢？对生活问题的思考使我们回到生命现象的源头。

历史告诉我们，世界上有许多民族曾经辉煌过，现在显得落后了；还有许多民族我们只是从历史的记载和考古发现中得知他们曾经存在过，却也无可奈何地湮没了。自然中孕育出人类，但是，自然并没有告诉人类应当怎样才能存活下去。一个人类群体要能够存活下去，需要运用智慧去战胜天灾人祸、克服内忧外患。中华民族不仅延续至今，成为世界上人口最多的国家，而且始终保持着自己民族的文化传统。这个民族一旦意识到自己落后于世人，有生死存亡之虞时，能调整自己的生存方式，奋起直追。近一二十年的发展尤其让人瞠目，所谓"周虽旧邦，其命维新"。中华民族的生存方式以及指导生存方式的信念,是值得重视的。

在中国人形成自己特有的生存方式中,影响最大的无疑是孔子和他创立的儒家学说。谈到儒家学说,人们总是首先想到《论语》,它记录的主要是孔子关于社会政治、伦理的言论。这些言论对于当时以及后来很长一段时期内规范人们的生存方式是有积极作用的,甚至有所谓"半部论语治天下"之说。然而,以"仁"为核心的孔子学说的许多内容并不适用于现在的情况,甚至,以今天的眼光看,说它是吃人的礼教也并不为过。但是孔子及其思想毕竟在中国盛行了两千余年之久,它曾经与中国古代生存方式相适应,我们要关注的是,为什么孔子能说出反映当时人的生存状态的自觉意识,因而是合乎时宜的话?这个"为什么"所追问的是关于这些直白的话背后的动机或根据。在《论语》中我们不能直接发现这样的根据,这个根据在《周易》中。

孔子研究过《易经》,这不会有疑问。《周易》中解释《易经》的文字部分"十翼",据传也是记载孔子言论所成,由于这些解释性文字的出现,这部最初用于占卜的书成了一部哲学书。这部书的基本意思是讲变化,整个世界和人生都是从混沌不分的太极中演化生成出来的,一切都处在变化之中,六十四卦象是用来表达变化格式的。捉摸不同情况下变化的格式,目的在于自觉应对变化。"天行健,君子以自强不息","地势坤,君子以厚德载物",这两句话可以当作《易经》学说的纲要。这是说,处身在变化中的人生对于这个变化过程应当既"应"又"顺"。一部中国哲学史可以说就是探索、实践这个要求的过程。"应""顺"得当,事情才能通达,称为道的境界,即所谓"道通为一","一达之为道"。孔子说,他"五十而知天命,六十而耳顺,七十而从心所欲,不逾矩"(《论语·为政》),就是他自己人生自觉性不断提高的过程。一部《论语》应当是孔子基于人能应对世事的信念而面对人生社会的问题所作的回答。孔子针对他的时代所说的话是会过时的，但是，支撑他作出这样那样决定和行动的"形而上"的精神是不会过时的。这个精神，就是中国哲学一向标榜的道。

我以为，道的哲学基于如下的基本信念：由于人和世界都是从太极这个源头中生发出来的现象，人和世界本来是处在互动过程中的，互动得当，人生世界的现象就能通畅地展开出来，互动不得当，就会扭曲甚至阻塞人生世界的流行。自觉地投入得当的互动就是得道的境界。得道的境界可以实现在各个层面上，例如：个人生活技艺是否精湛至于出神入化；人事关系是否处理得当，进退得失是否从容大度；社会生活组织得是否结构合理，各式人等是否安居乐业；乃至整个人类是否和谐相处，环境是否友好，生态是否有利于持续发展，都有得道与否的问题。人生世界是一个统一的展开着的现象，这是谋求得道的依据。

得道的境界在于与环境相契合的自觉状态中谋得生命的发展。那么，人的生命怎样才能达到与生存环境相契合的状态呢？照理说，各种样式的生命现象能够存在，都是自然孕育的结果，其间都有某种程度的相契。然而，自然又是变化的，能够随着自然环境的变化而变化的生命才能够持续生存，这就有了物种的变异和进化。人也一样，他的生理机能是自然演化中变异和进化的结果。人的独特之处在于，人是对自身生命具有自觉性的动物，他自觉到生命的有限，死亡是个体生命的终结，因而会思考人生的意义，遂有事功的冒险追求，有从体能到认知能力的对自身各方面生命极限的追问，为的是让生命得到充分的展现。生命能力的张扬就是生命意义之所在。张扬生命的意义是最大的善。人生意义就实现在探索生命能力展现的过程中。从生物感应性到理性思维能力，从伦理关系到社会生活组织的建立,从改造地球生存环境到探索宇宙空间,这些都体现着人类生命的意义。

　　人生的意义究竟有多少,我们不知道,它们都是从生命这个根子中展开出来的,唯其如此,生命永远是惊奇,永远充满魅力;生命的展开不能背离生命的根子,在生命的展开中自觉培育生命的根子是得道的要求之一。生命的根子旺盛,人生的意义才会绚丽多彩。为此之故,我们要经常注意涵养生命的根子。然而,虽然每个人世界中的所有一切都出自他生命的根子,生命的根子却不容易被把捉住,尤其当我们被训练得以观察对象的方法对待命根子的时候,我们总是游离在命根子之外。因为,它使感知、认知成为可能,而感受、认知总是有内容的,命根子不是感知到的内容,它总在能感受、能认知这一方。命根子是在认知现象中剥去所知而余下的能知中与我们相遇,它在人们自己当下进入无的境界的体验中。以无的体验保养命根子的重要性在于,它使我们"敏于事",即对于展现在我们生活中的一切不是无的东西保持高度的敏感性,这是我们在应对生活的挑战中赢得先机的前提,也是我们敞开生命的创造性活动的出发点。

　　命根子是一切现象的根源。从命根子展开的方式中,可以解说哲学与从事哲学活动的方式的联系,中西两种不同形态的哲学有望在此得到会通。

　　从命根子方面我们找到了哲学的根源,它也是哲学原理的根源。人类所把握的一切现象,包括我们认为的客观世界,都是从命根子中开放出来的,是人的一种生存方式的结果。前面追溯过,柏拉图的时代提出了"善是什么?""美是什么?"这种形式的问题,当人们能够像柏拉图那样学会以理念对上述问题作回答时,人自身就进入了一种特别的生存状态中,这就是,从当下对美的欣赏和善的感受中抽身出来，转而以心灵的眼睛观察美和善，这就是后世所谓的普遍性的概念。现在我们依然可以从理念（idea）相关的动词形式（eidein，意为"看"）中，看到对象的呈现与人的生存方式的关联。只要比较一下陶醉在某种美的事物中的感受和在思想中理解美的概念时的自身状况，人的这两种不同生存状态的区别是不难觉察的。但由于人们多半专注于对象的方面，自身状态的变化却往往被忽略。只是到了马克思，才明确提出考察对象的时候，也要考察与之相关的主体的状况[1]。根据这一揭示的方向。我们有理由说，哲学原理出现在我们追求普遍知识的生存方式中；反过来说，只是当我们追求普遍知识的时候，哲学原理才向我们显示出来。与哲学原理相对的生存方式是人进入纯粹概念推论的状态，它是从柏拉图提倡以心灵的眼睛"看"理念以后，一发而不可收拾地发展出来的，并且被康德标志为纯粹理性的能力。用同样的方法去看，中国哲学的道也只是对于得道状态中的人才呈现出来。得道的状态从小处着眼，表现为人对于自己从事的活动的自觉状态，如技艺之精湛，处世为人之得当；从大处说，动静适时，进退有序，与天地同德。得道的状态当然是有意识的状态，但决不是仅从意识就能得到描述的状态，更不仅仅限于作概念的思想，而是全身心的，或者说，是在确定的环境中生命能力自觉而比较全面得到释放的状态。由于环境和生命活动的内容的不同，道也不同。语言难以把捉道，是因为道只向参与道的过程中的人开显，语言的描述往往出乎其外

---

[1] 马克思在《关于费尔巴哈的提纲》中说："从前的一切唯物主义——包括费尔巴哈的唯物主义——的主要缺点是：对对象、现实、感性，只是从客体的或者直观的形式去理解，而不是把他们当作人的感性活动，当作实践去理解，不是从主体方面去理解。"（《马克思恩格斯选集》第1卷，人民出版社，1995年，第58页。）这实际上已经指出了关于对象的知识与人认知对象的方式的相关性。

了。所以我们看到，庄子多半是通过对得道的人的状态的描述，来肯定道的存在的。

从命根子展开出来的生存状态方面，中西两种哲学的不同形态得到了初步的解释。哲学无非是人对自身生存方式的反思，这里所谓的反思包括概念式的反思和体悟式的反思。通过生存状态的分析，中西哲学各自的特征可以得到进一步说明，但那不是本文的任务。这里意在说明，西方哲学所谓的原理，并不是天赋观念或其起源不可知的，而是人从追求普遍知识发展到对于绝对普遍知识的渴求，从而在那种渴求的意识中呈现出来的概念性的对象。果然如此，那么，哲学原理的起源就在人的生存状态中。

对于哲学原理的追根溯源，有利于对原理取自觉的态度，因而有利于生命现象的蓬勃生长。生命的意义就在于它的全面生长。人无法事先知道自己生命的全面生长究竟包含多少意义，我们只是知道，人能应对生活的挑战，在克服各种困难中把生命的力量展现出来。哲学原理的产生是人的一种生存方式的结果，它起始反映出人有概括事物的能力，通过约繁就简扩大了人的认识范围；进而发展出推论的能力，使数学和自然科学成为可能。我们不能否认，科学的生存方式在当今时代人类生命的展现中具有决定性的意义，在这种生存方式中，人类生命的意义得到了前所未有的充实。在这个意义上，我们决不能把原理及与之相关的生存方式打发掉。再者，对待原理的态度还联系着对待传统的问题。虽然，老天没有教人应当怎样生活，人类生命的展开是每一代人自己探索的过程，但是，对于每一个时代的人们来说，前人能够存活至今，他们的生存方式有成功的经验，其中有许多东西我们不得不遵循。

但是，另一方面，任何既定的生存方式都不可能成为生命的最终原则。生命的目的就是生命存在本身，它是"能生存"，是要

"活",却不局限于任何的生存方式,生存方式可以变换,然而失去了"能生存"就是死亡,就不再进入各种生存状态。人的生命总是在调整和开拓自身的生存方式,以便在变化着的环境中求得生存、谋求发展。环境不仅指自然,也指人类社会。家庭、社会、周边的国家,这些都是构成生存环境的重要因素。继承传统是为了生存,改变生存方式也是为了生存。历史已经表明,人类原有的生存方式总是不断地被新的生存方式所取代,只有那些适时而变的民族,才有幸存活至今。对于传统应取什么态度,这是自古以来一直争论的问题,其实问题很简单,如果传统的生存方式能让我们生存下去,我们就继承,如果传统的方式不能让我们生存下去,我们必改不可。脱离"能生存"这个根本要求谈论传统的革新和继承,是不能解决问题的①。从生存方式方面说,哲学原理与传统是同一层次的东西。

从生命的要求这个根子上思考问题,可以避免对传统、原理的无根基的态度。我以为后现代主义,尤其是在福科、德里达这样的哲学家身上所反映出来的就是一种无根基的态度。他们显然感觉到了传统哲学对于现代社会人性的束缚,于是他们要反抗。他们反对"逻各斯中心主义",反对"在场的形而上学",取消中心和边缘的

---

① 人们可能认为,把革新的需要看作是出于求得存活的目的,这未免太低调了,革新也是为了争取更大的幸福啊!不过,我们到现在还无法制定幸福的客观指标,这使我们想到,从内在的方面说,幸福可能同个人在自己特定的生存条件下生命力得到自由伸张的感受有关。这个问题又同自由相关。生命既是自由的源泉又是自由的界限。它是自由的:它要探索一切生存的可能,在各种生存方式中让生命的意义开显出来,生命又是自由的界限:它不会让一种生存方式无限制地发展以至于超出生命本身的限度,于是就有节制和禁忌。生命的存在是生命能够展开的前提,生命调整自身生存方式的最基本的目的就是使生命得到存在和延续。一旦生命意识到任何威胁生命存在的危险,就总是本能地调动自己的力量进行抵御,这应当是生命展开的最终的和最大的根据。

划分，为此否认西方文化有自己的特征，甚至读作品时强调自己的诠释，而忽视作者本人的意图，这些无非是反映出，他们感受到了传统原理哲学与现实生活之间的抵牾，看到了单纯沿着这条路走下去的危害，为此而张扬多元精神、主观感受。德里达更是明确表示，他的学说称为解构主义，就是为了解构 ontology 的，换句话说，他的攻击目标是传统的原理哲学。这些说法对于解放思想显然具有强烈的鼓动作用。然而，从原理哲学里挣脱出来以后，人类的落脚点在何处呢？我认为，由于他们并没有深入到生命的基本要求这个根子处，所以，只能站在原理哲学的对立面，因而不免有相对主义、虚无主义之讥。德里达曾借在上海社会科学院演讲的机会为自己辩解说，他并不是只破不立，他用海德格尔的话说，即使在"这是什么？"这样的提问中，也已经有所肯定了[1]。如此而立显然是软弱无力的。不深入到生命的根子处来反对原理哲学，使得后现代主义成为各领域追求标新立异的旗帜，和休闲消遣名义下的种种"恶搞"，缺乏生活的严肃性。哲学呼唤生活的严肃性，这不是故作姿态，因为人类生命的展开永远是探索的过程，其中充满危险，我们不得不认真对待。

马克思要求哲学不应只解释世界，更要重视改变世界；解释世界的时候也不能只看到世界是如此这般的，也应知道那是由于我们如此这般去看的结果。这些论述实际上深入到了人的生存问题。谈到人的生存，不能不使人想到生命根源。只是由于生命的根源总是隐而不显的，我们往往执着于生存方式，甚至仍然拘泥于有关生存方式的这种或那种建立起来的原理，而忘记了生存方式的建立归根

---

[1] 见德里达在上海社会科学院的讲演纪要：《解构与本体论——德里达在上海市社会科学院的讲演纪要》，《世界哲学》2005 年第 2 期。

结底是出于生命的要求。一切伟大的学说不会过时,因为它总是鼓励和推动创新的。它们不是只告诉人们当下应当怎样,而是启发人们为什么我们应该和能够作出这样或那样的选择、进行这样或那样的行动,从而使人们站在源头处,根据生命的基本要求去生活,这就是创新。中国古代哲学是这样教导我们的,我理解的马克思主义哲学也是这样教导我们的。

原载:《社会科学》2006 年第 10 期

# 二十三、"本质"观念及其生存状态分析
## ——中西哲学比较的考察

## （一）本质观念的历史沿革

"本质"是西方哲学的重要概念或范畴，一部西方哲学史几乎就是围绕本质观念展开的争论，而在中国传统哲学中就没有这个概念，也没有对于本质一类东西的哲学诉求。也正因为在关于本质的观念方面中国思想文化领域中有一片真空，西方哲学作为一种新的世界观、方法论可以在中国长驱直入。尽管"本质"是一个十足形而上学的概念，不过"透过现象'看'本质"这个说法却激发起人们深入探求事物真相的愿望，并且迅速被采纳到各个认知领域，尤其是自然科学领域，后者的巨大成功以及它们对于当今社会生活的作用，又加强了西方哲学的地位。

在西方哲学史上，"本质"一词最初指一个事物真正所是的意思，出自拉丁文的"essence"（本质）就是直接从系词"esse"（相当于英文的 to be）构造出来的。提出真正所是的观念，恰恰是因为考虑到有非真正所是的东西的存在，希腊哲学从柏拉图的时候起就认为肉眼所见和一切感觉到的事情具有可变性，就有了把握事物确定性的要求。表达事物确定所是的那个东西柏拉图称之为理念，那就是最初的本质观念。或者，像亚里士多德所见，人们可以从不

同的方面表达一个事物之所是，但只有这个事物的"本体"（ousia）才是它的真正所是。无论是理念还是本体，都是思想才能把握的对象，理念尤其是完全脱离感觉的对象，这个重要的特征导致了不休的争论，衍生出许多哲学问题，而本质的规定性也就在争论中不断地衍生出来，直至和真理、规律联系在一起。

由于柏拉图和亚里士多德开辟的那个作为事物真正所是的本质是以概念把握的东西，导致中世纪形成了一个争论：一般概念是否代表某种实际存在的事物。唯实论肯定，一般概念表达了某种实在的东西；而唯名论则认为，实际存在的只是个体事物，一般概念只是代表同类事物的一个名称。这个争论间接地揭示，在事物是否存在所谓本质的问题上有着两种尖锐对立的观点。这两种对立的观点到了近代分别为理性主义和经验主义所袭取。经验主义以感觉经验为知识的起点，认为人的一切知识出自感官获得的观念及其组合。他们看重能从经验方面得到实证的知识，对于超出经验范围的知识则抱怀疑或根本否定的态度。

在这场把本质观念置于认识论角度的讨论中，理性主义并没有丝毫退缩。康德站出来说，如果没有普遍性质的概念，怎么可能有像数学、自然科学，或许还有形而上学那样的具有普遍性的知识呢？不过他承认普遍观念不能从经验中提取，普遍观念唯一可以存身的就是作为人的认知能力与生俱来。这样的普遍观念更确切地说是一些容纳经验材料的空架子，它们本身不指示实际事物，而是逻辑规定性的范畴。在康德学说中，原先要问的事物的本质已经转换成了关于事物的普遍必然的知识，并且，普遍性的知识是人自己根据经验材料构造出来的。于是就产生一个问题：这种知识是否就是世界本身的面目（本质）？对于康德来说，连时间和空间也是构成普遍必然知识的先天条件："空间现象的先验概念是一种批判性的提醒：空间中被直观到的一切都不是事物自身，空间也不是任何事物自身固有的形式，毋宁说，对象自身完全是不被我们知道的。"① 于是，本质的观念到了康德这里有了两点重要的发展：（一）本质从指事物的本质发展到指人的认知能力的特征。事物的本质（本来面貌）是人所不能知道的，人们以为表达了事物本质的普遍知识其实是人的认知能力的结果，因此人的直观和知性才是本质性的东西。（二）本质不再限于亚里士多德所谓事物本身的决定性的性质或"本体"那样的东西，而是深入到了规律的概念。知性的作用就是寻找规则，对规律的认识比对单纯本质的认识要深得多。但是，他强调，规律是人的认知活动的产物，是主观性的东西，不能径直把规律当作是事物本身具有的规律。

黑格尔虽受惠于康德甚多，但他不同意康德把现象和物自体作截然的割裂，因为照那样说下去，认知和世界两层皮，人的认识永远达不到世界的真实情况。黑格尔克服这个理论困难的办法是，假定世界的变化和人的精神活动从属于同一个过程，即绝对理念的运动过程，自然界按绝对理念展开的过程同时就是认识活动的过程。他的《逻辑学》以"客观逻辑"表达绝对理念展开为自然界的运动规律，以"主观逻辑"表示绝对理念在人的精神生活中的展开。"主观逻辑"弥补了传统本体论（ontology）哲学对于人这个主体的忽略，它同时也表示绝对理念自身的回归，是绝对理念发展的最高阶段。本质的概念出现在"客观逻辑"的后半部分，表示事物的运动超越了它的直接性（质、量、度）过渡的阶段，进入了通过自身内以及自身与他者的关系获得规定即反思的阶段，同时也表明人

---

① Kant, *Critique of Pure Reason*, A30/B15, trans. by Paul Guyer and Allen Wood, Cambridge University Press, 1998, p.161；参见康德：《纯粹理性批判》，邓晓芒译，人民出版社，2004年，第33页。

从对事物的直接性认识进入了对本质的认识。黑格尔从关系方面来界定本质："本质映现于自身内，或者说本质是纯粹的反思；因此本质只是自身联系，不过不是直接的，而是反思的自身联系，亦即自身同一。"① 这里说到的"同一"也与此前形式逻辑的同一不同："不要把同一单纯认作抽象的同一，认作排斥一切差别的同一。"② 作为黑格尔哲学中理念体系环节的本质，"诚然它们自身是同一的，但是，它们之所以同一，只由于它们同时包含有差别在自身内"③。于是，本质就不再是停留在单纯确定性的概念，它是一个包含差异在自身内的概念，本质是内在的关系。此外，黑格尔的本质观还有一个突出之处，那就是本质和现象不是截然割裂的，"本质不在现象之后，或现象之外，而即由于本质是实际存在的东西，实际存在就是现象"④。

综上所述，本质的观念是古希腊哲学中作为表达事物真正所是的观念而出现的。柏拉图的理念和亚里士多德的本体就是这样的观念。西方近代哲学所关注问题的实质是关于事物本质性的知识的问题，即人类是否可能拥有这种知识？它有什么性质？这种知识是否揭示事物的本质？这些问题构成了所谓认识论的转向。经验主义者从一切知识当以感觉经验为出发点，他们或者阻断通向那种知识的道路，或者对那种知识的存在表示怀疑，甚至干脆否定。康德则肯定这种知识的存在，并且把这种知识的根据归结为人类先天具有的认知能力，但是对于这种本质性的（普遍必然的）知识是否表达了事物的本质则持保留态度。黑格尔不仅肯定这种知识的存在，而且

---

① 黑格尔：《小逻辑》，贺麟译，商务印书馆，1980年，第247页。
② 同上书，第249页。
③ 同上书，第250页。
④ 同上书，第275页。

认为事物本身的发展和深入到事物本质中的认识都是绝对理念的展开，人类把握本质性的知识就是把握绝对理念。绝对理念是统天地间的总规律，在这个意义上，黑格尔的全部哲学就是本质的哲学。

## (二) 本质观念的当代困惑

进入 20 世纪以后，关于本质观念的争论不仅没有消除，相反却出现了更复杂的局面。一方面，原来持有本质观念的欧洲大陆理性主义哲学逐渐显露了反本质的立场，这在法国解构主义那里表现得很明显，对他们来说，本质主义是一个贬义词，是需要予以解构的。另一方面，出自经验主义传统的分析哲学基本上坚持着反本质的立场，据《剑桥哲学辞典》"essentialism"条说，"到了（20 世纪）50 年代末的时候，所谓真实本质的观念及其衍生的观念（即在一个对象的诸性质中有些对这个对象来说本质性的）已经是哲学上的死胡同。这一点已经成了英语世界哲学家们的常识"[1]。然而，该条目又提到，秉受经验主义传统的分析哲学中，却有一股"新本质主义"的支流[2]。尽管有所谓"新本质主义"的昙花一现，无论如何，进入 20 世纪以后，本质观念已经不再光芒逼人。"本质主义"成了一个贬义词，而"反本质主义"倒是许多标榜批判的哲学

---

[1] *The Cambridge Dictionary of Philosophy* (second edition), Cambridge University Press, 2001, p. 282.
[2] 新本质主义认为，逻辑命题的真假不依赖事实，而在于命题本身形式上的可能性和必然性，其所谓的必然性和可能性只能是某个假设世界即可能世界中的情况，没有那种可能的世界，谈论逻辑命题的必然性和可能性是没有意义的。他们主张存在着一个可能的（假设的）世界，正是这种观点被认为是对本质主义的"复活"。其代表人物克里普克（Kripke）、亨迪卡（Hintikka）、蒙太古（Richard Montague）等活跃在 20 世纪 50 年代末和 60 年代初。

家的口号。反本质主义往往与非理性主义、反形而上学、反逻各斯中心主义、反语音中心主义等联系在一起。反本质主义也向哲学之外渗透，荒诞戏剧、无调音乐、行为艺术、绘画上的印象派、现代派的建筑等，一切凡是打破常规的东西都汇聚在反本质主义的旗号下。

要反对本质主义当然首先要界定什么是本质主义，那么，究竟什么是本质主义呢？有人认为，本质主义是指这样一种观点：事物的性质可以区分为本质的和偶然的属性，只有那些本质的属性才是决定性的，它使个体成为个体，使个体的类成为类，或者个体成为类的个体①。有人认为，本质主义的观点是，主张事物存在本质，而描述事物的谓语有本质性的、非本质性的或偶性的之分②。这两种说法基本上都是把凡承认事物有其本质者称为本质主义，只是后一种说法用的是分析哲学的语言。由此得出一种所谓的反本质主义的立场，他们主张"不必在意本质这个概念，或者，我们永远不能分清哪些性质是本质的，哪些是偶有的"③。这些对于本质主义和反本质主义的界定，未能将本质观念在历史上达到的深度和广度揭示出来，它不区分本质的观念和本质主义的观念，在界定本质的观念时又停留在亚里士多德的水平而无视本质观念此后的发展。在西方哲学史上，本质的观念最初出于对事物真正所是的追求，为此而区分事物中决定性和非决定性的性质，旁及个体事物和类的关系问题，逐渐牵连出本质与现象的关系，作为抽象同一的本质（本体）和辩证统一的内在关系的本质等等问题。现今，我们已经清楚地看出，本质的观念与普遍性、必然性、根据、定义、规律、逻辑、理

---

① 参见《西方哲学英汉对照词典》"本质主义"条，人民出版社，2001年。
② *The Cambridge Dictionary of Philosophy* (second edition), "essentialism".
③ 参见《西方哲学英汉对照词典》"本质主义"条。

性、客观真理等观念粘连在一起,是西方哲学中渗透性极强的一个观念。或者也可以说,本质观念简直就是西方哲学的命脉,对本质观念的敲打势必波及其余的观念,乃至根本上震撼哲学这门学问。

正因为本质观念的广泛渗透性,所以,对于传统哲学的各方面的挑战,虽然它们不一定提到"本质"这个词,几乎都被看成是反本质主义的。例如,在价值领域,认为存在一种有关是非、好坏的确定而客观标准的被认为是本质主义,反之则是反本质主义;在伦理学领域,认为善和恶有确定不变的标准的被认为是本质主义,反之则是反本质主义;同样,在审美领域,认为美和丑有客观标准的被认为是本质主义,反之则是反本质主义。总之,表现在各门学科中的一切对于理性、普遍性、必然性、规律、逻辑的怀疑和批判都被纳入了反本质主义的合唱。然而,由于本质观念的广泛牵涉和本质主义一时难以得到明确的界定,反本质主义的意义也是比较含糊的。只要仍然驻留在西方哲学的框架内,反本质主义就免不了陷入相对主义、不可知论、怀疑论、非理性主义,甚至虚无主义的泥沼。

本质观念的现代困境还须从科学方面去观察。探寻万物起源最初是一个哲学问题,也是科学的激发点。哲学将万物起源的问题引向了对本质观念的追求,哲学不仅在方向上引领着科学,也在方法上影响着科学。为了把握本质,哲学发展出了在纯粹概念中运思的方法即逻辑的方法。由于哲学的这种特点,人们习惯于把哲学叫做形而上学而与科学区别开来,其实科学尤其是作为一切科学基础的理论科学与形而上学几乎是没有区别的。著名科学家霍金就说:"在发展理论物理中,寻求逻辑自洽总比实验结果更为重要。优雅而美丽的理论会因为不合观察而被否决,但是我从未看到任何仅仅基于实验而发展的主要理论。"① 在本质这个观念的起源中还包括一种意义，即它是变中的不变，多种之一。唯其如此，本质才是事物可以得到定义的真正的所是。不过随着量子力学的产生，人们开始意识到，打开原子以后，物质的存在形式就脱离了我们以"变中不变"的想法去寻找的样态，它不是单纯的粒子，而同时又是波。换句话说，在物质构成的方向上，人们找不到与具有普遍确定性的（狭义的）本质观念相对应的东西。量子论的诞生还使科学家认为，物质的样态与人们观察、测定它们的方式有关。随着这一发现，西方哲学界不断有"回到康德"的呼声，因为康德早就表示，（具有普遍必然性的那类）自然科学知识是人类运用理性整理知觉材料的结果。

以上这些考察使我们更加困惑。一方面，要不是古希腊哲学创立了本质的观念，很难设想人类能发展出今天那样的科学；而另一方面，科学本身的发展却并没有提供证实本质观念的证据，甚至就连科学赖为确定性工具的数学，也被哥德尔证明，任何数学体系并不包含对于其自身一致性的证明。如果我们承认自然科学是在西方哲学的驱动下发展起来的，那么，对哲学本质观念的批判和反思就不仅仅是哲学本身的事情，它势必超出哲学的范围，影响自然科学观念的变革，乃至影响人类生存方式的变化。

尽管反本质主义在"理论"上困难重重，但它那种欲求突破传统、打破常规或摆脱成见的情绪竟成风起云涌之势。可能正是理论上对本质主义的分析、批判还徘徊在困境中，传统、常规和习俗却作为牺牲品在反本质主义的大潮中被首先吞没。传统、常规和习俗

---

① 史蒂芬·霍金：《霍金讲演录——黑洞、婴儿宇宙及其他》，杜欣欣、吴忠超译，湖南科学技术出版社，1998年，第31页。

遍及人类生活，它们是自然形成的，而本质的观念和本质主义却是西方文化中特有的现象，因此，传统、常规、习俗之类的东西与本质主义不是一回事。要使对本质主义的批判切中要害，还是要通过生存状态的分析，首先看清本质观念的来龙去脉。

## (三) 寻求"多中之一""变中的不变"

现象学提供一种方法，它教人在分析一个观念的时候把这个观念和显现这个观念的意识方式联系起来考虑。根据这个方法，任何一个问题提出的时候，同时出现的不仅有问题所问的对象，还有与这个对象相关的问题的形式以及在那种提问中的人的状态。把这个方法用到本质观念的考察，就是要问，本质观念的出现所对应的是人怎样的状态（提问方式）。这就是所谓对本质观念的生存状态分析。

回到最初柏拉图提出的理念。理念突出的性质是多中之一、变中的不变，其他的性质如果还不能说是派生的，也是紧密依附着上述性质的。当人们把"多中之一""变中的不变"看作是理念的性质时，也需要看到，这首先是柏拉图引导人们看待事物的意识取向，本质的观念是人追求多中之一、变中的不变那种自身状态的产物。

人追问本质的意向对于本质观念的产生具有优先性。例如，在柏拉图对话《美诺篇》中，苏格拉底要求美诺谈谈什么是美德，美诺认为，"美德的种类很多"，苏格拉底不满意这个回答，他说，尽管美德有多种多样，也应当有某些共同的性质使美德成为美德。根据这个思路，美诺提出，正义对于所有人来说都是美德，同样的还有勇敢、节制、智慧、尊严等。苏格拉底认为这一回答仍然有问题，我们只想寻找一个美德，现在是要找出作为一个整体的美德①。虽然这篇对话最终没能告诉我们作为整体的美德究竟怎样表达出来，但是，其"多中求一"的意向是明白无误的。

理念也是追求变中之不变的结果。柏拉图认为，对于变化着的事物我们不能形成确定的知识。对此，亚里士多德述之甚详："苏格拉底忙于伦理的问题而忽视了作为整体的自然，却在伦理的事情中寻找普遍的东西，并首次把思想定位于寻找定义。柏拉图接受了他的教导，但是认为，这不是用于可感事物，而当用于另一类东西。理由是，因为可感事物总是变动不居，一般的定义不能成为任何可感事物的定义。这另一类事物就是他所谓的理念，他说，可感事物都与这些东西相关并据此而得名。"②

正如本质性的理念在柏拉图这里作为意识的对象出现是人类历史上的第一次，相应地，把握这种对象的意识方式也是过去的人们所不熟悉的。今天人们已经习惯说，普遍性的概念是逻辑思维的对象，但是在柏拉图的时候，希腊文的"noein"这个词是否能译成"思想"恐怕也是不确定的③。所以我们看到，柏拉图推出理念的同时也总是竭力引导人们建立起把握不变的东西所要求的那种意识方式，这种意识方式他称为灵魂。或者反过来说，柏拉图之所以没有明确说把握理念的是思想，有可能是因为当时的人们根本还不知思

---

① Plato: *Completed Works*, ed. by John Cooper, Hackett Publishing Company, 1997, pp. 871-878；参阅《柏拉图全集》第 1 卷，王晓朝译，人民出版社，2002 年，第 492—504 页。
② Aristotle, *Melaphysics*, 987a32—987b9, 见 *The Basic Works of Aristotle*, Random House, New York, 1941, pp. 700-701；参见亚里士多德：《形而上学》，吴寿彭译，商务印书馆，1959 年，第 16—17 页。
③ 据格思里（Guthrie）《希腊哲学史》（第二卷）考证，"noein"在荷马史诗中是"识出"的意思，他据此解释巴门尼德残篇八中"noein"不能译作思想。此项资料转引自汪子嵩等著：《希腊哲学史》第 1 卷，人民出版社，1988 年，第 604 页。

想为何物。要使人们从熟悉的认知方式进入把握理念的意识方式是一件困难的事情。在《理想国》这篇对话中,柏拉图鼓励人们"把灵魂拖离生成着(becoming)的世界而转向是者所是的那个世界(the realm of what is)"①。柏拉图还举例说明,有些东西需要召唤理智(understanding)才能认知,有的东西看起来既是一,又是无限的多,这时,真正的一也是靠理智把握的,而不是视觉看出来的。这就是哲学家应当掌握的方法,即"他们必须学会从生成中脱离出来去把握'是'(being)"②,理念出现在某种特定意识(即今天所谓思想)中,不进入这种意识状态就不能把握理念,所以柏拉图在提倡理念的时候,也努力启发人们把握理念的意识。

亚里士多德对于柏拉图的理念论持反对立场。他认为,在解释我们的世界的时候不必求助于理念,因为理念是另一个世界的事情。但是,他并没有因此而取消对本质的追求,相反,本质的观念在亚里士多德这里被进一步勾勒出来。有一件事能说明亚里士多德对于本质观念的产生作出的贡献,现在英文中的"essence"即"本质"一词是据拉丁文构成的,而拉丁文最初是从阿拉伯文转译亚里士多德著作《工具篇》时出现的。说来也很戏剧性,亚里士多德的原文并没有专门表达本质的词,而是写作"to ti en einaito"(what it was to be so and so,意为:曾是如此这般的东西)。在希腊文中,本质和存在都是用系词"是"表达的,这使得亚里士多德在分别

---

① Plato, *Republic*, 7. 521d. 见 *Plato: Complete Works*, p.1138.
② Plato, *Repubulic*, 7. 525b. 见 *Plato: Complete Works*, p.1142. 此处的"being"在 Edith Hamilton and Huntington Cairns 编的 *Plato: Collected Dialogues* (Princeton University Press, 1961) 中译作"essence",郭斌和、张竹明(《理想国》,商务印书馆,1986 年)和王晓朝都译作"本质"。这样的翻译照顾到了现在人的理解,却规避了古希腊哲学围绕着系词所作的种种表达。"Being"在这里有"真正之所是"的意思,剔除了其中所包含的"becoming"的意思。

"是什么"和"有什么"时往往显得很麻烦。而据说阿拉伯文缺少一个同时表达"是什么"和"有什么"的词，因此当阿拉伯文翻译成拉丁文时，就出现了"quiddity"（后来作"essence"）和"existere"两个词，分别表示本质和存在①。这说明在亚里士多德这里，本质这个观念开始寻求语词的表达了。

亚里士多德反对柏拉图的理念论，却并不反对对本质的追求，这是因为他同样要寻求多中之一和变中的不变。我们读希腊哲学史，印象最深的是，哲学家都是从追问万物始基开始的。其实这种印象是亚里士多德造成的。例如，希腊哲学第一人泰勒斯，他诚然主张水是万物的始基，但是，残存的资料说明，泰勒斯在米利多城邦的外交和军事方面都发挥过重要的作用，在学问方面主要以天文学闻名，或许还有数学②，而现在他主要是以提出万物始基的第一人而载入哲学史，这是经过亚里士多德过滤的结果。显然，在亚里士多德看来，讨论万物始基的问题很重要。他自己的《形而上学》一书也是循着这个方向去深入研究，总结出"四因"说，即把千变万化的世界归结为动力因、形式因、目的因和质料因。当然，他只达到了"四"而没有达到"一"，这并不说明他不想在多中求一，只是因为他的经验论方法的局限阻止了他进入最终的一。

亚里士多德认为，哲学就是关于原理和最一般的知识③。与亚里士多德的哲学密切相关的一个语言的背景，是西方哲学史上至今还纠缠不清的"是"的问题。印欧语系很早就使用着"是"这个词，人们知道它在充当系词以连接主词和谓词之外，还有实义动

---

① 关于这个故事参阅 A. C. Graham,*"Being" in Linguistics and Philosophy*，载他的论文集 *Unreason within Reason*, Open Court, 1992, pp. 85–95。
② 汪子嵩等：《希腊哲学史》第1卷，第138—151页。
③ Aristotle, *Metaphysics*, 999a27；亚里士多德：《形而上学》，吴寿彭译，第46页。

词"存在"的意义。事实上，这个词的使用的复杂性还不止于此，在充当系词的时候，它不仅可以连接名词，还可以连接动词、形容词、副词等，以表示主词所指的东西及其性质、状态等，并且，所有这些被系词连接在一起的东西又统称为"是者"（being/something that is），这在形式上好像是满足了多中之一的要求，然而在实际上却造成了极大的混乱：是者的意义是多种多样的，除了主语往往代表主体事物，充当述语的那些是者可以是一种性质，也可以是一种状态，乃至于"主要的是者的类别就等于述语的类别"①，由此而引出西方哲学特有的一个课题，即澄清这些词语代表的是者的不同种类，于是就有亚里士多德在《范畴篇》里对范畴的划分②。

更复杂的问题在于，在这么多称为是者的东西中，哪一种是者才是事物真正的所是呢？例如，在"苏格拉底是人"和"苏格拉底是苍白的"这两个句子中，"人"和"苍白"由于都是述语因而都是"是者"，其中"人"是一般的类，"苍白"是一种性质，当然"人"要比"苍白"更能表达苏格拉底的真正所是。这真正的所是，就是亚里士多德要寻求的"ousia"，即所谓本体。"ousia"是希腊文系词"是"的分词，相当于英文的"being"，只是"ousia"是个阴性分词（中性分词为"on"，英文中无法区分中性分词和阴性分词）。现在人们也把亚里士多德的"ousia"直接理解为本质。所谓本质要问的不过是一物之真正的所是，而这个问题的产生原来是与西方哲学所使用的系词所造成的麻烦有关。

---

① Aristotle, *Metaphysics*, 1017a23；亚里士多德：《形而上学》，吴寿彭译，第94页。
② 在《范畴篇》里，亚里士多德将范畴划分为十类，它们是：本体、数量、性质、关系、地点、时间、姿态、状态、主动、被动。参见亚里士多德：《工具论》，李匡武译，广东人民出版社，1984年，第12页。

柏拉图和亚里士多德在对于"多中之一"和"变中的不变"的追求中把本质的观念催生出来了。本质观念的优越性在于，它代表了事物真正的所是。不过，能够把寻求本质的动机发动起来的，是人所面对的"多"和"变"。这个"多"和"变"对于柏拉图来说就是感觉中的世界，这多中之一、变中的不变就是理念。亚里士多德看到的是，非真正所是的东西的根源在于"是"的多义性，于是，究竟什么是事物的真正所是，要看你怎么问。亚里士多德的本质学说为经验主义的发展开辟了空间，不过，由于他也求诸于一般，而从经验概括得到的一般是有程度差别的，一般的程度越高，其有效性越大，但是不出经验的范围怎样才能达到最高的一般呢？这最多是一个无限接近的过程。而柏拉图的理念则直截了当地表达出了这个"绝对值"，即理念，它是绝对普遍的（universal）。在追求本质的道路上，柏拉图主义更显示出理论的彻底性。这大概也是柏拉图主义能够在西方两千多年的发展史上占据统治地位的原因之一。

## （四）本质的观念与本质主义

本质的观念与本质主义有密切的关系。伴随着本质的观念有一种人自身的生存状态，本质观念是让人作为主体站在世界的外面，以追问"多中之一""变中之不变"的意向辨识世界的结果。不论是最初的作为决定性的性质和本体的本质观念，还是黑格尔那里作为规律的本质观念，也不论是绝对的、超越性质的本质观念，还是在经验的基础上得到一般的本质观念，这些都需要人启动把握概念的"思想"，本质是作为概念在思想中被把握的。把寻求事物本质的方法推广到不适当的地方，就出现了本质主义。

本质本来是辨识世界的结果，把寻求本质的方法用来辨识人以及人的活动就是不宜的。即使在辨识事物的时候，本质的方法也不尽适用，因为世界可以是一、是多，在其现实性上也是多、是变，它们是什么与人处置它们的方式相关。而人类及其活动则是这种方法最明显不适用的领域，因为概念地思想是人辨识事物的多种可能的方式之一，人是这种方法的创造者和使用者，在使用这种方法时，人是认知的主体，把这种方法用来辨识人自己就把人压缩到客体、对象的地位上去了。如果像黑格尔那样从本质发展到规律的观念，规律又与必然性相关，用这种观点辨识人，势必抹煞人的意志。人能认知，事物却不能。把人定义为理性的动物就是一种本质主义，它把人的本质归结为动物，即使加上理性这个条件，我们也无法把非理性的人甚至有违理性的人不当人。况且，如果承认每个人都既是理性的又是非理性的，则势必得出人既是人又不是人，这也与追求本质的初衷相违。

本质主义更多地表现为一种寻求人类生活各方面的规律的理论研究。我们知道，是黑格尔首次把事物本质的观念推广成了事物规律的观念，并且更进一步，设想出有绝对理念体系，它是统摄自然界和人类精神生活的总规律。当黑格尔这样做的时候，就成了最大的本质主义者。当然，黑格尔的思想还有更深刻的一面，他所谓的规律的思想中运用了辩证法，其区别于传统逻辑之处不仅在于本质的观念包含差异，而且还消融逻辑范畴前此的各环节于后来的环节中，这使得他能够把人的意识看作是一个从感性确定性到绝对知识的普遍精神的发展过程。显然，在他看来，达到了普遍精神的人是人的本质发展所达到的最高阶段。但是，如果只有达到普遍精神阶段才是人的本质的全部实现，那样的人岂不是精神贵族？另外，把本质的观念发展到规律的观念，似乎包容了变化和不确定性，但是，整个理念体系作为客观真理，在黑格尔看来是绝对确定的，规律是确定不移的，他把不确定的变化确定化了。所以，马克思主义认为，黑格尔的哲学体系窒息了活生生的辩证法。

当上述寻求本质的方法被广泛运用到社会、人文学科各个领域的时候，本质主义就泛滥了。例如，在美学中，中国曾经出现有关美的本质的讨论，争论在于美究竟是客观的、主观的，或者是主客观间的，根据不同回答形成了三派观点，他们原本是想让人们从理论上认识美的本质，结果无论哪一种观点都没有给我们带来美的享受。又如，近年来关于价值问题的讨论很热门，这一问题的出现是因为实际生活中人们的利益出现了较大的分化，各种利益的代表都试图声张自己的利益，结果却诉诸理论的法庭，提出了普遍价值的概念。然而，西方人把价值问题当作一个学科独立出来至今有一百多年了，但是人们还是不知道价值的概念该如何定义。试图为价值下定义是本质主义的表现，至今拿不出它的定义是本质主义的失败。不把价值挂在口头的时候并不是不知道价值，一旦谈论价值的时候却失去了价值。再一个例子是关于伦理的问题。自从英国人摩尔发表了《伦理学原理》（1903）以来，不大有人再费心为各种伦理观念下定义，他证明了对善运用定义的方法是徒劳的。现在的讨论看来比较实际了，比如，避开定义直接讨论怎样做才是公正。这里面也有争论，焦点在于，有的主张公平在均贫富，有的主张竞争的公平。究竟采取什么措施，这应当基于对实际情况的判断。离开实际情况的论证往往求助于对人性的本质的假定：主张均贫富者一般认定人的本质在于它的社会性，而主张公平只在于竞争的公平者，多依赖人的本质在于他的个体性。这两种据为前提的假定仍然是本质主义的。

分清本质的观念和本质主义的联系和区别，也为批判本质主义指明了方向。前文提到,有的工具书把凡是认为事物都有本质或者在事物诸性质中必有一种是本质属性的观点当作本质主义,这是不妥当的。还有这样一些主张和倾向:凡是权威就要反对,凡是传统就要打破,凡是成说就要解构,藐视一切规范,不承认一种文化内部有其主要特征,反对一切中心,它们也被当作是反本质主义的。我觉得这要小心对待。这里说的权威、传统、成说、中心、特征、规范等只要不是以概念的必然性表达出来的。并且其本身并没有宣称自己为普遍性的原理,就不属于本质主义一类的东西,因而也不需要像反对本质主义一样加以反对。把这些东西误当作本质主义反对可能是把现实生活中需要确定的东西与本质主义当作永恒原理加以固定的东西混淆起来了。这种混淆不仅不能切中本质主义的要害,反而可能成为虚无主义,甚至可能造成更大的混乱,譬如,为人性中的各种"癖"张扬其合理性。

## (五) 中国哲学的"研几通变"

在西方哲学中,要是论证陷入无穷尽倒退,或者遇到了无限而无法收敛,即黑格尔所谓恶的无限,这无疑就被判为认识上的陷阱。求问多中之一、变中之不变容易被人接受,应了所谓"经济思维原则"。中国古代的哲人是深知这一点的,《庄子·养生主》说:"吾生也有涯,而知也无涯。以有涯随无涯,殆矣。"但是,中国传统哲学并没有从本质的方面去收敛漫无边际的世界,中国传统哲学中没有发现本质或与之相应的观念。面对变化不居的世界,第一位重要的是要在其中存活下去,中国古代的哲人们决定接受世界的多变性,在适时应变中谋求生存和发展。因此,中国古代哲学不在于探求"多中之一"和"变中的不变",而在于"研几通变"。或许有人以为,从印度传入中国的佛学中有所谓真相、真如的观念,似乎是本质一类的观念。真相、真如,从字面上的解释分别是"本来面目"和"真实如常"①,佛教认为,与之相反的虚妄是从自己的欲望中生出来的,并不专指感觉中的东西,所以,真相或真如也就不是概念把握的对象。要之,包括佛学在内的中国哲学并没有现象和本质两个领域的划分,这就从整体上排除了中国哲学二元论的可能。

"研几通变"出自《周易·系辞传下》:"夫易,圣人之所以极深而研几也。唯深也,故能通天下之志;唯几也,故能成天下之务。"王弼注:"极未形之理则曰深,适动微之会则曰几。"孔颖达疏:"夫易,圣人之所以极深而研几也者。言易道弘大,故圣人用之所以穷极幽深而研覈几微也。"② 几,指事情的迹象、征兆。《周易·系辞传上》又曰:"极数知来之谓占,通变之谓事。"王弼注曰:"物穷则变,变而通之,事之所由生也。"③ 世界是在不断变化生成中的,人类和社会生活(事)也是在这个过程中产生出来的,人类必须在这个变化过程中觉察影响生存的变化苗子,努力趋吉避凶,以求得生存和发展。这就是《周易》这部被认为是儒家和道家共同经典的不朽著作的核心思想,因而也是中国哲学思想的基本出发点。

《周易》并没有关于本质的问题,这里可资比较的是,产生和不产生本质观念的原因。本质的观念是以"多中之一""变中的不变"看世界的方式,这是人们面对无限多样千变万化的世界时一种可能采取的生存方式。的确,这种方式是人们认知世界的一条途

---

① 见丁福保编:《佛学大辞典》,"真相""真如"条,文物出版社,1984年,第881、876页。
② 《十三经注疏》上册,中华书局,1990年,第81页。
③ 同上书,第78页。

径，并能够在语言中把所知的世界相对稳定地表达出来。不过，从《周易》的观点看，正因为世界是变化多端的，那就照它变化的样子去把握它："易简而天下之理得矣"①，变化，这就是简单明白的道理。"子曰，易其至矣乎！"② 变化是最终的道理啊！

然而，如前所述，有限生命和无限世界的矛盾是任何人都不能避免的，当西方哲学用求得"多中之一""变中不变"的途径去解决时，《周易》提出变化的"序"及其"至"。"君子所居而安者，易之序也"③，搞清这种变化的"序"，生命的活动就有所据了。这种"序"，就是关于包括人在内的天地万物都是从同一根源中演化出来的假说："是故易有太极，是生两仪，两仪生四象，四象生八卦，八卦定吉凶，吉凶生大业。"④ "太极"是这个序列的起点，是一切分化所从出的总根子，即"至"。有了这种假说，才能说"易其至矣乎"。

面对变化的世界，中国古人不是化变为不变，而是追溯变的源头。《周易》肯定一切变化的源头在太极，得出了天、地、人出于同一根源的想法。对任何问题的思考都可以用追溯源头的办法，例如《大学》开头的话："大学之道，在明明德，在亲民，在止于至善。"至善没有一点恶，既然没有恶，善也不成其为善，故至善不善。这样说决不是为了泯灭善恶，而是启发人关注善恶萌生的"几"，这样才不至于教条地沿用既定的标准。《庄子·齐物论》说："古之人其知有所至矣。恶乎至？有以为未始有物者，至矣，尽矣，不可以加矣。"未始有物指万物还没有分化，也没有人，更没有认

---

① 《十三经注疏》上册，第76页。
② 同上书，第79页。
③ 同上书，第77页。
④ 同上书，第70页。

知和言论,"故知止其所不知,至矣"。中国古人强调开端,但是在态度上有细微的差别。有的强调回到开端是为了关注"几",因为毕竟世界是分化出来了,并且继续分化着,且有了各种各样的人事,这是生活展开的必然,关注"几"为的是动静适时,发而中节。有的则更留恋原始开端的状态,尤其是看到了人的各种言论、观点不断推演,可能离开源头越来越远,担心"是非之彰也,道之所以亏也",因而主张"不言之辩","不道之道"①,甚至"绝仁弃义","绝圣弃智"②。这就有了儒家和道家的区别。无论如何,回到源头也就是回到生活中各种意义的出处,这意味着各种现成的说法都不是最终的依据,尽管它们有参考的价值。包含在中国古代哲学中的这个思想是极为重要、极其智慧的。

这个作为一切开端的太极观念,是追寻万物起源的结果,但是,如果把这种追寻仅仅归结为历史性的思想是不够的。因为世界上的事物各有起源,仅仅作历史的追问不能得出事物有同一根源的结论。只有同时也把世界上的事物看作是"分",才能得出一切的分出于不分的观点,才会产生出太极的观念。这个想法不是纯粹历史性的思考。顺便提一下,北宋的周敦颐在太极之前复提一"无极",说"无极而太极"③,即太极出自无极。或以为这是画蛇添足,但是,考虑到作为最终根据的东西不仅是一切事物的开端,还是分所自出的不分,而照以往的说法,一切的分皆由于阴阳的作用,而并没有交代清楚阴和阳这两种作用力究竟是太极本身就有的还是太极产生出来的,置一无极于太极前就明确了,作为万物开端的东西不仅是时间意义上的,也是分所自出的不分。朱熹又将这句话引为

---

① 《庄子·齐物论》。
② 《老子》,第十五章。
③ 周敦颐:《太极图说》。

他所编的《近思录》的第一章第一句话，这表明到了宋代，中国先哲们对于自家学说的形式有了反思和总结。

至此，我们可以说，在面对无限多样、变动不居的世界时，有两种不同的应对态度。西方哲学以"多中求一""动中求不动"的"看"的方式，得出了关于事物本质的观念。中国哲学如其所是地接受了世界的变动性和多样性，努力使自己在变动中求得生存，即调整自身的生存状态以达到与自然和社会生存环境的契合。于是，与西方"看"世界的方式不同，身心修养成为从事中国哲学活动的道路。关于哲学这门学问的性质，亚里士多德说，"恰恰是由于惊奇，自古至今的人们才从事哲学活动（to philosophize）"[①]，他又说，哲学是"超越感官"的技术（即把握一般的思想——笔者），"不以实用为目的"，而是让人"娱乐"的，"这些知识最初出现在人们开始有闲暇的地方"[②]。而《周易》则关注吉凶、悔吝、得失，因而是"知死生之说"[③]，要求人们保持忧患意识，临深履薄，以自强不息、厚德载物的精神应对生存挑战。

性质和作用的不同，使得中西哲学的问题及其走向也有很大的区别。西方哲学进入超感官的领域，追求普遍的知识；于是，他们讨论，普遍的东西究竟是否代表了某种实在（唯名论和唯实论之争）？普遍性质的概念究竟来自经验还是天赋观念（经验主义和理性主义之争）？普遍知识揭示的内容是否就是客观事物的本质（不可知论与可知论的争论）？以修身为务的中国哲学并不是没有

---

① 亚里士多德：《形而上学》，982b13，981b10—23；*The Basic Works of Aristotle*，p. 692。
② 亚里士多德：《形而上学》，982b13，981b10—23；*The Basic Works of Aristotle*，p. 690。
③ 《十三经注疏》上册，第77页。

"说",其重个人性命者为道家,兼济天下者是儒家。他们的学说围绕的是,为什么要修身以求得人与生存环境的契合?其根据是什么?这就有天人同源的假说以及人为天地间之灵秀的断言。关于修身的可能,则有对于人的"性"和"德"的描述,这不是对人的本质的判断,因为本质是关于事物的知识,是以普遍性的概念把握的东西,是一个不变的"什么",中国人说的"性"既不是普遍概念把握的东西,也不是完全不变的,故有"性相近,习相远"之说;中国人说的"德"也不是西方哲学那种附属于本体的性质,更不是一种"所是"(that it is),而是一切所是由于它而得以揭示的场所,用一个"明"字表达,即"明德"。《大学》所谓"在明明德",指的就是要通过修养澄明德性,如此方能"格物",即让发生在自己生命中的重要事情得到鉴照。而这里的"物",按郑玄注,"物犹事也"①,出现在人的生命中的"物",就是对人而言的"事",如此,对还不成为生命中的"事"的"物"就无暇关照了。

所以,对于中国人来说,生活中充满哲学,六经皆史,技能进道,等等。在这条道路上的高明者就是圣贤。一部中国哲学史是很简单的,因为它贯穿着一个任务,就是争取成为生命的自觉者,但从另一个角度看,它又是广博精深的,因为它记录着不同历史时代人们独特的生命体验,这种体验是常新常变的。

## (六) 从本质的哲学到生命自觉的哲学

中国传统哲学中没有本质这个观念,随着中西文化和哲学交流的深入展开,人们早晚要面对这个事实。本质观念不仅是西方哲学

---

① 《十三经注疏》上册,第1673页。

诸范畴中的一个范畴，而且它与其他范畴有广泛的牵涉，对西方哲学的形态有决定的作用。抓住有无本质的观念，中国传统哲学和西方哲学形态上的差异就凸显出来了。如果承认这个事实，那么，把中西哲学的比较或中国哲学的建设置于对西方哲学的依傍上就再次被证明是行不通的。随着视野的转变将会产生许多新的重大的哲学问题。这里只想进一步思考与前面的论述直接有关的一个问题。如果有无本质的观念最初确实是出于中西民族面对变化不居的世界所采取的不同应对，那么，可以对不同选择的原因作出解释吗？人类究竟是怎样作出生存选择的呢？

这里讨论的不是必然的原因，那是逻辑的规定性，而只是根据事实发生的情况指出其发生的可能性。一方面，迄今为止的历史表明，人类是地球上能够把生命的意义表达得最充分的生物，简单说，人是有智慧、有自觉的生命意识的；另一方面，地球提供了能够让人类这种生命存活的环境。这两者共同构成了人类生命现象，缺少其中之一，人类这样的生命现象就不可能存在。人类可以这样或那样发挥自己生存的智慧，这是人的自由。生存方式多种多样，人生的意义遂丰富多彩。人类需要通过多样的生存方式来展示生命的潜力和意义。本质观念及其生存方式的出现并无必然性，而只是人的一种可能的选择，因为并不是所有的民族都选择了那种方式。

这种或那种意识和行为都必须在环境所提供的生存条件内才能实现，后者是自由的限度，超出这个限度生命现象就会受破坏而终止。根据已有的历史和考古知识，并不是所有的家族、部落、民族或许还包括人种都能正常延续至今。反过来说，能够延续至今的民族都是他们的祖先创造或采纳了某种成功生存方式的结果，其基本的要求是让自由保持在适度的范围内，即使得生存方式和生存环境之间达成协调。所以，自由地展示人类的生存方式不纯粹是为了自我欣赏,一切生存方式都只能在维持人类生命现象所许可的范围内展开。或者说,当一种生存方式促进了人类生命现象的展开时,才产生了自我欣赏。本质观念及其生存方式对于科学的产生和发展,以及通过科学进而对人类生存产生的积极影响,表明这是一种促进人类生存的有效方式,是值得欣赏的。

然而,每一种曾经成功的生存方式也可能转变为失败的方式,转为对人类生存的威胁。这是因为生存的环境总是在变,是相当复杂的。说到生存环境的复杂性,甚至我们很难将它与人类自己的生存方式完全剥离开来。在简单的个体生命现象中,生存环境主要指的是自然环境。在人类这种生命现象里,人和人、民族和民族、国家和国家都互为生存环境,人自己的生存方式(各种形式的社会生活方式)也成了生存环境的构成因素。生存环境对人的挑战越来越变为人类自己对自己的挑战。只要留心一下周围的状况,到处都可以看到这方面的实证的例子。

随着生存环境和生存方式越来越不可分,作为一个整体的"人类生命现象"就凸显出来了。人类生命现象持存着,一个一个的人才能活下去;人类生命现象维持不下去了,一个一个的人也是不能活的。人类生命现象要维持,首先是它的心活着,人类就是它的心。人承担着"为天地立心"的使命。人类关注着:目前的生存状态怎么啦?它将向何处发展?这不是单凭人的意愿能决定的,也不是在没有人的情况下发生的。关注生存状态的变化是人类选择自己生存方式的前提,人的这个关注,海德格尔表达为"人是'是'的看护者"[1]。用中国传统哲学的语言表达,就是对"道"的追踪和

---

[1] Matin Heidegger, *Basic Writings*, ed. by David Farrell Krell, San Francisco: Harper Collins, 1993, p.234.

遵循。

关注人类生命现象中发生的事情，首先要求"心"明，即所谓大学之道在明明德，以便鉴照实际生活中发生的各种事情，为了人类生命现象得到持续和繁荣而"发而中节"。如此，我们这个星球上的生命现象就因为有了人类而成了自觉的生命。

原载：《学术月刊》2010 年第 7 期

# 二十四、中国哲学的辩护

## （一）挥之不去的隐忧

数年前，中国学界出现了所谓"中国哲学合法性危机"的说法，这个现象有点奇怪。自从西方哲学传入中国不久，胡适、冯友兰等先生就先后写出了中国哲学史，这表明，开始的时候人们对于中国有自己的哲学是毫无异议的。此后，大陆和港台学者陆续出版了为数众多的中国哲学和哲学史的著作。20 世纪 80 年代以来，讲授中国哲学史的教授数量迅速增加，进入 21 世纪，却流传起中国哲学合法性危机的隐忧。"危机"意识究竟是怎么产生的？如果说，是因为中国哲学至今还没有进入美国等一些西方国家大学哲学系的课程，以及像德里达这样的哲学家在中国讲学时总以"中国思想"回避"中国哲学"对我们的刺激，那么，黑格尔贬抑中国哲学、说中国古代谈不上有哲学的那些话，是我们早就知道的，为什么"危机"意识并没有早就出现呢？还有一点，中国哲学合法性危机一度成为中国学界的学术热点，但是，围绕这一学术热点的讨论是没有对立面的，也就是说，此时并没有人公开声称自己否认中国哲学的合法性。像钱穆这样的前辈学者，对于能否将中国传统学术思想称为哲学，向来是很谨慎的，在这个意义上，他从来也没有踏进"中国哲学"这扇门,想必也用不到为中国哲学的合法性而担忧。看来,具有"危机"意识的是那些已经进了这扇门而开始担心自己是否合法的人。

从毫不怀疑中国有自己的哲学,到对中国哲学的合法性产生怀疑,这个变化是怎么发生的?这需要我们回顾一下。确实,中国传统文化中原来并不存在中国哲学这个学科,中国哲学作为一门学科是在西方哲学传入以后。最初胡适把哲学理解为有关人生切要问题的学问①,中国历史文献中充满着这方面的内容,如果哲学就是这种意义的东西,中国很早就有了哲学,这是没有疑问的。然而,当人们进一步了解西方哲学的内容之后,发现"哲学中论证之重要"②,哲学不是随便地谈论宇宙和人生,而是作为一种"根本的原理"③,所谓"论证""原理"是与逻辑密不可分的。此后,中国哲学史著作,不论是从唯物主义和唯心主义两条路线斗争史的角度还是从认识发展史的角度去观察,都重视逻辑问题。没有逻辑就不成理论。哲学,作为理论的理论,更遵循着严格的逻辑。

冯友兰先生晚年再次撰写中国哲学史的时候,他的想法更明确了。他说:"哲学是人类精神的反思。"④ 人类的精神生活概括地说有三个方面:自然、社会和个人的人事,但是这些精神生活本身还不就是哲学,只有对精神生活的反思才是哲学。那么什么是反思

---

① 胡适在他初版于1919年的《中国哲学史大纲》(卷上)开宗明义就说:"凡研究人生切要的问题、从根本上着想、要寻一个根本的解决:这种学问叫做哲学。"(胡适:《中国哲学史大纲》,商务印书馆,1987年,第1页)
② 冯友兰:《中国哲学史》,华东师范大学出版社,2000年,第5页。该书初版于1930年。此句是该书绪论中的一个小标题。
③ 张岱年在完成于1937年、初版于1958年的《中国哲学史大纲》中说,"哲学是研讨人生之究竟原理及认识此种原理的方法之学问"(《张岱年文集》第二卷,清华大学出版社,1990年,第1页)。
④ 冯友兰:《中国哲学史新编》第一册,人民出版社,1982年,第9页。

呢？为什么要反思呢？从他接着谈理论思维和形象思维的关系来看，他把反思看作获取抽象概念的途径。"抽象是人类精神生活中所必不可少的东西。任何理论都不可能离开抽象。"① 所谓抽象就是概括②，结果就有了理论思维的普遍概念，即共相。理论思维中"红"的概念不是什么红的东西，"动"的概念并不动，"变"的概念也不变，那它们是什么呢？冯友兰没有明确讲，而只是说懂得了这些，"这才算是懂得概念和事物，共相和殊相的分别"③。这句话已经透露出，它们是逻辑思考的需要，而哲学就是逻辑的思考。冯友兰对这种所谓"红"不红的"理论思维概念"的不遗余力的介绍，折射出它们在中国文化中是非常陌生的。20世纪80年代，冯友兰先生还在写作《中国哲学史新编》后五卷时，其他各种中国哲学史著作纷纷出现，逻辑仍是很受关注的问题。例如肖萐父、李锦全认为，"哲学认识的矛盾发展，按其逻辑进程，集中体现在哲学概念、范畴的产生、发展和演变之中"，所以写哲学史就要"力图通过分析哲学范畴的历史演变来探索哲学认识发展的逻辑进程"④。又如冯契先生认为，"哲学史可以定义为：根源于人类社会实践主要围绕着思维和存在关系而展开的认识的辩证运动"⑤。所以，他的这部哲学史要描绘的是"中国古代哲学思想合乎逻辑地发展的轨

---

① 冯友兰：《中国哲学史新编》第一册，第19页。
② 冯友兰说："其实概括和抽象是一回事。概括的范围越大，其内容就越少。这就是形式逻辑中所讲的，一个名词的外延和内涵的关系。"（冯友兰：《中国哲学史新编》第一册，第18页）冯先生这里的意思是，从概括得到的概念作为共相是抽象的概念。但把概括和抽象等同，此说有可议处。例如，思想上把性质从实体中抽象出来，这样的抽象不是概括。
③ 同上书，第22页。
④ 肖萐父、李锦全：《中国哲学史》，人民出版社，1982年，第7、8页。
⑤ 冯契：《中国古代哲学的逻辑发展》，上海人民出版社，1983年，第11页。

迹"①。具体来说，他把中国哲学的逻辑发展描绘成"近似于螺旋形上升的曲线"，一个圆圈是先秦从原始的阴阳学说开始，争论"天人""名实"关系到荀子作了总结；第二个圆圈是秦汉以后关于"有无""理气""形神""心物"等的争论，到王夫之作了总结②。另一部由张立文先生写的中国哲学史著作，书名干脆就叫做《中国哲学范畴发展史（天道篇）》（中国人民大学出版社，1988年）。从胡适最初说的"人生切要问题"，到"认识的逻辑""范畴"，中国学者对哲学的理解应当是越来越深入了，然而恰恰在这个背景下，却发生了中国哲学合法性的危机。

"合法性危机"这个字眼表明，有一种关于哲学的"法"，说白一点就是，哲学之为哲学有它自身的规定。说中国哲学合法性危机，就是说，所谓的中国哲学背离了哲学的规定。其实，情况看上去倒是相反，从胡适的《中国哲学史大纲》到20世纪80年代后出版的许多中国哲学史著作，中国学者从"理论思维""根本原理"谈到了"逻辑"，进而深入谈逻辑使用的"普遍概念"或"共相"、范畴，似乎越来越努力使自己的讲述符合哲学的规定。难道这样谈还没有把握住哲学的精神吗？这不免使我们要再检视一下西方哲学究竟是怎样一种形态的理论。

## （二）西方哲学是思辨的哲学

西方哲学博大精深，流派林立，观点纷呈，想对它的形态作一勾勒何其难。幸亏西方人自己也总结了，他们说，从柏拉图到黑格

---

① 冯契：《中国古代哲学的逻辑发展》，第1页。
② 同上书，第18页。

尔的哲学代表了西方传统哲学的主流，这一点是没有异议的。这使得我们能够判断说，西方传统哲学的主旨在于透过现象看本质，在于追求作为真理的普遍原理。依仗这个原理，可以对自然界、人类社会的各种特殊情况作出解释。这个原理系统是西方传统哲学的核心或者精华，称为形而上学或者"是论"（ontology）。围绕这个原理系统的建设、它是否实在（对它的肯定或否定）、是否能够被认知以及认知的过程展开争论，又发展出所谓认识论。是论，或者还算上从中发展出来的认识论，是西方传统哲学的核心内容。黑格尔就是这种哲学的集大成者。他的《逻辑学》就是哲学最高最普遍的原理系统。比前人进步的是，在他这里，逻辑学是"是论"也是认识论，也就是说，逻辑学不仅是世界的原理，同时也是人类认知的过程。所谓认知，不是我们素朴地对具体事物的认知，而是认识范畴的活动过程；由于有了这些认识的范畴，我们才能够认识具体事物的本质或真理。黑格尔把既表达世界运动规律又表达认知过程的范畴体系看成是精神自身运动的结果："精神的运动就是概念的内在发展，它乃是认识的绝对方法，同时也是内容本身的内在的灵魂。——我认为，只有沿着这条自己构成自己的道路，哲学才能够成为客观的、论证的科学。"[1] 这些话表达了以黑格尔为代表的西方传统哲学的观念。

黑格尔的全部逻辑学就是概念自身的运动，可以说是西方哲学寻求的普遍原理的最终表述。它从最简单、最抽象的规定性逐渐推演出越来越丰富的规定性，其中开始具有本质和现象，最后发展到具体的概念。其《逻辑学》的整个推论使人隐约想见宇宙从混沌中展开出来，发展到各种具体事物，出现了有意识活动的人，最后意

---

[1] 黑格尔：《逻辑学》上卷，杨一之译，商务印书馆，1974年，第5页。

识活动上升到了绝对理念的过程。更令人惊异的是，黑格尔认为，他的理论并不来自经验的提炼，而是来自概念自身的展开运动。

以思想上的原理解释世界的始创者是柏拉图。他觉得凭我们的感觉解释不了世界，因为感觉中的事物既是多样的又是变化无穷的，讲了这一个顾不了那一个。但是他发现，不管是正义、节制还是勇敢等，它们都是美德；不管是长的、短的、圆的还是方的，它们都是形。美德、形这类东西是多中之一、变中的不变，用它们可以解释正义、节制、勇敢和长、短、圆、方这类东西，柏拉图称它们为理念。理念是具体可感的事物的原型，具体事物因分有了理念而是其所是，把握了理念就懂得了可感事物的真理。然而，具体事物有多种性质，如果这些性质也都分有各自的理念并且结合在具体事物中，那么，理念本身也必须是结合的。柏拉图后期著作《巴门尼德篇》开始讨论理念间结合的问题，《智者篇》又进一步讨论那些最普遍的理念即"通种"（kinds）之间的结合。柏拉图认为，这门学问是最重要的，从事这门学问是哲学家的事业[①]。

柏拉图对于西方哲学发展的方向具有决定性的意义，他使哲学家建立起一种信念，认为哲学就是要追求事物的真理，真理表达为普遍性的知识。在后来的发展中人们渐渐明白，理念并不是独立存在于另一个世界里的东西，它就是我们称为思想的意识所把握的普遍性的概念。柏拉图发现，有的理念是能够相互结合的，有的则不能，于是就逐渐形成和发展出一套概念间结合或关系的思想操作规范，这就是逻辑。现代人说出了逻辑的真相：它是语言游戏的规则。最初的逻辑是形式逻辑，是亚里士多德整理的。形式逻辑遵循

---

[①] Plato, *Sophist*, 253c, trans. by F. M. Cornfort, in *Plato: The Collected Dialogues*, ed. by Edith Hamilton and Huntington Cairns, Princeton University Press, 1961.

的是概念的同一性，以普遍概念统摄特殊概念，也可以以普遍性较大的概念统摄普遍性较小的概念。康德发现，在概念的同一性中以大统小的思想方式会导致悖论，即两个相对立的前提能够各自做出从普遍到特殊的合乎逻辑的推论，然而，这两个前提的对立却无法消除，即人们无法决定应当采取哪一种前提。后来，黑格尔在批评康德的过程中发展出辩证法，这也是用来做概念操作的逻辑，用这个"游戏规则"，对立的概念不是被排除、被消灭，而是能够统一到另一个概念中，就像好人坏人都是人，人的概念却因有了好人坏人而更丰富。

西方哲学是关于世界的普遍原理的学问，它的核心内容包括是论和认识论，它的方法论的特征是逻辑，这几点中国学者似乎都已经看清了。然而，未必看得很清的则是所谓的普遍概念。西方哲学之所以能以追求普遍原理或普遍知识为宗旨、形成逻辑思考的特征，与其所使用的普遍概念密切相关。普遍概念是构成西方哲学大厦的砖块。"普遍"这个词开始出现的时候应当是对某些语词及其构成的知识的性质的反思，柏拉图的理念实际上就是绝对普遍性质的概念，但是，柏拉图本人还没有从这个方面去反思，在他的对话集正文中，我找不到"普遍"（universal）这个词，他把理念当作是实际存在于另一个世界里的东西。亚里士多德反对理念论。认为我们不必为了解释世界而引进另一个世界的存在，我们关于自己这个世界的知识可以从感觉、记忆逐渐上升到经验、技术，"从经验所得许多要点使人产生对一类事物的普遍判断"①，"博学的特征必须属之具备最高级普遍知识（the bighest degree universal knowledge）

---

① Aristotle, *Metaphysics*, 981a5. 译文参见亚里士多德：《形而上学》，吴寿彭译，商务印书馆，1981年，第2页。

的人。……而最普遍的（the most universal）就是人类所最难知的，因为它们离感觉最远"①。

亚里士多德消除理念世界回到了经验世界，他认为，所谓理念世界的知识无非是我们这个世界具有普遍性的知识。但是，由于他承认普遍是有程度上的等级的，并且认为越普遍的知识越高级，哲学就应当是关于最普遍的知识，那么，势必又导致对绝对普遍的概念和知识的追求。绝对普遍的概念是不能从经验的概括中得到的。休谟专门为此作了论证，他证明，从经验中抽绎不出因果（causation）这个观念，这里的因果就是一个绝对普遍的概念。康德接受了休谟的观点，但是他认为，虽然经验中抽取不出绝对普遍的概念，我们脑子里是存在着的，不然，人类就不可能有数学、自然科学（主要是指当时以自然哲学为标题的牛顿力学）这样具有普遍性的知识。数学和自然科学知识的普遍性表现为，那些知识中所作的判断不会有例外，也不会因人的好恶而改变。既然经验事实中抽绎不出普遍性，知识的普遍性必定是人用自己的思想定式整理经验的结果，这个定式用康德自己的话说即是以范畴表达的先天认知能力。康德又明确，普遍性既指没有例外，同时也是必然性；有普遍必然性的知识才是客观的知识。经过这一历史的演变。现在我们可以概括，西方哲学史上所谓普遍概念的普遍性说到底必定是绝对普遍的概念。绝对普遍的概念必定是超时空的。因为它们不在经验中。逻辑操作运用的就是这样绝对普遍的概念，反过来说，只有绝对普遍的概念才能被用作逻辑的操作。例如，逻辑上规定大是小的反面并且大可以包容小，这里的大和小必须是绝对概念的大和小，不然，各人心中想的大和小不一样，放在一起就得不到普遍必然的逻辑判断。把

---

① Aristotle, *Metaphysics*, 982a20；亚里士多德：《形而上学》，吴寿彭译，第4页。

各人心中的大、小内容去掉，剩下的就只是纯粹的形式，符号逻辑是逻辑发展到纯粹形式化的必然结果。分析哲学以反对形而上学的名义反对传统哲学，却纯粹谈论逻辑，其实它是西方传统哲学正宗的余脉。

西方哲学把追求普遍原理当作自己的宗旨，以逻辑为思维方式，但是，必须注意到其整个哲学的基础在于普遍性的概念。对普遍知识的追求需要普遍的概念。对普遍概念的操作就有了逻辑，结果就造成了西方哲学形态的特征：概念思辨。

当然，这里讲的是以柏拉图到黑格尔为代表的西方传统哲学主流的特征，西方哲学史上也出现过一些反主流或不入流的哲学，现代西方哲学更是在批判传统主流哲学中发展起来的。但是，谈论西方哲学，别的流派可以去掉，从柏拉图到黑格尔这条线索不能去掉，去掉了，西方哲学就没有了，甚至也没有了西方现代哲学。西方哲学对中国哲学界产生的影响也离不开这条线。

## （三）危机出于依傍

回到所谓中国哲学危机问题。中国哲学本来不应该有什么合法性危机，中国哲学就是中国哲学，只是当试图依傍着西方哲学去写中国哲学史而又依傍不成的时候，才产生了所谓的危机。不过，现在倒是讨论为什么中国哲学不能依傍西方哲学的时候了。

写中国哲学史"不能不依傍西洋哲学史"，这是蔡元培先生在为胡适《中国哲学史大纲》作的"序"中首次提出的，至今已经快一百年了。从老式的经学到新式的哲学，中国人赖以安身立命的学问也像社会生活一样发生了巨大的转变，在这个意义上说，中国哲学史这门学问的出现确实有对西方哲学的依傍。但是从经学变为哲学,学问形式的变化不至于连内容也全变,尤其这里涉及的是"史",就像一个人的外表打扮可以变,内在的灵魂总是同一个人。无论是经学还是哲学,我们不是在这些名称下表述中国人从历史上传承下来的精神吗?况且粗略地说,人们还承认世界文明有希腊、印度和中国三大系统,中国哲学应当是中国文化的灵魂。

事实上,人们很早就觉察到了中西哲学差异的要点。在1943年金岳霖先生就指出,"中国哲学的特点之一,是那种可以称为逻辑和认识论的不发达"①。不过,他同时认为,中国先秦时期并不是没有逻辑思想的苗子,"那时有一批思想家开始主张分别共相与殊相,认为名言有相对性,把坚与白分离开,提出有限者无限可分和飞矢不动的学说","然而这种趋向在中国是短命的"②。这本来应当引导人们去思考,"不发达"到什么程度?为什么连苗子也是短命的?为什么儒家倒是在中国历史上占据了学术思想的主流?从而在这个方向上去总结出中国哲学的特征。但是,人们几乎都想以"逻辑和历史相结合"的方法去总结中国哲学史,这样,不仅那些"短命"的东西被强调,甚至还要把整个中国哲学史描绘成逻辑和范畴的发展史。照着西方哲学的样子,把中国哲学本来没有的东西说成早就有的东西,这样的依傍就过分了。

绝对普遍的概念、逻辑、是论是理解西方哲学形态特征的三个环节,而是论则是西方哲学形态特征的最终表现。所以,依傍者总是力图在中国哲学中寻找与是论相当的部分,而曾经又流行以"本体论"取代"是论"去误译"ontology",于是,依傍者就把中国哲学中关于道器、理气、体用的内容当作与是论相当的内容来突

---

① 金岳霖:《中国哲学》,见《金岳霖学术论文选》,中国社会科学出版社,1990年,第352页。
② 同上书,第353页。

出。但是，中国哲学谈道器、理气和体用的基本想法是：道、理与器、气是不能分离的，体和用也是结合的。所谓"道也者，不可须臾离也，可离非道也"（《中庸》）。"天下未有无理之气，亦未有无气之理"；"无是气，则是理亦无挂搭处"；"若理只是个净洁空阔的世界，无形无迹，他却不会造作"（以上三条引自《朱子语类》卷一）。以上这些话很有代表性，说明中国哲学向来把道和器或理和气放在一起考虑，或者说，"体用一源，显微无间"（《周易程氏传·易传序》）。离开了器、气或用，就谈不上道、理或体。而西方哲学的本体论则完全是一个"理"的世界，是纯粹概念逻辑地构造的体系。正因为原理世界与现实世界的隔离，所以，这两个世界之间的沟通一直是西方哲学的一个难题。中国哲学的理离开了气是不会"造作"的，是"空阔"的，是没有内容的，因此它不是一个独立的世界，没有产生二元论的问题。中国哲学的本体论不是西方哲学的是论。

冯友兰先生谈本体论倒是注意到了逻辑。他说："本体论是对于事物作逻辑的分析，它不讲发生的问题。《老子》没有把宇宙发生论的讲法和本体论的讲法区分清楚，往往混淆不分，引起混乱。玄学也有这个特点。"[1] 他提到本体论的逻辑特征，这正是西方哲学是论的特征；但他又说，本体论是"对事物"作逻辑分析。这又处于作为纯粹概念的理论体系的是论之外了。如果承认中国哲学逻辑的"不发达"，那么就不会对本体论有这么大的兴趣。然而，冯先生还是力图在中国哲学史中提炼本体论。他把朱熹看成是中国哲学史上"一个最大的本体论者"[2]，为此，他把朱熹关于理、气关系的

---

[1] 冯友兰：《中国哲学史新编》第四册，人民出版社，1986年，第32页。
[2] 冯友兰：《中国哲学史新编》第五册，人民出版社，1988年，第14页。

论述转化为关于"一般和特殊"关系的论述:"理"是一般,"气"之聚是实际的东西,是特殊。这里就产生一个问题,如果理和气是一般和特殊的关系。那么理和气的关系就当从逻辑推论方面去考虑,它们都是逻辑世界里的概念。但是,如果承认气之聚是实际的事物,那么这是讲事物生成的实际情况。气就不是逻辑规定性的概念。诚然,中国哲学所谓的本体论讲的是世界和事物运行的道理,这个道理不是在世界之外独立存在的,而是世界本身运行的道理;是论则不直接讲关于世界运行的道理,而是"说出一种道理来的道理"。这句话是冯先生自己说过,受到金岳霖先生肯定的[①]。照黑格尔的说法,自然界和人类社会的道理,都是他在《逻辑学》这部书里讲的道理的"外化"。那是纯粹概念的逻辑运动,那才是"道理的道理"。

要把朱熹的学说靠向是论,说成本体论,还有一个问题是理、气的先后问题。朱熹自己在这个问题上是犹豫不决的,他有时说"理"不能与"气"分开,有时候也说"理"在"气"先,这本来是朱熹不能解决的矛盾。冯先生为之定论:"但朱熹仍然认为,照理论上说应该还是理先气后,它认为理是比较根本的。就这一点说,先后问题就是本末问题,理是本,气是末;也就是轻重问题,理为重,气为轻。本和重在先,轻和末在后,这样的先就是所谓逻辑的在先。"[②] 变先后为本末、轻重,就规避了时间,于是冯友兰趁机就说理的在先是"逻辑的在先"。可是朱熹自己并不知道"逻辑的在先",他所谓的先后只是时间的先后,况且朱熹说,离开了气的理是"空阔阔""不会造作",是没有内容的。

---

① 金岳霖:《冯友兰〈中国哲学史〉审查报告》(发表于1934年),见《金岳霖学术论文选》,第278页。
② 冯友兰:《中国哲学史新编》第五册,第167—168页。

至于有些中国哲学史著作谈本体论时一点不谈逻辑,却模仿西方哲学的体例,把本体论列作中国哲学首要的问题,这与西方哲学挂不上钩,更掩盖了中国哲学自己的特征。

## (四) 普遍概念的真相

中国哲学不能依傍西方哲学,因为它不是概念思辨的哲学。普遍概念是概念思辨的砖块,普遍概念的运作就有逻辑,在逻辑运作中的概念体系就是是论。西方哲学的原理世界是用普遍概念建立起来的一个纯粹思想的世界。中国哲学从来没有进入过这个世界,因为中国传统文化中没有西方哲学中的那种普遍概念。把这句话说出来似乎是在冒天下之大不韪:在上述句子中的"传统""文化""中""那种""概念",哪一个不具有普遍性?没有普遍性的概念,还能交流吗?但是,如果还记得前面揭示出来的在逻辑的运作中表达普遍原理的概念是绝对普遍的概念,那么,二者的差别就清楚了。绝对普遍的概念是超时空的,它不指示经验事物,根本就不是从经验事物的概括中得到。或者从另一个角度说,一个绝对普遍的概念涵盖一切经验事物,它本身必超越于一切经验事物而不能是其所涵盖的经验事物中的任何一个。如果把经验事物归结为时空中的事物,那么超经验的概念就是超时空的概念(笛卡尔所谓"天赋观念"和康德所谓"先天范畴"就是这种绝对普遍概念的别称)。而我们日常话语中的"概念"(词汇)则总有所指的对象,根据这些对象,我们才能理解概念或词汇。例如,说到"传统",人们就有各自理解的在历史上传承着的过程,说到"文化",人们也有各自理解的那些标志文明的事实。前举冯友兰先生所说,理论思维的概念"红"不红,"动"不动,"变"不变,倒是道出了绝对普遍概念的一种性质，即绝对普遍概念（或这里所谓的理论思维概念）是超越于经验事实、不指示经验事实的。如果我们也像冯友兰一样说"传统"非传统、"文化"非文化，这倒是不能理解、不能交流了。

人们容易将普遍概念和非普遍概念混淆，原因在于，人们把从经验概括得到的概念也说成普遍的概念。英文中有"universal"和"general"两个词，两者都可以译成"普遍"，但讲到绝对普遍只能用"universal"，"general"则用于经验概括得到的普遍。绝对普遍没有程度的区别，经验概括的普遍有高低程度的区别，因而是相对的普遍，后者也译成"一般"，这样就将两者区别开来了。逻辑运作中的普遍概念一定是绝对普遍的概念。

柏拉图的理念在经验之外，是绝对普遍的。亚里士多德反对有理念世界，他谈普遍是经验的普遍。从经验概括的普遍性，概括的范围越大，普遍性程度就越高。然而，只要还在经验的范围内，其所概括的普遍性总是有限的，因此决不能达到绝对普遍。亚里士多德推崇普遍性程度高的知识，经验中的普遍性程度可以不断提高并唤起人们对于最高程度的普遍即绝对普遍的期望。亚里士多德总是停留在这种期望中，柏拉图则果断地跨进了绝对普遍的领域。占据西方哲学主导地位的是柏拉图主义而非亚里士多德主义，这并非偶然。

让我们将目光转向中国传统文化。其实，中国传统文化中原来连概念这个词也没有，有的是"名"。名是用来指实的，对此中国历史上多有论及，如："名不得过实，实不得延名"（《管子·心术上》），"所以谓，名也；所谓，实也"（《墨子·经说上》），"名者，实之宾"（《庄子·逍遥游》），等等。名必须联系实，实是名的意义，离开实，名是没有意义的。孔子说"正名"，是针对实际情况与名的不相符，要恢复到名所指的状态，这也是名有所指。

中国古代谈过名的多种类型。如荀子说过，在为事物制名的时候"同则同之，异则异之；单足以喻则单，单不足以喻则兼；单与兼无所相避则共"。这里说的同、异、单、兼、共，都是制名时要考虑的情况，那么，所制的名就要有符合以上情况的区别。接着，荀子具体谈到了这种区别："故万物虽众，有时而欲徧举之，故谓之物。物也者，大共名也。推而共之，共则有共，至于无共然后止。有时而欲徧举之，故谓之鸟兽。鸟兽也者。大别名也，推而别之，别则有别，至于无别然后止。"（《荀子·正名》）物这个名是徧举万物，因而是"大共名"，鸟兽也是徧举。但要从物里面分别出来，所以称为"大别名"。把"大共名"和"大别名"比较，容易使人想到普遍和特殊的区别，其实二者都是经验范围内的，最多只具有相对普遍的性质。又，墨家《经上》也对名做了分类："名，达、类、私"，又，《经说上》："名，物，达也，有实必待之名也。命之马，类也，若实也者必以是名也。命之臧，私也，是名也止于是实也。"这里的物是达名，马是类名，臧则是私人的名字，好像它们分别对应于普遍、特殊、个别。但是严格来说，无论是荀子还是墨子，他们都还是在对名的性质作分类，从现代学问的角度说，只是在语法学的范围内。概念则是西方哲学的产物，从生存状态角度说，普遍、特殊是运用概念思想时思想自身的状态——不联系对象的纯粹的思想。

说普遍概念是人的纯粹思想，是人自己的生存状态，这就是说，一个词，它可以用作指示事物或对象的名，也可以是一个具有经验的相对普遍性的概念，还可以是绝对普遍概念，词还是这个词，区别全在于使用它的人自己的状态。正因为如此，"红"这个词在日常中首先当然是指某种红的颜色，其次，也可以不特指某种红而指一般的红，最后也可像冯友兰先生所说，作为"理论思维的概念"的"红",这时"红"就不红。当冯友兰先生说"红"不红的时候,我相信大多数读者都糊涂了,因为日常的思想习惯总是从词所指示的对象方面来理解它的意义的。既然"红"不红,那么红究竟是什么呢?也许我们可以这样回答,红是一种性质,而性质总是实体的性质,当只是从性质和实体这两个概念的相互关系方面去把握它们的时候,才是纯粹概念的思考。中国古代数学中把直角三角形三个边的关系表述为勾三股四弦五,人们曾经以为这就表达了勾股定理,其实这只是勾股定理的一个特例。勾股定理正确的表述是:$a^2 + b^2 = c^2$,这里的 a、b、c 不是任何特定的线段,正确理解它们的时候脑子里没有线段,因为任何线段的形象总是有长短的。既然 a、b、c 不与线段相联系,那么它们的意义是什么呢?它们的意义就是在它们的相互关系中,离开了这种关系,它们是没有意义的。西方哲学的核心部分与数学很相像,只是哲学所思考的概念比数学的数和符号还抽象、还普遍。确切地说,西方人是从哲学的思考方式中发展数学的。

中国古代没有普遍概念,这不是说,中国文化中没有可以用做普遍概念的词,而是说,中国传统中没有进入思考普遍概念的思想状态,也就是说,我们没有把词当做普遍概念来思考的习惯。直到今天,当我们面对西方哲学是论中的那个"Being",明明它已经被说明是没有任何特殊规定性的,却总觉得将它译成"是"不如译成"存在"好理解,因为从传统中下来的思想总是要为"Being"找到"挂搭处","存在"好歹是从经验中概括出来的东西,可以挂搭;殊不知"Being"不需要挂搭,它只是在与所有作为特殊规定性的所是的关系中获得意义,就像勾股定理中的 a、b、c,它们的意义在相互关系中成立,离开了这个关系就没有意义。译成"存在"(existence)就把"Being"当成了一个特殊的规定性。

本文不去深论中国哲学"认识论的不发达",这里只是指出,西方近代哲学产生"认识论"及其作为一个分支,其契机也在于对纯粹概念思考中概念来源的追问。中国哲学由于没有普遍概念,当然就没有那样去谈认识的要求,否则,生活在世界中的都在对世界的认识中,怎么会认识论不发达呢?

纯粹概念的逻辑运作是西方哲学形态的特征,中国哲学与西方哲学是两种形态不同的哲学。依傍着西方哲学写中国哲学不但写不像,而且会掩盖中国哲学自己的特征。那么中国哲学的形态特征究竟是什么呢?

## (五) 从事中国哲学要知行合一

前面提到金岳霖先生说,逻辑和认识论的不发达是中国哲学的"特点",这是从否定的方面说的。从肯定的方面,他认为大多数熟悉中国哲学的人大概会挑出"天人合一"来当作中国哲学最突出的特点。这样的表述是否精确呢?

让我们先从"哲学"这个译名谈起。最初把"philosophy"译成哲学的是一个叫西周的日本学者。显然,他有汉文化的背景。1861年,他用的不是"哲学",而是"希贤学"或"希哲学",直到1874年才正式用"哲学"这个译名①。值得注意的是,开始西周用的不是哲学这个词,据说"希贤学"这个名称所据的是北宋周

---

① 这个材料是美国天主教大学已故教授柯雄文先生在《西方哲学对中国哲学史发展的影响》一文的注4和注7中透露的(参见上海中西哲学与文化比较研究会编:《20世纪末的文化审视》,学林出版社,2000年,第197—198页)。在这两个注里,柯雄文先生都提到了钟少华的文章《清末中国人翻译哲学的探究》,载《中国文哲研究通讯》No.2(台北,"中研院"中国文哲研究所)。

敦颐《通书》的话,圣人希天,贤人希圣,君子希贤。这样去看,"philosophy"就被当作君子修身级别的学问。从"希贤学"到"希哲学"再到"哲学",对人的要求不见了,学问本身的内容出来了,即热爱智慧、智慧之学。虽然"希贤学"这个名称被放弃了,但是,它却透露出原本汉文化中最重要的学问倒是求为圣贤的学问。

明末的时候,中国就以"圣学"称呼儒家学问。据黄宗羲(1610—1695)说,他的老师刘宗周(1578—1645)第二次应诏入京做官的时候便"途中上书,以明圣学"①。刘宗周自己更是以"圣学"作为儒学的名称,《刘宗周全书》卷四"语类六"标题"圣学吃紧三关",卷六"语类七"标题"圣学宗要"。"圣学",顾名思义就是圣人之学。"圣学吃紧三关"开头就引孔子的话:"古之学者为己,今之学者为人。"这个问题很重要,它关系到中国哲学的宗旨究竟是什么,看清了宗旨才能去谈它的形态特征。

上面提到,冯友兰先生写作《中国哲学史新编》的时候,试图把中国古人的思想抬高到普遍概念的高度来谈哲学。然而,当他1947年在美国宾夕法尼亚大学概括中国哲学精神的时候却是另一种说法:"有各种的人,对于每一种人,都有那种人所可能有的最高成就。例如从事于实际政治的人,所可能有的最高成就是成为大政治家。从事于艺术的人,所可能成就的最高成就是成为大艺术家。人虽有各种,但各种的人都是人。专就一个人是人说,所可能有的最高成就是成为什么呢?照中国哲学家们说,那就是成为圣人,而圣人的最高成就是个人与宇宙的同一。"② 这里虽然没有提到

---

① 黄宗羲:《忠端刘念台先生宗周》,见《明儒学案》卷六十二。
② 冯友兰:*A Short History of Chinese Philosophy*, The Macmillan Company, 1948 (Copyright renewed, Free Press, 1976), p.6;中译本《中国哲学简史》,涂又光译,北京大学出版社,1996年,第6页。

"圣学"这个词，但是一点不差，冯先生讲的就是圣人之学，并且他把圣人之学提高到了中国哲学精神的高度。

现在似乎没有人敢说中国哲学的精神在于圣人之学。原因是多方面的，首先是因为在历史上圣人每每由朝廷册封，平常人望尘莫及。其次，当社会生活越来越民主的时候，平常人的生命和价值得到了重视，圣人的形象倒反被视为一种封建主义的束缚；加之朝廷往往把圣人用作欺骗百姓以维护自己特权的手段，所以，当历时长久的旧的社会制度被推翻的时候，作为那种制度招牌的圣人及其学说也被扫进了历史的垃圾箱。不过，现在的情况好像又有了一点变化，当中国人需要向全世界表明自己文化的特征时，就让孔子这个名字随着"孔子学院"走向了世界。这是没有办法的：离开了传统就没有中国文化的特征，创新也只能是相对于传统的创新。而中国文化传统的正面代表就是那些圣人。所谓圣人，在老百姓的心中就是那些引领中华民族成功地生存至今的代表人物。如黄帝、炎帝，在蛮荒时代领导了部族联合击败了蛮族，成为中华民族的初祖；后稷教人稼穑，使人民过上了有稳定食物来源的生存方式；孔子弘扬"礼"和"仁"，则是人们在社会生活中做人的自觉性的开始，有所谓"天不生仲尼，万古长如夜"之说。此外，文明的各个领域都可以有自己的圣人。如，医药的扁鹊、华佗，军事的孙子，技艺的鲁班等，乃至于有诗圣、茶圣、棋圣等称呼。现在还听得到，在传习技艺的时候人们常说，不仅要学艺，还要学做人。总之，人们把做人的最高境界称为圣人。

这些民间的圣贤意识及其实践对于提炼中国哲学的精神并不是可有可无的，它们作为形而下的方面，倒是对于中国哲学精神是否扎根、是否具有生命力的检验。如果从上面这些方面去考虑，那么，中国哲学的精神就可以概括为学做圣人，谦虚一点说，就是学做人。同样活着，天时地利、时代背景、家庭社会各有不同，如何活得好，这是每个人都要面对的。所谓活得好，就是活得适当，活出自己人生当有的意义，活得自觉。二程子说："不知命无以为君子。"（《二程遗书》卷第二上）用现代的话语来说，所谓学做圣人、学做人就是求得生命的自觉，我以为，这就是中国传统哲学的宗旨。例如，《周易》阐述圣人作《易》的动机说："昔者圣人之作《易》也，将以顺性命之理。是以立天之道，曰阴曰阳；立地之道，曰柔曰刚，立人之道，曰仁曰义。"（《周易·说卦》）主要目的就是讲"顺性命之理"。《周易》认为，天地万物都是根据道从太极中演化出来的，人一来到世界上就有了吉凶，避凶趋吉就是人的事业（意义）；如果能自觉遵循贯穿在天地和人生中的道，那么就"与天地相似，故不违；知周乎万物而道济天下，故不过；旁行而不流，乐天知命，故不忧；安土敦乎仁，故能爱；范围天地之化而不过，曲成万物而不遗，通乎昼夜之道而知。故神无方而易无体"（《系辞传上》）。宋代以来，读书人都读的《中庸》开头就说："天命之谓性，率性之谓道，修道之谓教。"《大学》所谓"大学之道，在明明德，在亲民，在至于至善"，讲的也是做人。关于中国哲学的这个宗旨，大家几乎都是知道的，只是在依傍的眼光里，它成了哲学的一部分，即所谓伦理学。

中国哲学的全部内容都是围绕生命的自觉而展开的。"天人合一"是人必须追求生命自觉的根据和前提：人是从天地中产生出来的，他本来就与天地有同一的根源，在与天地的和谐中才能生生不息。然而，人在与他人的关系中展现自己生命的过程中，就碰撞出善恶问题，自觉让人类和天地生生不息就是最大的善，即所谓"一阴一阳之谓道，继之者善也"（《周易·系辞传上》）。能成为"继之者"的除了人又是谁呢？因此，"天人合一"又是人的生命活动的目标，是做人的最高境界。但是在"依傍"的眼光里，"天人合一"成了看世界的一个观点，全部中国哲学则成了哲学的一个分支，即伦理学。

然而，"天人合一"绝不只是一个观点，它在人的生命活动中得到落实。这一"落实"过程就是中国哲学的核心课题——身心修养。身的修养，"四肢痿痹为不仁"（《二程遗书》卷第二上），全身通畅才健康，懂得这个道理并会实行，所以有十儒九医之说。心的修养，要"大其心，则能体天下之物"（《张子正蒙·大心篇》），仁爱、理想、志气都在其中。修养不是闭门思过，而是贯穿在生活的一切方面，包括家事国事天下事，见于言语举止气质中。"天人合一"中有"知"有"行"，所以确切地说，中国哲学的形态特征是"知行合一"。

## (六) 进入生存状态领域的哲学

长期以来，中西哲学的比较停留在作为一门理论这方面的比较，由于中国哲学没有像西方哲学那样去"看"世界，看不出西方哲学看到的那些内容，于是，不仅中西哲学的比较老是深入不下去，竟连中国哲学的合法性都被怀疑。我提出知行合一和概念思辨分别作为中西哲学各自的形态特征，突出的是中西从事哲学活动的方式。理论是人与世界打交道的方式的结果，因而是人自己生存方式的结果。进入人的生存状态层面，就能够揭示形成这种那种哲学理论的根源。如果这一点能确定，那么，还可以进一步说，对人自身生存状态的分析不仅是比较中西哲学的需要，也是哲学本身深入发展的趋势。

中国哲学的形态特征是直接从生存状态方面来描述的，西方哲学则直到现代才挖掘到了生存状态这个深度。其中起关键作用的有两个人，一位是胡塞尔，另一位是海德格尔。胡塞尔受到布伦坦诺对心理现象分析的启发：心理现象的特征是，一定的心理对象必定与一定的意向方式相关，比如，有爱欲必有所爱的对象，有讨厌的东西必心生厌恶，二端相关而不可缺。胡塞尔把这个方法用于对通常所谓范畴、观念、本质的分析，这三者实际上就是普遍的概念，它们之呈现于脑中也必联系着将它们呈现出来的相应的、特定的意识方式。至此，过去以为普遍概念代表着某种客观实在事物的观点就破灭了，所谓普遍观念所代表的客观性的东西是人自己一种特定的意识方式的产物。海德格尔走出了决定性的一步。他认为，人并不一直处在纯粹意识的活动中，意识总是伴随着活动，活动也总是有意识的活动，他把"意向—意向对象"的结构扩大到了"是于世中"（Being-in-the-world）的生存状态结构。人在介入世界的生存活动中与各种相遇的东西打交道，随着打交道的方式不同，各种事物是为所是。同时人自己也在与他人的交往中是为"谁"。是论中的普遍概念无非是一种所是，也可以通过生存状态的分析澄清它的起源，因此，生存状态的分析是比所谓第一哲学的是论更深的理论，海德格尔称之为"基本是论"（fundamental onto1ogy）。这就是海德格尔提出的哲学课题——生存状态的分析。海德格尔后期进一步认为，人虽然可以把所遭际到的东西根据自己与之打交道的方式显示为这样那样的所示，但是，人不能决定哪些东西可以被人所遭际，注视着进入我们遭际范围的东西就是追随天道，就是人类的命运。

生存状态分析是比西方传统哲学更深、更重要的领域。在这里，我们有资格说，这片领域早就在中国传统哲学的视野中。中国古代哲学从来没有进入过西方概念思辨的领域，当然也没有分析过在概念思辨中的人的生存状态，但是，二程子"今看得不一，只是心生"（《二程遗书》卷第二上）这句简单的话就道破了。又如，海德格尔后期的那些想法，因为越出了传统哲学的框架，但又不能放弃传统文化背景，因而表述得很吃力，就是德国人也觉得难懂。我也可以用二程子的话简单说出："合天人，已是为不知者引之"，"圣人有不能为天之所为处"（同上）。这些例子说明。西方哲学说明不了中国哲学，将中国哲学排除在外，中国哲学却能说明西方那种形态哲学的出处，因而能包容西方哲学，因为中国哲学始终活动在哲学的根子处。

站在哲学的根子处，看出了西方哲学中的世界"只是心生"；这个"心生"的世界里也产生出数学和自然科学，进入这种"心生"的状态就可以掌握科学。有哲学的根子，看得出包括科学都是人的生存活动，都要顺乎性命之理，这是避免科学主义的理由。

中国哲学作为性命之理，是不是根本的哲学，这可以通过中西哲学的比较得到检验。不过，这个比较不是依傍着西方哲学看中国哲学，这已经被证明行不通了，而是站在中国哲学立场对西方哲学做出解释。而这个解释一定是生存状态的分析。中国新时期的哲学也有望在这个过程中得到发展。

原载：《学术月刊》2013年第8期

## 二十五、将形而上学进行到底

在20世纪70年代，中国内地有一句耳熟能详的话："形而上学猖獗。"这是那个时期用来批评工作中的思想方法的，指的是一种片面、静止地看问题的方法。对"形而上学"的特征作那样的刻画，主要流行于苏联和中国学术界，其根源出自黑格尔。但是，黑格尔本人并不反对一切形而上学[①]，他反对的只是他之前的尤其是康德的形而上学。那个形而上学使用的概念排斥对立的概念，拒绝对立的概念可以转化并提升为新的概念，因而是片面的和静止的。为此，黑格尔用辩证法改造旧的形而上学。然而，无论是黑格尔所谓的旧形而上学还是他自己的辩证法，都是对古希腊哲学就已产生出来的广义形而上学的传承。本文所要讨论的，正是这种广义的形而上学。

形而上学曾经是西方哲学的骄傲。它承载着西方哲学的主旨，表达着西方哲学的原理，是西方哲学的精华。种种重要的争论都在

---

① 黑格尔说："假如一个民族觉得它的国家法学、它的情思、它的风习和道德已变为无用时，是一件很可怪的事；那么，当一个民族失去了它的形而上学，当从事于探讨自己的纯粹本质的精神，已经在民族精神中不再真实存在时，这至少也同样是很可怪的。"又说："一个有文化的民族竟没有形而上学——就像一座庙，其他各方面都装饰得富丽堂皇，却没有至圣的神一样。"（黑格尔：《逻辑学》，商务印书馆，1974年，"第一版序言"第1—2页）

形而上学的框架中展开，西方哲学由此深入发展。不过进入现代以后，形而上学出现了错综复杂的局面。从经验主义传统发展出的一派坚决要求清除形而上学[①]，而以胡塞尔为代表的现象学试图维护形而上学的地位[②]，另有一派以海德格尔为代表则试图通过对形而上学根源的挖掘开发出新的哲学出路。

形而上学的处境使西方哲学出现了天下大乱的局面。这不仅使往往只能见木不见林地分治西方哲学流派的中国学者困惑不解：要么一派学说与另一派学说尖锐对立，要么两派学说之间互不往来；更严重的是，对于一向习惯于依傍西方哲学整理中国传统哲学的任务来说就失去了方向和目标。西方哲学的天下大乱是及至黑格尔时占统治地位的那种形态的哲学失去了它的统治地位的结果。群龙无首，这对于西方哲学和中国哲学来说都是机会：哲学正在寻求新的出路、新的界定。

哲学以形而上学为核心，这是不错的。西方哲学目前的困境并不在于它以形而上学为核心，而在于它脱离、忘却了形而上学的根基。将形而上学进行到底，就是要复活形而上学的根基，从而让各种形态的哲学获得新的无限生机。形而上学根基的复活是形而上学观念和作用的更新，也是哲学这门学问的观念和意义的更新。在这个过程中，中国传统哲学将提供重要的启示。中国传统哲学中并不存在西方哲学史上那种形而上学，但是却埋藏和滋养着一切形而上学的根基。于是，问题出现了：究竟什么才能够说是形而上学的根基？为此，首先要澄清传统的形而上学究竟是什么？

---

[①] 卡尔纳普：《通过语言的逻辑分析清除形而上学》，见洪谦主编：《逻辑经验主义》上卷，商务印书馆，1982年，第13—36页。
[②] 胡塞尔创立现象学的初衷就是要把哲学观念当做数学的数和符号来对待，为它们找到自明的根据，而这样的哲学观念就是传统形而上学中的概念。

## (一) 西方传统形而上学的"超越"特征

形而上学是一门历史悠久的学问。在其漫长的发展过程中，有过许多标榜为形而上学或者批判形而上学的著作，因而理解"形而上学"这个词的角度并不完全一致。不过，不论这些理解多么不同，有一点可以肯定，凡是形而上学都具有"超越"的特征，或者说，"超越"就是形而上学的特征。

形而上学的"超越"特征并不是一开始就被认识的。"形而上学"这个词最初作为亚里士多德的一部著作名称出现的时候，它只是指"物理学之后"，即亚里士多德的学生编完了老师《物理学》(*Physica*) 之后又编定的一部书的名称。事实上，亚里士多德《形而上学》所研究的与他在《物理学》中所研究的内容是同一个领域，都是关于世界的知识。《物理学》讨论事物的本原，时间和空间，运动和变化，偶然性和必然性，有限和无限，等等，这些在《形而上学》一书中也有讨论。但是，这两本书确实也存在着深刻的区别，即《物理学》是关于自然世界的直接的知识，而《形而上学》则是对上述知识形式作反思水平上的论述。《形而上学》中一段表明该书宗旨的话很说明问题："有一门学术，它研究是者之所以为是者，以及是者由于本性所应有的秉赋。这与任何所谓专门学术不同；那些学术没有一门普遍地研究是者之为是者。它们把是者切下一段来，研究这一段的性质；例如数学就是这样做的。"[①] 这里的关键词是"普遍"。由于印欧语系中系词的广泛应用，希腊人可

---

[①] Aristotle, *Metaphysics*, 1003a20；亚里士多德：《形而上学》，吴寿彭译，商务印书馆，1981年，第56页。

以把世界上任何事物都表达为"是的东西"——"是者",于是,"是者"就成了表示全部事物这种意义上的普遍观念,对"是者"的研究就是一门最普遍的学问。把《形而上学》一书置于《物理学》之后,也暗示出形而上学是对包括物理学、数学这种特殊学问的提炼、上升得到的普遍学问。在亚里士多德那里,学问是分等级的,越普遍的学问越高级,最普遍的学问就是哲学。普遍的知识才能揭示世界的本质,才称得上是真理。这里虽然没有提到"超越"这个词,毫无疑问,普遍是对个别、特殊的超越。哲学上的超越是与普遍相关的。

亚里士多德可能是哲学史上第一个使用"普遍"这个词的人,但是关于追求普遍知识的想法在他的老师柏拉图那里就确立了。柏拉图鉴于人们在日常世界中获得的种种意见因人而异、变化多端,甚至互相冲突,必须找到多中之一、变中的不变,以作为世界的知识或真理,于是就提出了"理念"这样的东西。柏拉图虽然没有使用"普遍"这个词,但是,理念作为多中之一、变中的不变,它就是普遍性的。在亚里士多德这里,普遍性的知识是从知觉、经验、技术这个上升的序列里得到的;但是在柏拉图那里,具有普遍性的理念并不是从可感世界的意见中上升而来的,理念是可感事物的根据,具有优越性,因而是独立而先在的。如果普遍性是从经验上升而来的,那么它只能是后在的,并且随着经验的扩大而增强,这样的普遍性是相对的;先在而独立,不依赖经验的普遍性则是绝对的普遍性。柏拉图和亚里士多德在这个问题上的区别在于,柏拉图达到了"顿悟"式的普遍,亚里士多德则限于"渐进"式的普遍。顿悟式的普遍是绝对的普遍,它比渐进式的普遍有更强烈的超越性。由此,柏拉图隐约地说到了理念的超越性质。他说,理念是"心灵"看不到的"实在",把握理念往往要借助于假设,就好像要借助于画出来的点、线、面来代表数学上的点、线、面一样,这样的假设之所以需要,是"由于心灵不能突破与'超出'(beyond)这些假设,因此不能向上活动而达到原理"[1]。心灵是指当时人类直接感知世界的意识,后来经过笛卡尔的反思才明确,把握理念的意识是纯粹思想。理念的世界是对我们感知中的世界的超越,与之相关,纯粹思想是对感知的超越。

形而上学与普遍性的知识、超越是密切相关的。这在柏拉图和亚里士多德这里已经显露了端倪。但是他们二人关于普遍和超越的见解有相关性又有区别。柏拉图的理念论是绝对普遍性的,与之相关的超越可以说是绝对的超越;亚里士多德所谓的普遍知识则只具有相对的普遍性,与之相关的超越也是相对的超越,这就是说,经验知识的普遍性可以被不断超越而不断扩大,这是一个无限的过程。绝对普遍的知识是目标,它指引着相对普遍的知识不断向上,失去了这个目标,整个对普遍知识的追求就会泄气;相对普遍知识是绝对普遍的阶梯,没有追求相对普遍的过程,就像飞机要起飞而没有跑道,绝对普遍就不能呈现。作为严格意义形而上学标志的应当是绝对超越、绝对普遍性的知识,所以,虽然"形而上学"这个词最初是作为亚里士多德一部著作的名称出现的,但是柏拉图的理念论中已经孕育着严格意义上的形而上学,后世关于形而上学的讨论也主要是围绕着从柏拉图哲学中生发出来的一些问题。康德把柏拉图和亚里士多德分别看成是理性主义和经验主义的首领[2],他自己那部彪炳于史册的《纯粹理性批判》则主要是继承着柏拉图的哲学来发挥的。

---

[1] Plato, *Republic*, Book 6, 511a;柏拉图:《理想国》,郭斌和、张竹明译,商务印书馆,1986年,第270页。
[2] 康德:《纯粹理性批判》,邓晓芒译,人民出版社,2004年,第643页。

人们一般把康德《纯粹理性批判》看成是一部关于认识论的书，这样说也不错。但是，更确切地说，康德自己把纯粹理性批判看作"……是对一般理性能力的批判，这是就与一切知识有关的理性之可能独立于所有经验而作追求来说的；因而也是对一般形而上学的可能性或不可能性进行裁决，对它的根源、范围和界限加以规定……"①，因为"在形而上学中，理性不断地陷入困境"②。而理性之所以会陷入困境，又在于形而上学是脱离经验的、在纯粹概念中的运转："理性概念是关于完整性的，即关于全部可能经验之集合的统一性的，这样一来，它就超出了任何既定的经验而变成了超验的。"③ 这里提到了理性概念对于经验而言是"超验的"（transcendent），这些概念在理性中的运作就成了"先验的"（transcendental），这样的运作就是形而上学。

所谓超验和先验，其基本意思就是"超越"（transcend/transcendence），只是在康德这里分别指对经验的超越和超越了经验以后的运作，所以中文里分别译成"超验"和"先验"以示区别。这里我想特别指出，康德并没有把一般超越的意义看作是形而上学的特征，而只是把对经验的超越看作是形而上学的特征。本文下面将要强调的是，形而上学的根源在于一般意义的超越。康德将超越局限于对经验的超越，这个观点一直影响到今天。例如，《简明不列颠百科全书》"形而上学"条写道："一种哲学研究。其目的在确定事物的真实本质，也就是确定存在物的意义、结构和原

---

① Kant, *Critique of Pure Reason*, Cambridge: Cambridge University Press, 1998, p. 101；康德：《纯粹理性批判》，邓晓芒译，第3—4页。
② 康德：《纯粹理性批判》，邓晓芒译，第643页。
③ 康德：《未来形而上学导论》庞景仁译，商务印书馆，1982年，第104页。

理。"① 所谓"事物的真实本质"并不是直接感觉到的,它是超越于经验的。又如,《西方哲学英汉对照词典》在交代了形而上学这个词在亚里士多德这里的出处以后写道:"现在形而上学一般是指对实在的最基本的成分或特征的研究(本体论),或者对我们在叙述实在时所用的基本概念的分析。"这里的"实在"是上述"真实本质"的另一种说法。这一条里还介绍了打算彻底清除形而上学的卡尔纳普以及一些逻辑实证主义者的看法,他们"把形而上学看做是声称对超越经验科学领域的事物的本质具有知识的领域"②。再如,《中国大百科全书》"哲学卷"则写得更简洁:形而上学是"指研究超感觉的、经验以外对象的哲学",此外还提到了与辩证法相对立意义上的那种形而上学③。

上面这些材料说明,形而上学是一种超越于经验的学问,西方人是这样认为的,中国学术界也是这样接受的。那么,为什么本文要特别提出一般超越的观念?难道一般超越的观念能说明形而上学的根源?它的意义是什么?我们从什么地方发现一般超越的观念?深入这些问题,需要我们到中国传统哲学中做一番研究。

## (二) 中国传统哲学所理解的"形而上"

中国传统哲学中根本就没有西方形而上学那样的东西。康德说:"As concerns the sources of metaphysical knowledge, its very concept implies that they cannot be empirical."④ 这句话译成中文

---

① 《简明不列颠百科全书》"形而上学"条,中国大百科全书出版社,1986年。
② 布宁、余纪元:《西方哲学英汉对照词典》,人民出版社,2001年。
③ 《中国大百科全书》"哲学卷",中国大百科全书出版社,1985年。
④ Kant, *Prolegomena to Any Future Metaphysics*, New Jersey, 1997, p.13.

是:"就形而上学知识的源泉而言,形而上学知识这一概念本身就说明它不能是经验的。"在西方哲学中,"metaphysics"这个词的前缀"meta-"在古希腊语中既有"after"(在后)也有"beyond"(超越)的意思。所以,因为亚里士多德的那部以此为名的著作编定在《物理学》(*Physics*)一书之后,称之为"物理学之后"是可以的;同样,理解为"超越物理学或超越自然"也是可以的,甚至倒更符合亚里士多德那部著作的内容。所以,康德可以说,凭"metaphysical knowledge"这个概念就可以知道这门学问不能是经验的。但是翻译成中文以后,我们无法从"形而上学"这个词里看出"超出经验"的意思。

中文的"形而上学"这个词之所以读不出"超出经验"的意思,这不仅是受制于语言的问题,从根本上说,中国传统哲学从来就没有"经验"与"理性"之间的划分。《辞源》就没有"经验"这个条目。虽然古籍中偶见"理性"——"是以圣人导人理性"①,意为修养品性,与西方哲学所谓"理性"(reason)无涉。而经验与理性的划分则是西方哲学的重要标记,尤其是从柏拉图创立了理念论,西方哲学开辟了理性的领域,成为哲学最主要的标记。在后来的发展中,纯粹理性被揭示为就是思想对纯粹概念作逻辑运作的能力。至于经验,人们往往将之与日常生活的经历等同,但是一旦与理性相对,经验主要就是指从感觉器官获得的内容,它比我们从生活中获得的内容范围要窄。例如,有些在生活中被直觉的东西,像中国哲学中"得道"的感受,就既不是直接从感官得到,也不是从概念推论得到的。所以,经验不能等同于生活,它是与理性相对而规定的。中国传统哲学既然没有"经验"与"理性"的划分,对

---

① 《后汉书·党锢传》,中华书局,1965年。

于西方的"形而上学"自然也就不会有现成的理解了。

中国人最早是通过传教士艾儒略知道"形而上学"这个词的。时在明朝天启三年（1623），有艾儒略的《西学凡》在杭州刻印出版。据说这部书分六科介绍了当时欧洲大学的课程，用"理学"这个名称介绍了亚里士多德的"斐录所费哑"（philosophy），即哲学，其中包括一门"默达费西加"（metaphysics），即现在所谓的"形而上学"[①]。

将"metaphysics"译为"形而上学"的"形而上"，出自《周易·系辞传上》"形而上者谓之道，形而下者谓之器"一句，下面一句是"化而裁之谓之变"。东晋的韩康伯注曰："因而制其会通适变之道也。"[②] 他解释这几句话的意思，显然是针对人自身的生存状态而言的，要人把握形势的变化而改变自己的生存方式以适应变化的生活环境。他已经讲得很明白了，只是根据中文的习惯，文中并没有写出"人"这个主语。后来，唐代的孔颖达进一步为之作"疏"："是故形而上者谓之道，形而下者谓之器者，道是无体之名，形是有质之称。凡有从无而生，形有道而立，是先道而后形。是道在形之上，形在道之下，故自形外已上者谓之道也，自形内而下者谓之器也。形虽处道器两畔之际，形在器不在道也。既有形质可为器用，故云形而下者谓之器也。"[③] 在孔颖达看来，道、形、器三者的关系中，形是偏近器的，这是就道"无体"和形"有质"而言的；又据"有从无而生"，道对形就有在"外"、在"先"、在"上"的关系；再因为形偏近器，所以由形到器称为向"内"、向"下"。说"道无体""形有质"，这没有问题，但关键在于"上"和"下"

---

[①] 朱之谦：《中国哲学对欧洲的影响》，河北人民出版社，1999年，第112页。
[②]《十三经注疏》上册，中华书局，1980年，第71页。
[③] 同上。

怎么理解。如果把它们理解为方位,那么,有形质的才能有上下关系,但道是无形质的,怎能与有形质的东西有方位的关系呢?如果说,"上""下"在此只是区分尊卑、主次的意思,这就与"非器则道无所寓"①的哲学精神抵牾了。孔颖达"疏"的注意力离开了人,放到了道、形、器的关系方面,问题讲得复杂了,反而不明白了。

这里我们不免要提到三国时魏人王弼那个著名的说法:"言者,所以明象,得象而忘言;象者,所以存意,得意而忘象。"②这里虽然没有直接提到道、形、器的关系,而是谈意、象、言的关系,但实际上谈的是同一个问题,只是谈问题的角度有所区别。王弼谈的是读《周易》的方法。其中"意"所对应的是"道","道"无形质,不能直接看到,只能以"意"存之。"象"对应的是"形",《系辞传上》有"在天成象,在地成形"的说法,说明象和形是同一类的东西。关于王弼提到的"象",楼宇烈注曰:"'象',〔释文〕:'象,拟象也'。以卦而言,指卦象……论言之则为指一切可见之征兆,如〔系辞上〕:'见乃谓之象'。卦象,据〔系辞上〕说:'夫象,圣人有以见天下之赜,而拟诸其形容,象其物宜,是故谓之象。'"③"形"和"象"一样,都是"泛言之"的征兆。"言"当然是指《周易》中那些解释性的文字,它和"器"也不是一点没有关系,《说文解字》所谓"直言曰言,论难曰语","器"显然不是"论难"中的事物,而是可以"直言"的东西。

上面这些准备性的工作引导人们注意:读《周易》要把握它的真谛,需要经过两步"忘"的过程,先要读"言"而"忘言"以便

---

① 《日知录集释》(顾炎武著,黄汝成集释,栾保群、吕宗力校点),岳麓书社,1994年,第23页。
② 楼宇烈:《王弼集校释》,中华书局,1980年,第609页。
③ 同上书,第610页。

"得象",然后进一步要"忘象"以便"得意"。这里的"忘"很值得玩味。一般来说"忘"不能有意忘之,有意忘之恰恰是不能忘记的①。所以,"忘"不是真正忘记,而是在理解了"言"的基础上把注意力从"言"转换到"象",以及在理解了"象"的基础上把注意力转换到"意"。所谓"忘",乃是人自己生存状态的转换。

如果上面的解读可以成立的话,那么,"形而上者谓之道,形而下者谓之器"中的"上"和"下"就有了着落。所谓"上",并不是方位,并不说明"道"在"形"之上或"之前"(antecedent),而是人自己从对"形"打交道的状态到对"道"打交道的状态的转换。从与"形"打交道转换到与"道"打交道,需要从与"形"打交道的状态中解脱出来,这就是"忘形(象)"。比较起来,我觉得"上"比"忘"要恰当。因为,"忘"是要在意识中消失掉,而从与"忘"打交道转换到与"道"打交道不是在意识上完全消除掉"形",只是意识状态或注意力的转移;不通过与"形"打交道这个中间环节而直接进入与"道"打交道,恐怕比较困难。再者,中国哲学并不以为脱离实际生活高高在上是高明的,相反,任何高明的东西都是体现在日常生活中的,因此,不仅要从与形器打交道的状态上升到得道的境界,还要返回来,以得道的体察实现在日常生活中。把前一条途径称为"上",那么,后一条途径就是"下"。"忘"字显然可以说明前一条途径,但是却没有对应的词表达后一条途径。而"下"则能与"上"对应。也就是说,从"器"到"形"再到"道"是一条上升的途径,从"道"回到"形"再到"器"就是一条下降的途径,两者一起才表达出从事中国哲学的完整途径。但

---

① 英语口语中有"Forget it!"的说法,直译是"忘了它",实际上要表达的则是"别提了"。这实际上正是为了摆脱某件老是纠缠着的不愉快的事而说的话。

是，不管怎么说，王弼提出的"忘"字揭示出从"形（象）"到"道"是人自身状态的变换，"形"本身是不可能转换到"道"的。

如果我们把《周易·系辞传上》中涉及上面引文的原话引完整，更能见出所谓"上""下"是针对人自己的状态而言的。其原文是："是故，形而上者谓之道，形而下者谓之器，化而裁之谓之变，推而行之谓之通，举而错之天下之民，谓之事业。"其中的"化而裁之""推而行之"和"举而错之"，都是人的生存状态的动态的描述；尤其是最后一句，更是隐约指出，这样转换生存状态的就是圣人。照中文文法习惯，可以把这里的"形"与"化""推""错"都读作动词，即"形"不只是指形器，也可以指"造形"的意思。《系辞传上》中接着上面那段引文的话是："是故，夫象，圣人有以见天下之赜，而拟诸其形容。象其物宜，是故谓之象。"那么，"形"和"象"也是圣人"拟诸其形容""象其物宜"的结果或过程，"道"是呈现在"拟诸其形容""象其物宜"的过程中的。

照上面的说法，"形而上"的意思是人将"天下之赜"形容出来，进一步转换自己，以进入得道的状态。但是，同样，"形而下"的意思是指，让自己从得道的状态转换出来，以回到与"器"打交道的状态。"形而上"和"形而下"构成了中国古代从事哲学活动的完整过程——在日常生活中体察高明的"道"，又以"得道"的境界贯彻到日常生活中去，即所谓"极高明而道中庸"。

中国古代哲学不只停留在"形而上"方面，也包括"形而下"方面。就"形而上"的方面而言，它也不限于超出在经验层面之上，甚至，它根本就没有在经验和纯粹概念思想的理性之间进行划分。说不超出于经验的层面，是因为"得道"是一种体验，而不是纯粹概念的把握。如果像西方哲学那样把意识划分成不是感性就是理性，那么，就没有"得道"体验的容身之处。反之，如果承认确实存在着各种水平上"得道"的体验,那么,西方哲学对意识的划分就是不完全的,意识的形式比西方哲学划分的要多样和复杂得多。"得道"的体验就是其中重要的一种,人们有时用"境界"一词来称呼它。"得道"的"境界"当然有一种关于它的意识,然而,这却不是纯粹的意识,而是对于主客相洽的状态的自觉。

游弋在"形而上""形而下"之间的中国古代哲学与以"形而上学"为核心的西方哲学之间最大的差别在于,在中国传统哲学里,所谓"形而上""形而下"这种语言所表达的是,面对着世界,人如此这般介入进去的方式;在西方传统哲学里,形而上学是纯粹概念表达的原理体系,它代表着世界的本质。这是两种形态不同的哲学,它们各有着自己的宗旨和从事哲学活动的方式。就西方传统哲学方面来说,它追求的是关于客观世界的真理,或曰普遍知识,学会逻辑地思想是从事哲学活动的途径;从中国传统哲学方面来说,从事哲学活动的目标在于获得"得道"的境界,"形而上"和"形而下"是人调整主客关系以进入"得道"境界的过程,这个过程就是所谓身心修养。

对中国哲学的"形而上""形而下"的考察不仅把它与西方哲学"形而上学"的差异凸显出来了,而且也把中西哲学形态上的根本差异突显出来了。正是由于这种差异,当这两种哲学相遇的时候,它们相互之间的理解和交流就有了困难。站在西方哲学的立场上,中国哲学不与逻辑沾边,也不讲真理或普遍知识,甚至还没有经验与超经验、感性与理性的划分,中国传统哲学之为哲学的合法性都受到了质疑。因为现在西方哲学处于强势地位,就出现了以上的舆论。事实上,这种强势只是表面现象。如果我们能够突破术语的藩篱,深入其中的实际意义,那么,中国哲学"形而上""形而下"所表述的是人自己生存状态的转换。在人的生存状态这个主题中，哲学不仅追溯到了各种问题的活水源头——它能够对中西哲学史上各种问题的产生作出解释，而且，哲学最终表明是一门关于生命自觉的学问。在西方，只是通过 20 世纪的海德格尔哲学，在与形而上学的"超越"密切相关的方式中提出了生存状态分析这个主题。

## (三)"超越"的意义

西方人创立了超越的形而上学，但超越不只是作为一种理论的形而上学的特征，而是人类生命的根本特征。关于这一点的认识，西方哲学经历了漫长的过程。最初，他们划分了理念世界与现实世界，思想与实际，理性与感性，理论与实践，等等，前者具有超越后者的性质，但其中都没有把超越看成人自己的特征。甚至到了康德这里，超越于经验的纯粹理性概念已经被明确为是人自己的先天能力的表达，最多也不过是在认识论的范围内肯定了人具有超越经验的能力，而并不是一般地说超越就是人自己生命活动的特征。直到 20 世纪 20 年代末，才由海德格尔点明了这个主题。

海德格尔的《是与时》(*Being and Time*，流行译作《存在与时间》)这部著作实际上讲的是"性命之理"。然而，他毕竟是从西方哲学的背景中走出来的，也是讲给西方人听的，所以，他仍然使用着西方传统的哲学术语，却又改变着术语的意义，以至于不得已还创造一些新的术语。这些使得欧洲人和中国人一样，读他的书似乎很困难。鉴于此，我打算直截了当地把我所理解的他的思想用中国人比较熟悉的话讲出来，只是在必要的地方对他使用的术语做些解释。

海德格尔前期哲学中的"是"就是用来表达性命的词，虽然他根本就没有提到过"性命"这个词。不过你看，他说"是"的基本意义是显现，"是"显现出来了就是"所是"；"是"不在别处，它就在每个人自己这里，每个人自己就是一个在"是"中的所是，对这个所是，他称之为"此是"（Dasein，流行译名"此在"，我曾经译为"本是"），这里的"此"是指生命栖居于其中的周遭环境，生命现象包含生命及滋养生命的环境，它有"是于世中"的结构；生命的展开就表达为"是于世中"这个结构的展开，是"是"（生命）以种种方式介入世界的过程；每个生命都是有终结的，说明"是"的特征是时间，反过来，因为时间是"是"的特征，所以，"是"总是要展开为所是。在西方传统哲学中，由系词做成的哲学概念"是"的意义极广，它可以表达任何东西，在形而上学中则表示从逻辑上规定的最高、最普遍的范畴。但是，像海德格尔这样的用法是没有的。为此，海德格尔曾经做了语源学的考察，他居然发现，希腊文和拉丁文中的系词词根"es"（是）和梵文"asus"原来就有生活（生命）、生的意思[①]；一切都是在人介入到世界的生命过程中展开出来的。介入的方式决定世内是者之为是者，此即"是"对于是者的优先性。以上这些观点的细节说明可以查阅《是与时》一书，这些观点是深入了解海德格尔关于形而上学超越性思想的前提。

西方哲学史上对形而上学的争论曾经集中在两个主要的问题上：第一，形而上学的理论是否表达了世界的实在？肯定者认为，形而上学理论表达的东西已经超越了感觉的领域，它表达了世界的真实本质或实在，而从感觉得到的东西则是不真实、不实在的。否定者认为，形而上学概念只是人们用来方便表达世界的一种符号或名称，实际世界中并没有这些概念所指的东西的存在；或者认为，

---

[①] 海德格尔：《形而上学导论》，参见孙周兴选编：《海德格尔选集》（上），上海三联书店，1996年，第509页。

世界的本质是否如形而上学理论所表达的那样，这根本是一个不可知的问题。第二个问题，人类能否获得形而上学理论？这牵涉到形而上学概念的来源。肯定者说形而上学概念是天生就有的；否定者或怀疑论者则通过对感觉经验仔细考察后认为，如果人类的一切知识都起源于感觉经验、是对感觉经验制作的结果，那么，其中肯定产生不出形而上学观念，因为这些观念超出了经验。面对这两个问题，海德格尔的主张是，不管形而上学观念是否能够从感觉经验中得到，人们具有形而上学观念是个事实，它们总之是呈现在我们自己生命活动中的一些所是，即一切所是都是"此是"的"是"的方式的结果。那么，现在的问题是，与形而上学这种所是相关的"是"的方式究竟是怎样的？这时他就得出了形而上学在于人自身超越的结论。

简单来说，他的论述过程是这样的：形而上学把"所是"或"是者"全体当作研究对象，是者是一切东西的总称，是一切所是的整体。但是，人是怎样得到这个整体的是者的观念的呢？（这个问题实际上出于西方哲学史上经验主义的责难，整体的是者应当包括全部时空中的所是；然而人的生命是有限的，正如中国先秦时期的庄子所说，"吾生也有涯，而知也无涯"，如果人类一切所知都须亲历才能得到，那么，以有限的生命是不能得出整体的是者观念的，因为后者是无限的。）海德格尔揭示，人有时会陷于一种物我两忘的境地，这就是"无"的境界，正是基于"无"的体验，人们才能够说，凡不是"无"的一切就是是者。"只有以'无'所启示出来的原始境界为根据，人的'此是'才能接近并深入'是者'。"[①] 这

---

[①] Matin Heidegger, "What is Metaphysics?", in *Pathmarks*, ed. by William McNeill, Cambridge: Cambridge University Press, 1998, p. 91。

就是说，当一个人说他把握了形而上学的是者的观念时，他必定已经将自身超出于是者整体，嵌入在"无"的境界。"此是凭借隐而不显的畏嵌入无，这就是它对于整体是者的超越，这就是超越。"① 这里透露出西方哲学发生的一个重大变化：过去"超越"这个词指的是形而上学这种理论及其观念的性质，或者也可以指这些理论和观念所表达的本质世界或实在世界，现在第一次在海德格尔这里被用来表述人自身的生存状态，是人自己的活动。海德格尔说："此超越活动就是形而上学本身。由此可见形而上学属人的本性。……形而上学是此是内心的基本现象。形而上学就是此是本身。"②

以上是海德格尔在《形而上学是什么？》一文中的思想。他从形而上学理论或观念的超越特征说起，揭示超越的根子在人自己，人的本性就是超越，得出形而上学就是人的本性的结论。康德说过，世界上什么时候都要有形而上学，他强调"尤其是每个善于思考的人，都要有形而上学"③。海德格尔则认为，"只消我们生存，我们就总是已经处于形而上学中的"④，这显然不限于"善于思考的人"。如果人总是已经处于形而上学中，那么，人应该总是在超越中。这一点是需要进一步作出说明的。

《论根据的本质》一文有对上述问题的回答。顾名思义，这篇文章是讨论根据的本质的。莱布尼茨表述的根据律说，"没有根据便一无所有"，换一种说法就是"任何是者都有一个根据"。依据这种说法，在海德格尔看来，根据的问题就是关于是者之为是者的问

---

① Matin Heidegger, "What is Metaphysics?", in *Pathmarks*, ed. by William McNeill, p. 93.
② 同上书，第 96 页。
③ 康德：《未来形而上学导论》，庞景仁译，第 163 页。
④ 海德格尔：《形而上学是什么？》，参见孙周兴选编：《海德格尔选集》（上），第 152 页。

题。于此可见,海德格尔说的根据比一般所谓理论的根据还要深,理论的根据作为现成的东西仍然还是一种所是或是者,海德格尔所谓的根据则是使是者之为是者的根据,当然包括作为理论根据那样的是者之为是者的根据。海德格尔追问根据的本质就是追问使是者之为是者的"是"。前面关于形而上学的文章谈到作为整体的是者何以可能的问题,这里关于根据的本质所要问的同样是一般的是者何以可能的问题,只不过在《形而上学是什么?》那篇文章中,这个问题是从生存状态分析的角度谈的,即认为人的"无"的境界是一切是者得到显现的背景,而《论根据的本质》则是从"是论的差异"(ontological difference)的角度去谈的。所谓"是论的差异"是指"是"与"所是"的关联和差异:"是"必是为所是,是者也必依"是"而是其所是。说到这里,我恐怕读者要头晕了。海德格尔的这种表述是从西方哲学的语言中脱胎而来的,他要用"是"这个词来表明他的哲学始终是传统哲学的继续并在其中占据着最高、最核心的地位,但是他所谓的"是"又不是柏拉图以来被理解为范畴的"是",而是经过他改造了的,在其前期哲学中"是"指的是"此是"之"是"。如果我径直用通俗的话来说,这里讲的就是性命之理。"是"就是性命,"此是"是有命的每个本人。"是"必"是为所是",即每个被赋予命的人必定要将生命展开、实现出来,在生命中展开实现出来的一切就呈现为所是。反过来说,是者必依"是"而是其所是,即一切是者都是在我生命中的所是。如此,那么下面这些话就比较容易理解了:"术语上要澄清和说明的这个超越,是属人的此是的东西……它是作为先于一切行为而发生的基本机制而属此是的。"① 这

---

① Matin Heidegger, "On the Esscnce of Ground", in *Pathmarks*, ed. by William McNeill, p. 108;参见孙周兴选编:《海德格尔选集》(上),第169页。

是说，这里说的超越是指人的超越，而不是观念或理论的超越性质。超越是与生俱来的，或者说，超越就是生命的特征。"如若人们选用'主体'这个名称来表示在各种情况里我们自己之所是并把它理解为此是，那么，我们就能说，超越标志着主体的本质，即超越是主体的基本结构。主体决不是事先就作为'主体'而存在，然后好像有了客观才超越过去。实际上，成为一个主体意谓成为一个在超越中和作为超越的是者。"① 这是说，有了生命的活动，有了超越，才有了主体和客体的分别，而不是相反。"'此是超越着'，这句话是说，此是在其是的本质中形成着世界。"② 整个世界都是在生命自身的超越活动中展现出来的。生命自身中的超越，不是超越到生命之外去。现在流行"内在的超越"这个词，我觉得用它来说生存状态的超越是不妥当的，因为生命的超越决不仅仅停留在内心，生命的活动也一定要形之于外。世界都是在我的生命中展开出来的，用中国哲学常用的话来说便是"宇宙即是吾心"。至于我们何以认定超越是生命的特征，这个问题写在《是与时》这本书里，这个书名就已经表明"是"（性命）的特征在于"时"（时间）。

对上述海德格尔的引证是想说明，西方现在开始有人谈性命之理了。看来性命之理是哲学最深、最高的问题。原来认为形而上学是哲学最高的问题，现在也要从性命方面才能揭示它的源头。中国哲学自始就在不断开掘着性命之理这个源头，"形而上""形而下"也是在这个大背景下可以被解读为是人自己生存状态的转换，只是

---

① Matin Heidegger, "On the Esscnce of Ground", in *Pathmarks*, ed. by William McNeill, p. 108；参见孙周兴选编：《海德格尔选集》（上），第169页。
② Matin Heidegger, "On the Esscnce of Ground", in *Pathmarks*, ed. by William McNeill, p. 132；参见孙周兴选编：《海德格尔选集》（上），第192页。

没有使用"超越"这个词。而西方哲学之所以会使用这个词，也与它这种学理的形式有关。历史上西方哲学以"超越"这个词来描述思想对象对于感觉对象的关系，说前者是对后者的超越；而这两者间的区分最早出于柏拉图对理念世界与现实世界的区分。超越之所以需要，是因为这两种对象之间有断裂。也就是说，在感觉的对象中不能自动进入思想的对象，或者说，感觉中产生不出思想。超越就是要从对感觉对象的把握转到对思想对象的把握。对象本身是不会从一种状态变为另一种状态的，而人是能够从感觉的状态转入思想的状态的。超越发生在人自己生存状态的转变中。如果说从感觉到思想是哲学的要求，那么，哲学的要求说到底是对人自身转变生存状态的要求。

人自身的生存状态是多种多样的。即使在感觉的层面就有视、听、触、味、嗅的区别，五种感觉器官各自联系着自己的对象，要获得不同知觉对象就必须动用不同器官。这里就有生存状态的转换。转换的需要是因为不同的感觉状态之间是不连续的。色彩有明暗，声音有强弱，气味有香臭，触觉有冷热、软硬，味道有咸淡和刺激，等等，这些差别只是程度的差别，或者说，它们各自内部的差别是出现在连续中的差别，在一个相关的感觉器官内就能感受这些差别。但是，色彩中见不出声音、香臭、软硬、味道，它们之间的差别不是程度的差别，而是性质的差别，因而是不连续的。从一种感觉到另一种感觉的转换就是超越，其中一定伴随着相关感觉器官的启动，所以感觉对象的转换也是人自己生存状态的转换，人自己生存状态的超越才使得感觉对象的超越实现出来。但是，人自身感觉器官的转换往往不如感觉对象的转换那样明显，这是因为各种感觉都被意识统摄着，在意识中进入另一个层次，成为意识中的统一的对象。意识能够对感觉作综合、统摄，同时也能作解析。人能据础润而知将雨，看月晕而识风至；听到熟悉的脚步就能想见某人，这些都是意识自身分分合合的作用，是意识自身中的转换或超越，只是这种转换与感觉之间的转换又有了性质上的不同。

生存状态的转换是发生在人自身中的，它往往不容易被察觉，能够被察觉的是某种生存方式实现出来的结果。逻辑规定性的概念就是这种结果之一，与之对应的生存状态就是思想。从逻辑规定性的概念与感觉中事物的差别，人们发现了在意识中发生着的从感觉到思想的转换。但是严格来说，这里所谓的"思想"这个词是不精确的，因为逻辑地思考一定是思想，但思想不一定是逻辑的。逻辑概念和一般思想得到的东西之间的差别使我们能够把逻辑思想与一般思想区别开来。逻辑地思想是从事西方传统哲学活动时人的重要生存状态，它对于感觉和一般的思想而言是有所超越的。西方哲学的形而上学主要指逻辑规定性的概念所构成的理论而言的，它是对感性对象的超越，但就其根源而言，则是人自身进入了逻辑地思想的状态。超越的形而上学出于人自身的超越。

形而上学的超越属人的生存状态转换，而人的生存状态转换却不限于形而上学的超越。形而上学的超越是从感性向理性、从一般地思想到逻辑地思想的生存状态的转换，是人认识自己生存于其中的环境世界时的状态的转换。这种转换是单方向的。中国哲学"形而上""形而下"的说法却不限于认识状态的转换，"形而上"和"形而下"直接就是人自己介入到环境世界中的生存方式的转换。介入既有"上"也有"下"，就不是单方向的。所谓"形而上者谓之道，形而下者谓之器"，关注的就是生态状态的转换。

对形而上学超越性质的探讨，依次揭示出来的是，理论的超越在于人自身的超越，人的超越在于其生存状态的转换，生存状态的转换是多种多样的，形而上学的超越只是其中之一。传统形而上学试图提炼出关于世界的原理，其中隐藏着一种认识世界的途径，哲学认识论就是从中发展出来的。但人不是单纯的认识者，人活在世界上。"活"就是活动，"活"才是生命，活动也是为了生命的延续和繁荣，它是通过生存状态的转换也即生存状态的调整实现的。生存状态的转换是形而上学的根据，形而上学深入下去一定会进入生存状态转换这个领域。将形而上学进行到底，就是关注人类生存状态的转换。

## （四）将形而上学进行到底

人类一直生活在调整、转换自己生存状态的过程中，远古的时候如此，进入现代社会也如此。从这个意义上说，形而上学是人的本性。哲学以形而上学为核心，从事哲学的活动可以说是人类对自身生命自觉的过程。哲学的产生是生命自觉的标志。

根据历史记载和考古发掘，有些人类族群没能存活到今天，能够存活到今天的各民族都是在他们各自条件下成功生存的结果。粗略地说，凡是存活至今的人类都是结成群体的，这使得人类弥补了个体不足以抵御猛兽的致命弱点。迄今为止人类学的考察发现，即使比较原始的人群中也有一定形式的婚姻制度，都有某种被斥为"乱伦"的婚姻禁忌，这不仅可以防止群体内部争夺异性的争斗，事实上也使人类生命的传承获得了体质上相对于动物的优势。人类能够根据环境提供的可能运用工具生产自己的生活资源，靠山吃山，靠海吃海，这是人类超出自然状态关键的一步。所谓文明、文化，就是人类生存方式的建立、传承和革新，它们表现在各民族的制度、习俗、礼仪、信念、节庆等里面。文化是人类长期调整和革新自己生存方式和生存状态的结果。哲学是这一过程的反思。

中国最古老的哲学著作《周易》的主题是"性命之理"。其《说卦》曰:"昔者圣人之作《易》也,将以顺性命之理。"它的六十四卦不过是模拟自然界的各种变化的一些例子,重要的是针对各种情况人(君子)都要采用不同而适当的应对方式。其每一卦的"《象》曰"就记载了这种方式。例如,在"乾卦"的情况里,"《象》曰":"天行健,君子以自强不息";在"坤卦"的情况里,"《象》曰":"地势坤,君子以厚德载物";最后一卦"未济"的告诫是"火在水上,未济。君子以慎辨物居方"。《周易》讲变,绝不是单纯为了明白有关天地的知识,其最终目的是为了应变。中国哲学就是沿着这个方向发展的。这里的环境不仅指自然界,也指人类自己组建的社会。由于社会生活涉及人自己,也更复杂,所以中国哲学更多地关注了人伦方面的问题。西方哲学开始时未必把单纯的认识世界当作主题,只是由于柏拉图的提倡和后人对他的追随,才在很长的时期内将关于世界的普遍知识当作哲学的主题。在这个方向上,哲学很接近智力的兴趣。只是到了近现代,尤其是进入现代以后,西方哲学在人文学科方面有很多建树,新建了美学、心理学、"价值学"(axiology)等。传到中国以后,人们只道是西方人的学问分科很细、很丰富是个优点,其实,这也暴露了西方传统学问的分类原先主要是针对世界的,人的问题没有容纳在其中,或者它用观察世界的同样方法来观察人,总有许多方面的问题不甚确切。重新审视人的问题,说明人的问题是绕不过去的。然而,只要还是用观察自然世界的方法观察人,对人的问题的审视就有隔靴搔痒之嫌。海德格尔就不主张在他的《是与时》一书之外另写一本伦理学的著作,认为自己《是与时》一书所思考的问题已经深入到传统"是论"和伦理学两者的根子深处了①。或者反过来说，关于自然世界的知识和伦理学，说到底，都是出自性命之学。

这里不免想到近代以来中国人经常思考的一个问题：既然中国传统哲学固守着性命之学这个根本主题，何以与西方一接触就显露出中国落后？其实，不同地域的不同生存方式本来并没有先进与落后的区别，所谓一方山水养一方人，只要人们能根据他们生存的条件组织起适当的社会秩序，使生命得到延续繁衍，都是生命意义的体现。（大概正是看出了这一点，才有人对原始文明在现代化大潮中的消亡表示惋惜和忧虑。）只是当人们用物质享受比较生活质量的时候，才通过量的多寡显示出生活的优劣。一个社会只要在内外比较中显示的贫富差别不要太大，它就不会成为影响幸福的重要指标。绝对平均则是根本不可能的。涉及人类间争斗时，就是另一种情况，这时武力就是重要的因素。西方人显然是借助于对自然的观察产生的科学方法用于制造武器，远渡重洋来到中国，中国人就面临生死存亡了。对于中国人来说，这是新的生存挑战。每个民族遇到这样的挑战都要救亡图存，这就是性命之理。所谓船大转身难，以中华民族人口之多、疆域之大而能进入改革，应当是体现出了对性命之理的大规模的比较自觉了。

"形而上""形而下"地调整或转换中国人的生存方式，这是现今遭遇的生存境况的要求，因而要发扬中国历史上一贯倡导的那种形而上学精神。在古代，受到人类生产力较低的限制，多数人只是关注生活中比较直接的问题，对于一些根本和长远的问题往往无暇顾及，这方面的工作是由少数不需要直接参加生产劳动的人来完成

---

① 海德格尔：《关于人道主义的书信》，见孙周兴选编：《海德格尔选集》（上），第395—404页。

的，他们对于人们生活方式的形成具有重大的影响，大多数人还只是相信和追随那些少数的人。在实践中被接受并且证明是成功地引导了大众的那些少数人被称为先知或智者，在中国则称为圣人。被认为是记载中国最早历史的《尚书》就充满了那些圣王的言论，孔子也自认是对他们的继承和发扬。人们在包括孔子在内的许多言论中看到的往往是对生活各个领域行事为人的教诲，如果再仔细想一下，他们发表这些言论的根据究竟是什么？那就要到《周易》以及其他许多哲学著作中去看了。那就是形而上学，那里有对天、地、人的起源及关系的基本看法，即使科学的探索也未能动摇它，而只是将这幅图景更加具体、更加实证化。中国哲学的形而上学精神的核心是"道"，"道"的基本意思是通达，即事情能够进行下去、展开出来。中国形而上学精神包括"上"和"下"两个方面，它是要站在"性命之理"这个根本、长远的立足点来规划和实践个人、群体乃至人类的生活，"极高明而道中庸"。

　　生活越是变动激烈，就越需要形而上学。中国历史上积累了丰富的形而上学，但即便如此也不能将之奉为教条。《周易·系辞传下》说："《易》之为书也不可远，为道也屡迁，变动不居，周流六虚。上下无常，刚柔相易，不可为典要，唯变所适。其出入以度外内，使知惧，又明于忧患与故，无有师保，如临父母。初率其辞，而揆其方，既有典常。苟非其人，道不虚行。"这里讲变易的道理，与西方哲学讲的规律不同。规律是不以人的意志为转移的，变易之道虽有《易经》可为典要，但如果没有人适当行事，还是不行的。忘记了这个形而上学的道理，在纷至沓来的各种学说面前就可能陷入困惑。

　　如果说在古代，只有少数人关注形而上学，其杰出者为圣人，那么，进入现代社会以后就不会再有圣人了。与圣人相连的社会是训政社会，即由少数人训导多数人。现在进入了民主时代，每个人都可以发表意见，一条重要的信息顷刻之间就可以传遍五洲四海。就目前的情况看，各种意见还比较庞杂，然而终将会思考，人们提出各种意见的最终根据是什么？尤其是当提出涉及人类重大命运问题的时候。如果最终根据是人们发表适当意见时必须具备的前提，那么，一个多数人掌握形而上学的时代可能要到来了。

这里已经把形而上学等同于最终根据，这需要解释。如前面所说，形而上学是指人转换自己生存方式的自觉。人总是已经处在一种历史传承下来的生存状态中，这是无可选择的。生存方式之所以要转换，主要是生存环境不断在变。环境指的是自然环境和人自己活动的结果反过来成为的环境。对于个人来说，在既定的生存状态下想这样变、那样变，甚至不想变的都有。听谁的？如果仅仅事涉个人，这不需要大家讨论。不过人类是以社会的方式存在的，个人只有在社会里才能有自己的存在，那么，个人的问题也总离不开集体的问题。这个问题在"形而下"方面就体现为集体与个人的关系问题，与之相关的是"义"与"利"的问题。一般来说，个人出于自己的生存而对"利"有一种天生的趋求，这似乎是不用教的。基督教所谓的原罪就是看到了人性的这个方面，其维系社会存在的"善"是托先知传达上帝的话来提倡的。孔子则深入把它具体化为仁、义、礼、智、信等个人的行为规范。儒家对"义"重于"利"的强调，说明从个人超越到群体去思考和行事之不易。在历史上，社会利益、"义"经常被统治阶级曲解和利用，因而人们对此颇为反感。但不管怎么说，社会存在是个人生存的前提。从个人出发超越到群体的思考，又以群体性思考的结论落实到社会生活的组织和个人生活中去，这就是民主时代人的形而上学的功夫。

说到个人和集体，后者有范围的等差。从家庭到工作单位，从地区到民族、国家，都是集体。在最终根据里考虑的究竟是哪一等级的集体呢？这要看个人所遇到的事情如何。最平常的是家庭、朋友。能够与家人、朋友相处好的，就有了对个人的超越，就是一个好的起点。中国传统中提倡对父母的孝顺，更包含一种人人可实行的切近的超越。一般来说，集体的范围定得越大似乎越隐蔽而不可察。其实不然。现在一个国家的一项政策立即就影响到每个人的生活。只要是人们生活中遭际到的、会对人们生存产生影响的人，都应当考虑在这个集体之内。事实上，地球上的每个人都已在相互影响之中。且不说贸易往来和文化交流，解决人类自己活动造成的环境污染、气候变暖以及消除恐怖主义等问题，已经使全人类联系在一起了。这样说下去，甚至人类生活于其中的自然环境也在人们最终根据的考虑之中。在西方哲学的分类中，"善"只是伦理范围的事。而中国哲学最初则是这样来述说"善"的："一阴一阳之谓道，继之者善也。"[①] 中国人看天地万物都是在阴阳相互作用中，有阴阳的相互作用，才有天地万物，也才有人。让这个过程继续下去就是善。那么谁是"继之者"？按照中文习惯，这句话可以不设主语，今天的人们来追问时，这个主语不是人还会是谁呢？人要让天地间的阴阳相互作用持续下去，人就是天地的心，地球因为有了人才是一个活的生命体。这就是"形而上"追溯的最终根据。拿了这个根据，又要"形而下"地一层一层贯彻到自己的生活中去。

在中国人的实际生活中，形而上学的精神其实已经有了很好的体现。在全域与局部的关系中对全域的倚重，在长远与眼前的关系中对长远的照应，在义与利的关系中对义的强调，这里既有"形而上"，也有"形而下"。如果这些都是人们实际生活中不可回避的情

---

① 《周易·系辞传上》。

况，那么，在这个过程中上上下下地转换自己的生存状态，这就是形而上学的活动。历史上，每个民族都是通过先知或者圣人来引导大众作生存状态转换的；如今，圣人已逝，每个人都被要求根据当下所处的实际情况适当转化自己的生存状态，每个人都被要求成为生命的自觉者。换一句话说，在民主时代，每个人都是形而上学家。

西方传统的形而上学终止了，新的形而上学必将繁荣起来。

原载:《南国学术》2014年第2期

# 二十六、关于哲学的开端问题

## (一) 哲学开端问题的意义

任何学问的开端都有一种设定，包括其研究对象和方法的设定，整个学科的内容就以这个设定为开端发展出来。在这个意义上说，一门学科最初的开端往往就是这门学科的最终根据。而对这个开端本身，在学科之内是不予说明的。例如，哥德尔证明，对于数学的基本设定，不能运用数学自身的定理来证明它成立还是不成立，这就说明，像数学这门学问，即使它想用自身的力量证明自己开端的合理性也是不可能的。又如，以天体运动为对象的物理学可以精确描述天体的运动轨迹，但是，对于天体最初进入这种运动的原因就超出了力学设定的范围。超出了设定范围的问题，又看不到继续追问的前途，有人就诉诸宗教；而对于那些顽强追问的人来说，就从特殊学科进入了哲学。

各门学科如果因对作为自己开端的设定的追问而诉诸哲学，这是有道理的。亚里士多德早就把这个任务交给了哲学。根据他的说法，哲学和其余各门学科有这样的关系：如果照西方哲学语言的习惯，把一切可以言说的东西称为是者（being），那么，哲学研究是者之为是者，其他学科，例如数学，只是切下是者中的一段是者当作自己的研究对象①。换句话说,在这个分类中,哲学是普遍知识的学问,其余各门专门的学问都是特殊的学问;专门学科研究的是各种特定的是者,哲学研究的则是一般的或普遍性的是者。凭这个分类,哲学就取得了科学之王的地位。且不说西方传统哲学究竟为各专门学科提供了多少根据,哲学对自身的根据是否也应当追问一下呢?也许哲学也有问到不可问之处,但是,哲学应当是最会提问的。那么我们现在问到底了吗?

如果说,其他学科对自身最终根据的追问追溯到哲学,那么,哲学对自身根据的追问还是哲学。追问哲学的根据就是追问哲学的开端。这里说的哲学的开端是指哲学本身的开端,而不停留于对哲学史开端的追问。哲学史的开端是确定的;哲学本身的开端如果有最初的开端,即最原始的开端,也应该是确定的。如果哲学史的开端还可以追问它的根据,这就可以成为追问哲学本身开端的起点,一直到原始的开端。哲学的开端有上述两种理解,于是,就有两种对哲学开端问题的讨论:一种讨论哲学史的开端,一种讨论哲学本身的开端。前者如伽达默尔的《哲学的开端》②,后者有海德格尔死后才发表的《哲学文稿——关于事发》③。

哲学的开端规定、指引着哲学史的发展,所以,回顾哲学的开端,对于加深理解现有哲学各种问题的形成显然是有帮助的。此

---

① Aristotle, *Metaphysics*, 1003a20, 此处引文据 Richard McKeon 编写的 *The Basic Writings of Aristotle*, 数字为标准页码, 中文本可参考亚里士多德:《形而上学》, 吴寿彭译, 商务印书馆, 1981 年, 有边码注明。
② Hans-Georg Gadamer, *The Beginning of Philosophy*, New York: Continuum, 2001.
③ Martin Heidegger, *Beitrage zur Philosophie (Vom Ereignis)*, Frankfurt am Main, 1989. 此书分别于 1999 年和 2012 年出版了两个英译本, 这里主要参考出版于 2012 年的译本: *Contributions to Philosophy (Of the Event)*, trans. by Richard Rojcewicz and Daniela Vallega-Neu, Indiana University Press. 中文有孙周兴的译本《哲学论稿(从本有而来)》(商务印书馆, 2013 年)。

外，关于研究哲学史的开端，伽达默尔还特别指出了一种理由：他认为，现在西方的文化不仅正在经历一场"彻底的变化"，而且其自身又是"不确定的"和"缺少自我保证"的①。所以，他研究哲学史开端的现实目的，在于探寻建立与发端于希腊哲学之外的、完全不同于西方类型文化的那种文化的联系②。不过，伽达默尔的那本小册子没有展开这个问题，甚至根本就没有提到他所谓的西方文化之外的文化和哲学究竟是哪些文化和哲学。近年来有些学者在这个方向上有所开展，法国学者弗朗索瓦·于连是其中之一。他学习过中国哲学，曾于"文革"期间在中国留学。他看到了中国哲学与西方哲学的差别，要带着这个见识回到希腊哲学的源头，试图探寻另一种开端的可能。他的许多著作着力于介绍西方人所不熟悉的中国哲学，而对这另一种开端则未见有所建树。

对于西方哲学来说，中国哲学的开端可能是另一种开端，但是，如果这里说的中国哲学的开端指的是中国哲学史的开端，那么，同样，这个开端还可能有其开端。追问一个开端的开端，就是追问这种开端设定的东西的根据，直到最终的根据。最终的根据就是最初的开端。如果我们承认，对一切问题深入的追问就是追问它的根据，那么，对根据本身的追问就是最深的追问，这种追问就是哲学。反过来说，正是在这种追问中，哲学才成为哲学。

最深的根据、最初的开端，这里用到了一个"最"字，这意味着最深的根据或最初的开端是唯一的根据和唯一的开端，它的设定应该是最少的，是无可进一步追问的。究竟是否存在这样一个根据或开端？在这篇短文的开头还无法确定，但是，如果我们真能找到

---

① Hans-Georg Gadamer, *The Beginning of Philosophy*, p.9.
② 同上。

这样的开端，其前景将是令人振奋的。首先，最初的开端其设定应该是最少的；一种设定就是一种限定，限定越多，哲学的视野越窄；进入最少的设定，它将大大开阔哲学的视野，从而使陷于停滞的哲学复活起来。其次，哲学之为哲学就在于对根据的深入追问，有无这种追问是判断一种哲学活力的尺度；一种现成哲学的开端设在何处，是衡量这种哲学深度的标志。这样，开展中西哲学的比较就有所遵照。

目前大多数研究西方哲学的人对于比较哲学缺少兴趣，他们认为，西方哲学就是哲学，不必特别以"西方"二字来修饰；如果中国哲学是哲学，那就直接来加入他们正在讨论的哲学问题。这种想法不免无知且霸道。另一方面，中国哲学界则不断出现中国品牌的"本体论""认识论""逻辑"，直至"现象学""诠释学"这些原产于西方哲学的观念。这些是因担忧中国哲学的合法性而迷失方向、依傍西方的结果。如果我们在哲学本身开端的序列中找到了中国哲学的挂搭处，那么不仅中国哲学的合法性问题迎刃而解，它还可以根据其离哲学最初开端的距离与西方哲学一较深浅。更可以根据二者探寻哲学开端的力度，判断其各自的活力。

哲学本身的开端是在哲学询问自己的根据中展现出来的，它倒是较后才出现的。所以，追寻哲学的开端不需要像有的论家那样将其追溯到宗教或巫术。宗教和巫术摆在今天还是宗教和巫术，它们没有成为哲学。哲学本身的开端不是时间上在先的东西，而是哲学内部追寻自身根据的过程中将发现的东西。现成的中国哲学史和西方哲学史的开端可以成为本文讨论的起点，先来看看这两种哲学在起点处各做了怎样的设定，然后，对这些设定的根据分别进行追问，看它们对最终的根据是否有所揭示，最后给出我们的结论。

## (二) 西方传统哲学的开端

关于西方哲学的开端,一般的教科书从前苏格拉底谈起。但是伽达默尔是从柏拉图和亚里士多德开始谈的。他这样做的主要理由是,这两个哲学家,尤其是柏拉图,对于西方哲学后来的走向具有决定性的作用,他要说明的是导致西方哲学结果的那个开端。他所谓的西方哲学的结果主要指形而上学的衰落和科学对哲学的挤兑。中国传统哲学中并没有西方那种形而上学,也不太容易让人体会科学的根子寄生在形而上学之中。通过中西两种哲学的比较,西方哲学追求普遍知识的宗旨才逐渐凸显出来。而这个宗旨正是在柏拉图那里开始形成的。

柏拉图对西方哲学决定性的贡献在于他的理念论。"理念"这个词的含义在后来哲学的发展中有不同的运用。就是在柏拉图本人这里,其含义和强调的重点也有变化,从只有神才能认识的、存在于另一个世界里的模型、为事物所分有,到心灵把握的对象,最后发展出一套在纯粹理念间进行推演的理论。就使用"理念"这个观念的实质而言,柏拉图是要表达某种普遍性的东西。

今天我们对"普遍"(universal)这个词似乎很熟悉,信手拈来就用在各处,然而,"普遍"这个观念并不是每个民族思想中自然会产生的观念,中国传统哲学中就找不到这个词。普遍的东西不是直接出现在感官中的东西,而是我们称为思想这种意识所能表达的内容之一,是对同类感受作反思的结果。兰登书屋的《大学词典》(*College Dictionary*, The Random House, 1972) "universal"词条10,专释此词哲学意义两点: (1) a general term or concept or the generic nature that such a term signifies; a Platonic idea or

Aristotelian form.("表达总体的术语或概念或这个术语所指的总体性的性质;柏拉图的理念或亚里士多德的形式。")① (2) a metaphysical entity that remains unchanged in character in a series of change or changing relation.("在一系列变化或变化关系中保持不变的一个形而上学的东西。")"普遍",今天在哲学之外也被普遍使用着的这个概念,对人类思想产生了巨大的影响。我们在研究普遍这个观念的时候发现,柏拉图提出了这个观念,然而,在柏拉图的时候,语言中可能根本还没有这个词。

有两个较新出版的柏拉图著作的英文译本《柏拉图对话集》和《柏拉图全集》②,其索引中均有"普遍"(universal)这个词,并且标示出相同的六处正文边码,《柏拉图对话集》又多一个边码,总共七个边码。照理说,索引边码指示的是一个术语在正文中出现的地方,然而,按图索骥,只在《柏拉图对话集》有二见。

但是,不必怀疑的是,索引所表示的页码中所谈及的内容都是要把"普遍"表达出来。例如,我们读到:全部自然数中有一半是奇数,另一半是偶数(《斐多篇》104③)(说明:奇数和偶数表达的是变化的数列中的不变)。又,日常中我们可以看到圆,但圆只是形的一种,而不是形本身,现在要把握形本身;日常中我们感受着勇敢、审慎、智慧、豁达的品德,现在要把握品德本身。形本身或

---

① 汉语中一般也将 general 译作"普遍",它与 universal 都有表示总体的意思,general 则可兼指从经验概括的概率上的大部分或总体,而当哲学上表示先在的、绝对的总体观念时,就只能用 universal。此处如将 general 译作"普遍",这个英文词条就没有意义了。

② *Plato: The Collected Dialogues*, ed. by Edith Hamilton and Huntington Cairns, Princeton, NJ: Princeton University Press, 1961; *Plato: Complete Works*, ed. by John M. Cooper, Indianapolis: Hackett Publishing Company, 1997.

③ 这里的数字是柏拉图著作的标准页码,包括中文本在内的各种译本一般都会作为边码标出。下同。

者品德本身这样的理念是统摄而又渗透在各种具体的形或品德中的东西（《美诺篇》73—74）（说明：品德本身和形本身表达的是多中之一）。再如，如果在美本身之外还有美的事物，那么，除了那个事物分有了美本身之外没有别的原因，要明白这一类把握原因的方法（《斐多篇》100c）（说明：这是进一步谈论普遍的东西可以成为特殊的东西的根据）。还有，能够对通种（form/genus，柏拉图后期著作《智者篇》中表述理念的词）做互相渗合的人清楚地知道怎样区分一个一个的类，那些类在什么情况下能够或不能结合（《智者篇》253d）（说明：这是讲普遍性的理念或通种之间的结合问题，关于这门学问，柏拉图称之为哲学）。还有，关于"是"与"不是"、"相似"与"不相似"、"同"与"异"，以及数、奇数、偶数等，这些不能用身体器官，而只能通过心灵把握（《泰阿泰德篇》258以下）（说明：把握普遍性观念的机制）。最后两段，一段出自《斐多篇》(101c)，《柏拉图对话集》的英译本出现了 universal 一词。这段话前面的意思是说：把一个东西加上一个东西成为二或者把一个东西分割成为二，加或分割不是二的原因，二之为二是因为它分有了二本身（说明：数这种普遍性的东西的性质是自身内在的，不是外加的）。接着《柏拉图对话集》给出的译文是："... that you know of no other way in which any given object can come into being except by participation in the reality peculiar to its appropriate **universal** ..."（"……你是知道的，一个给出的东西能成其所是，除了参与到它所特别具有的那种**普遍**的实在性中，是没有其他途径的……"）但同样这句话在后出版的《柏拉图全集》中的译文是："... that you do not know how else each thing can come to be except by sharing in the reality in which it shares ..."（……你懂的，每个东西之能成乎其是，除了分有它所分有着的实在，不会有别的途径……）其中并没有出现 universal。还有一处，出在《吕锡篇》216a，《柏拉图对话集》中出现了"those **universal-knowledge men**"（那些有**普遍**知识的人们）；《柏拉图全集》根本就未见索引，译文为"all those virtuoso"（所有那些有学问的人们）。我们不能确切肯定柏拉图对话中出现过"普遍"这个词，然而，却可以肯定他兜着圈子确实提出了"普遍"的观念；有此观念而无此词，更说明这个观念是柏拉图的首创。

我之所以不厌其烦地要了解清楚普遍观念在柏拉图这里产生的情况，目的是想说明，现在我们随口而出的"普遍"这个词，它并不是从任何一种人类思想中就能自然而然地产生的。据英语《韦氏大学词典》载，英语中 universal 一词还是 14 世纪时从法语引进的，最早出现在英语文献中则在 1553 年。柏拉图以之作为理念性质的普遍，是与经验事物隔离的普遍，是绝对的普遍，发展到后来，也只是纯粹思想所表达的概念。现在人们使用这个词的时候一般不注意区分纯粹思想概念的绝对普遍与从经验概括得到的普遍。从经验概括而来的普遍是相对的普遍，随着经验范围的扩大，其普遍性也会加大；而绝对普遍就是唯一的普遍，它只存在于思想中，不依赖经验。经验的普遍被认为可以逐渐逼近绝对的普遍，但是永远不能达到绝对普遍；而绝对普遍虽然不依据经验，却是经验上追求普遍时树立的目标。经验的普遍在英语中一般写作 general，其动词形式 generalize 意为概括。

亚里士多德是明确使用"普遍"这个词的。他说："经验为个别知识，技术为普遍知识"[①]，"博学的特征必须属于具备最高级普遍知识的人，因为如有一物不明，就不能说是普遍。而最普遍的就

---

① Aristotle, *Metaphysics*, 981a15.

是人类所最难知的;因为他们离感觉最远"①。但是要注意,因为他反对柏拉图的理念论,不承认有理念这样的东西存在,所以,他说的普遍不是在可感世界事物之外的普遍,而只能是经验概括的普遍。亚里士多德谈的"普遍",希腊文写作 καθολον,意为"全部"(whole)。既然亚里士多德反对理念论,其所谓"全部"是我们可感世界事物的"全部",是受经验限制的,与之相关的普遍也只能是相对的、有等级的普遍。他所谓"最普遍",就有次普遍。当他把哲学定义为一门研究"是者之为是者"的学问时,这就是一门"最普遍"的学问。

西方哲学就是在寻找普遍知识的观念的指引下发展起来的。柏拉图的绝对普遍引出了亚里士多德的相对普遍,这两种普遍观念的冲撞贯穿在整个西方哲学发展的历史中。中世纪实在论(realism)和唯名论(nominalism)之争围绕的问题就是从柏拉图沿袭下来的那种普遍性的观念究竟只是一个名称还是实有其事。近代所谓认识论的转向,是从对普遍观念的来源的争论开始的。绝对普遍的观念不是从经验概括中得出的,笛卡尔就声称它们是天赋的;休谟事实上只是从经验的考察中来证实绝对普遍的观念不能从经验的概括得到,所谓从经验的概括中得不出因果性观念,这里"因果"(causation)就是绝对普遍观念的一个例证,他因此而进一步怀疑运用这种观念组成的普遍必然性知识的可靠性。这两种态度产生出唯理论和经验论。这就有了康德的话头,他一方面接受休谟的观点,认为从经验中产生不出普遍必然的观念,另一方面,又依据数学、自然科学(实为当时的牛顿力学)和形而上学这类具有普遍必然性的知识的存在是一个事实,把形成这种知识的原因归结为人自

---

① Aristotle, *Metaphysics*, 982a20.

身先天的能力。康德还澄清，严格普遍性（即本文所谓绝对普遍性）不是从经验中引来的，它与必然性是不可分割地联系着的①。换句话说，本来以为普遍必然的知识反映的是自然世界的本质，现在就被揭露为是人运用先天范畴（即普遍观念）构造的结果，那么，世界在其本质上就是精神性的。这种观点就是唯心论。透过现象看本质毕竟很吸引人，唯物论者也不愿放弃对本质的把握，只是他们认为，本质的东西最终是可以通过现象展示出来，是可以被感知的。所以，一部西方哲学史，尤其是近代以来的哲学，是唯心论和唯物论两条路线的斗争。马克思主义对哲学基本问题的这一概括，是柏拉图，或者还有亚里士多德，开辟的哲学道路的必然结果，其要义在于普遍观念的创立。

甚至作为西方哲学重要特征的逻辑，也与普遍观念密不可分。关于这一点，伽达默尔说："理念之间的相互关系是最吸引人的。只是在这路上，logos 才存在。这不是个别词的单纯出现，而是一个词与其他词的联结。只有在这条路上，逻辑的证明才是可能的……"② 只要我们理解了逻辑概念的超时空性质，就不能不同时承认，逻辑概念就是绝对普遍的观念。当亚里士多德强调逻辑的形式性的时候，他是完全屈服于绝对普遍的，也就是说，逻辑与事实是无关的，它是纯粹思想的格式。

当初柏拉图设想出普遍的观念并非没有理由，这个问题可以在前苏格拉底哲学中寻到一点踪迹。根据各种残片记载，从泰勒斯开始人们就对组成世界的始基问题发表了各种意见，有的说是水，有的说是火，还有的说是气，乃至于还有人说是无限、是灵魂、是原

---

① 康德：《纯粹理性批判》，邓晓芒译，人民出版社，2004年，第3页。
② Hans-Georg Gadamer, *The Beginning of Philosophy*, p.55.

子，等等。既然是关于始基问题，即关于世界的基本组成因素，它只能是一个。现在出现了这么多说法，不免让人头晕。面对纷繁复杂的世界，人们总想寻找到一个确定的答案；而思想本身的追问不会停止，结论却遥遥无期。柏拉图在《巴门尼德篇》中曾提醒人们不要陷入一种无穷尽倒退的陷阱，即用 b 解释 a，又用 c 解释 b，用 d 解释 c……这是不会有成果的。解释世界的困难在于，世界上的事物多种多样，变化无穷。提出普遍的观念，就是从多中求一，变中求不变。普遍观念为人们提供一种观察世界、解释世界的方便法门。从经验作概括就是这种方法的一种应用，其根据在于假定存在着绝对普遍的对象。

在追求普遍的思维方式中，逻辑和数学得到了成长，进而促进了导致我们今天生活方式的科学的发展。但是，必须明白，这种思维方式产生于、适用于解释世界，而人类生活的内容却绝不止于观察和解释世界。在人类生活面前传统哲学暴露出了它的局限。当然，传统哲学不是不谈人文问题，它用观察世界的那种方法去观察人，即用追求普遍的思想方式解说人文问题，结果就是普遍主义[①]。此外，解释世界的哲学已经将人置于世界的观察者、解释者的地位，人和世界的分离是这种哲学二元论特征的根源。二元论不只是表现为身心（物质与精神）二元，同样也表现为主和客、理性和感性、本质与现象等的对立关系，唯物论和唯心论的对立则是这种哲学二元论特征的集中体现。二元论之为二元论，双方各自都独立为"元"，互不相让以致争执不休。难道人类思想就甘心让自己停留在这种状态不能深入了吗？除了走普遍性之路，哲学还能有其他的开端吗？

---

① 关于这个问题可参见俞宣孟：《论普遍主义》，《学术月刊》2008 年第 11 期。

在深入这个话题之前,让我们先来看一下中国古代哲学的开端,那是一种从开始就没有建立"普遍"观念的哲学。

## (三)《周易》涉及的中国哲学的开端

事物是纷繁复杂的,这对于中国人也不例外,中国古代人们很早意识到,逐一把握事物是不可能的。庄子说:"吾生也有涯,而知也无涯,以有涯随无涯,殆已。"(《庄子·养生主》)但是,中国哲学从开始起就没有借助普遍观念来解决问题。

关于中国哲学开端的问题,很少就这个问题作专门论述的。从各种中国哲学史写作的情况看,有的从阴阳五行学说的产生谈起;有的注意思维和社会存在的关系,结合先秦社会生活的情况,从当时的各种社会思潮谈起;有的从早期宗教谈起;还有的提出哲学起源于巫术的主张。上述种种说法都有可以质疑之处。阴阳五行说显然参照了以讨论组成世界的始基为开端的希腊哲学,那是人类已经站定在那里对世界的观察;中国哲学当然也有对世界的观察和描述,但是,中国古代的哲人们肯定不是纯粹的观察者,阴阳五行也并不具有希腊哲学始基那样的意义和作用。至于社会思潮,社会思潮自古至今一直不断,思潮还是思潮,思潮不等于哲学。宗教、巫术不是哲学的道理也一样。哲学的开端应当是哲学问题的开端,这样的开端要能成为后世哲学发展的根据。

我们可以根据中国哲学发展的结果去倒溯它的根据。作为结果,就是在中国历史上曾经占据主导地位、一脉相承的哲学的开端。现在大家都承认中国传统的哲学有儒、道、佛三家,其中佛家哲学曾经一度占据过统治地位,它是半当中从外面杀进来的,后来与儒、道两家互相吸收,真正中国传统的哲学是儒家和道家。所以，谈中国哲学的开端，应当从儒、道两家的哲学开端谈起，尤其从儒家谈起，因为它实际上是中国历史上长期占主导地位的哲学。那么，儒家究竟是怎样一种形态的哲学呢？哲学形态指的是哲学的宗旨和从事哲学活动的方式，首先是它的宗旨。

前面述说过西方哲学的宗旨在于求得关于世界的普遍知识，认识论和逻辑学就是在这个方向中发展出来的。中国哲学被认为逻辑学和认识论不发达，它取的显然不是西方哲学那样的宗旨。有人以为中国传统哲学是关于人伦的哲学，那是对照着西方哲学内容的分类得出的看法，中国哲学绝不是没有一种"世界观"，中国哲学谈天地自然，服务于一个目的，就是要落实到适当地做人，也就是说，中国哲学的宗旨在于求得生命的自觉。

中国哲学的宗旨在《周易》这部书中写得很清楚。这里先交代一下关于《周易》这部著作的哲学性质。《周易》原来确是用来占卜的。后来经过孔子的改造，加入了文字解说，内容大致包括彖曰（上、下）、象曰（上、下）、文言、系辞（上、下）、序卦、说卦、杂卦，即所谓"十翼"，就突出了义理，成了今天所谓哲学之作。1973年长沙马王堆出土的帛书《周易》记载了孔子对"易经"的解说：他认为，祝巫卜筮者无非是为了祈福求吉，实际上是德行而福归，仁义而吉至。所以，孔子研究"易"是"我观其德义耳也。幽赞而达乎数，明数而达乎德"。虽然祝巫卜筮者在孔子之前早就有了，但是，就追求深层根据的角度说，孔子认为"祝巫卜筮其后乎？"由于孔子对《易经》的解释与当时流行的运用不同，他还真担心遭到世人的误解："后世之士疑丘者，或以《易》乎？"① 同样

---

① 引文据廖名春《帛书〈周易〉论集》中关于《要》的释文，上海古籍出版社，2008年，第389页。

口气的话孔子还说过一回,那就是在他删定《春秋》以后。所以,《周易》作为儒家经典是没有问题的。

经孔子解释的《周易》的"说卦"中有这样一句表明此书宗旨的话:"昔者圣人之作易也,将以顺性命之理。""性命之理"是中国传统哲学宗旨在《周易》中的最初表述。我把这段话完整摘录如下:

> 昔者圣人之作易也,幽赞于神明而生蓍,参天两地而倚数,观变于阴阳而立卦,发挥于刚柔而生爻,和顺于道德而理于义,穷理尽性以至于命。昔者圣人之作易也,将以顺性命之理。

《周易》用阴阳爻交错出现在六个爻位上形成总数六十四个卦象,表示人可能遇到的各种不同变化的情况,其目的决不止于要人们把这些情况作为知识掌握而已,其最终的目的是要提醒人们,针对不同的情况,人应该有适当的行止。所以,每一卦的"象曰"总是有一句告诫"君子"的话。其中"乾卦"和"坤卦"的两句话最为流行,说是"天行健,君子以自强不息","地势坤,君子以厚德载物"。类似的话共有六十四句,其中每句话的前半句是对卦象的描述,后半句是讲做人的道理。生命的自觉对于个人来说,重要的方面就是处理好生死穷通、进退得失。《周易·乾文言》说:"其唯圣人乎!知进退存亡而不失其正者,其唯圣人乎!"《论语》最后一卷最后一章记载孔子的话:"不知命,无以为君子也。"虽然只是一句话,但是这种话的分量我们是可以体会到的,它与《周易》的精神是一致的。抓住了这个根本的宗旨,才能够理解《周易》这部经典,才能够理解儒家哲学发展到后世径直就被称为"圣贤之学"

"圣学",以至于日本人西周最初翻译西学 philosophy 一词时,所取的汉语是"希圣学"及"希贤学"。显然,在西周看来,能与西方 philosophy 相当的中国乃至东亚传统学问就是儒学,而儒学就是圣学。圣人,从哲学上来看不过就是生命的自觉者而已。

在解读《周易》这部著作时,有一种流行的看法是在"易"字上作文章,突出它是一部讲事物变化的书。这种讲"变"的观点,无论是作为"世界观"还是"方法论",不免是受到西方哲学分类的影响,都没有点到这部著作的主旨。

根据上面讲的中国哲学的宗旨,我们就可以进而来讨论这种哲学的开端问题。开端是对哲学问题提供的根据,这里问题是求得生命的自觉,那么,从哪一点切入去谈呢?在《周易》中,我们明显可以看到,这个开端设在太极:"易有太极,是生两仪,两仪生四象,四象生八卦,八卦定吉凶,吉凶生大业。"(《周易·系辞传上》)这段话前面几句讲的好像是八卦的生成,但是,所谓"易与天地准,故能弥纶天地之道"(《周易·系辞传上》),它同时也叙述了自然生成过程。通行的见解认为,其中两仪指的是天、地;四象指四种元素金、木、水、火;八卦,八种自然现象:天(乾)、雷(震)、泽(兑)、火(离)、风(巽)、水(坎)、山(艮)、地(坤)。一切都是太极中生化出来的,太极本身则是天地未分合一的状态。最初是一片混沌,然后从中生发出天和地,其中天称为乾,地称为坤,乾坤氤氲,生发万物,人也在其中,这可以说是中华民族普通的常识。也因为人产生在天地中,所以天人本来是合一的,这就为做人提供了最后的准则。

关于太极和道的关系。中国哲学把一切都看成是一个在生发中的过程,这个过程也叫做道。太极是这个生发过程的起点,道表达的则是这个过程。老子似乎把道也说成是万物发生的起点,所谓

"道生一，一生二，二生三，三生万物"(《老子》第四十二章）；又说，"有物混成，先天地生。寂兮廖兮，独立不改。周行而不殆，可以为天下母。吾不知其名，字之曰道，强为之名曰大"（《老子》第二十五章）；又，"天下万物生于有，有生于无"。老子说的"大"和"无"有点像太极，但不能遽然定论。中国哲学开始形成的时候，各种说法作为初始的设定都有可能。但是从后来发展的情况看，承着《周易》的表述发展出来的儒家思想逐渐得到了更有影响的流传。所以，当稍后的庄子说"夫道有情有信，无为无形，可传而不可受，可得而不可见。自本自根，未有天地，自古以固存。神鬼神帝，生天生地，在太极之先而不为高"，就被认为是企图用道来压倒儒家的太极，是儒道两家竞争的表现[①]。

思想可以是无止境的，能不能让思想收敛到某个点上，以获得思考的立脚点或根据？在这一个问题上，中西哲学也展现出各自不同的思路。柏拉图反对思考问题时的无穷尽后退，黑格尔称之为"恶的无限"，陷入那种困境思想将茫然失措。运用多中求一、变中求不变的方法，柏拉图找到的是绝对普遍的观念，最终聚焦到那个盛行于西方哲学史上的最高、最普遍的"是"的概念。中国古人也明白谈问题最终要有收敛，用一个"止"字来表达。《大学》说："诗云：'缗蛮黄鸟，止于丘隅。'子曰：'于止，知其所止，可以人而不如鸟乎！'"谈什么问题都是这样，所以"为人君，止于仁；为人臣，止于敬；为人子，止于孝；为人父，止于慈；与国人交，止于信"（《大学》）。讲具体的问题要有"止"处，讲全局性的哲学问题更要有"止"处。《周易》明确表示："《易》之为书也，原

---

① 参见张岱年：《中国古代哲学概念范畴要论》，中国社会科学出版社，1989年，第48页。

始要终以为质也。"(《周易·系辞传下》) 这里似乎也有一与多的关系，不过，这个一不是相对于特殊、个别的普遍，而是万事万物的起源和终结。世界上的事物不管多么繁复，它们都是从同一个根源产生出来的。太极就是对这个根源的表述。但是太极是什么呢？如果把万物看成有，那么，如果把太极看成元气，如唐代孔颖达在《周易正义》中解释"易有太极"一句时说："太极谓天地未分之前元气混而为一，即是太初，太一也。"那就是要从有生了有，有还有生出它的有，这样又跌落到无穷尽后退的陷阱。所以北宋周敦颐作《太极图说》认为，"自无极而太极"。无极，无非是说无，万物生于太极就是有生于无。这样就把问题讲彻底了，思想就触及了"止"处。思想的止处也是整个世界的止处。所以，严格来说，这里不是一与多的关系，而是有与无的关系。这个思想不仅儒家有，老子也表达过同样的思想："天下万物生于有，有生于无。"(《老子》第四十章)

中国古人提出太极作为哲学的开端，西方哲学以普遍的观念为开端，二者的取向和特征有明显区别。普遍对于特殊是逻辑的关系，它们二者是同时存在的，或者说，它们不是时空中的关系，而只是思想上所把握的一种关系。太极对于从中生化出来的东西是时间的关系，哪怕中国哲学中谈到的有与无也不是逻辑关系，而是从无生有的关系。照西方哲学的思想，问题讲得深，就是要把握事情的本质，而本质是普遍层面的东西。照中国哲学的思想，问题讲深了就是去追溯它的来历。这二者之间何者想得深、何者想得欠深，也可以做一个比较。想得深的能解释想得浅的。当用普遍的眼光去审视事物时，事物是现成的、既定的；而以太极的观点去看，现成的东西首先需要说明其来历。在这个意义上说，中国哲学的开端比西方哲学的开端要更切近原始性。越切近原始性，想得就越深。此外，西方哲学一开始就限定哲学是观察、解释世界的，把人自己遗落在外；中国哲学讲万事万物的起源，包括人的起源在内，哲学所包容的整体性比西方哲学广；而且，其主旨在于求得生命自觉。讲生命自觉需要对世界有仔细的了解，把关于世界的知识作为生命自觉的条件，也能用来驾驭了解世界的方向和方法；光讲世界的知识不及生命自觉，虽然对世界的了解很仔细，但是，听凭了解世界的方法的自由发挥，有失去生活方向之虞。说科学发现有它的两面性，就是一个例证。

中国哲学没有把对普遍性的追求设定为自己的开端，没有把人排除在哲学思考之外，其限定比西方哲学少，其敞开度显然也就大。但是，最初的开端作为最终的根据应该是唯一的，这才是彻底的开端。用这个标准来看，《周易》中表达的作为哲学开端的太极还是不彻底的。因为，既然太极在人之先，人怎么知道曾经有太极呢？除非有人先在，他把握着太极。但是，又说人也是从太极中生化出来的，在先的是太极。太极学说中隐伏着太极和人何者在先的循环。只有把这个问题点出来，后来宋明理学，尤其心学的意义才充分显示出来。从先秦儒学到宋明儒学的发展，说明中国哲学一直在发掘哲学的最初开端即最终根据。在论述中国哲学对最终根据的发掘之前，本文还要回到两千多年来徘徊在希腊哲学开端处的西方哲学，它在现代海德格尔哲学里又启动了对最终根据的寻找，他的论述有助于我们认清中国哲学的价值。

## （四）海德格尔对哲学开端的掘进

德国现代哲学家海德格尔通过追问"是"的意义问题，打破沉睡了两千多年的西方传统哲学开端问题的停滞不前。他说，自柏拉图以来两千多年的西方哲学史是一部忘"是"的历史。所谓"是",在日常语言中是一个系词,从印欧语系发展出来的西方主要语种广泛使用着这个词,把一切凡是可以说及的东西,不管是实物还是一个观念或语词,都称作"是的东西",即"是者"。当柏拉图以"是"这个词代表最高、最普遍的观念时,作为一个可以称道的观念,它事实上还是一个"是者"。"是者"有多种多样,例如一个人、一种物、一件事、一种性状、一个动作、一个观念,或某个时间、地点,等等。系词"是"虽然只是一个,但是它联系着的"是者"却表现出多种多样,这说明把"是者"显示出来的"是"的意义也是多样的。所以,海德格尔要提出"是者何以是,而不是无?"(Why are there essents rather than nothing?)① 的问题。

那么,到哪里去研究"是"的意义问题呢?既然"是者"通过"是"而是为所是,于是就要从"是者"是其所是的过程中去研究。但是并非任何"是者"都能成为"是"的意义问题的入手处,只有一种"是者"可用,那就是我们每个人自己。作为"是者",我们也在"是"的过程中,我们这种"是者"的与众不同之处在于,我们在自己"是"的过程中对这个"是"是领悟着的,他称这种"是"的方式为生存(Existence),我们每个人就是这样一个在生存中的"是者",称为"此是"(Dasein)。虽然海德格尔本人并没有明确说出来,他以生存规定"此是"之"是",这实际上就是指人的生命。唯其生命的展开才是具有自觉意识的展开,海德格尔才能进一步把它称为"谋划"(project),也才能说,"此是"对自身之"是"是领悟着的。反过来说,各种东西在人的解释中成为这样那

---

① Martin Heidegger, *An Introduction to Metaphysics*, trans. by Ralph Manheim, Yale University Press, 1987, p.1. 引文中的 essents 是译者的生造,是对德文 das Seiendes 的翻译,意思是 things that are,也有直译为 beings 的。

样的"是者",其根据就在于生命活动具有的领悟。由此进一步说开去,我们所认为的一切,无非是对自己生命活动中展开出来的东西的解释。海德格尔详细阐述了各种"是者"在这种解释中是其所是的过程,从手边直接使用的工具那样的"是者"到离开使用呈现在意识中的工具那样的"是者",各种"是者"综合而形成的世界,被当作是在我们之外存在的"是者"(唯物论)以及存在于观念中的"是者"(唯心论),等等。海德格尔不仅解释有关世界的知识,还以每个人与他人的"共是"(with-being)方式,即在与事物打交道的时候同时也包含与他人的一种关系的"是"的方式,来解释人自身成为"谁"的过程;也解释人相互交往中语言现象的各种形式;又从人独处时对自身心境(stat-of-mind)的领悟去解释各种情绪;最后是这些生存方式在世界社会生活中的表现。他的目的是说明,"此是"的"是",即每个人生命的展开,是一个向着将来的运动,只要人还活着,他就有对各种可能的"是"的方式的选择,直到最后出现一种不可能的可能,即死亡。由此得出结论,"是"的意义是时间。这就是海德格尔发表于 1927 年的《是与时》(*Being and Time*,中文版译名为"存在与时间")一书的梗概。

上述的梗概虽然极为简单,但是,它让我们看到,在海德格尔这里,哲学不停留在对有关世界的知识的追求,它解释世界,也解释人自己。哲学视野的开拓,在于哲学开端的前置。在以柏拉图为代表的传统哲学中,要获取关于世界的真实知识,在各种所是中搜寻出普遍性的是者,但是,"是者"都是现成在的,它们的来历未经考虑。或者说,亚里士多德的"四因说"是对是者之为是者的回答。其实目的、形式、动力、质料既然都说出来了,也就是种种现成的所是。所以"四因说"不过是从一些作为原因的"是者"产生某些特定的"是者",而不是像海德格尔那样从"是者何以是,而不是无?"来追问。且传统哲学追寻关于世界的普遍知识的时候，作为追寻者的人自己是被晾在一边的，直到近代，西方哲学界才强烈感觉到了这个缺陷，价值学、美学、心理学以及所谓人文哲学在近代的兴起，恰恰说明原来传统哲学在这些问题上的忽略。西方哲学只是沿着柏拉图设定的开端展开出去，并没有意识到开端的设定就是一种限定、一种局限。换句话说，两千多年来，传统哲学对哲学之为哲学的根据没有反思，这就是海德格尔所谓的对"是"的遗忘。

在《是与时》中，海德格尔哲学是以"此是"为开端的。他说，这是从"是"的方面对人的规定。他特地申明，他用"此是"表示人，是为了反对人类学的人的观念。所谓人类学的人，根据我们的了解，有从体质方面去看人的，也有从社会学、民俗学方面去看的，这些，照海德格尔的说法，都是从作为"是者"的现成的人来看的。哪怕哲学中说的主体，也是一种"是者"。它们都是人站在某种角度看人、研究人的结果，因而是某种看或研究的结果。人之成为这样、那样的人，根本上是由一个人的生存方式决定的，也就是说，根据"是"的方式而是为所是。连看人、研究人的方式也是人自己的生存方式，即人的"是"的方式。

海德格尔用"此是"表达人，还有一个深意。前面说，人的"是"即生存，实际上，人的"是"就是指人的生命①。但是，生命是不能凭空而存在的，生命必须寄居在某个地方。海德格尔把人称作"此是"，这个"此"（Da-/there）就是生命寄居之处。我们一般把身体当作生命的寄居之处。但是，海德格尔这里，生命的寄居之

---

① 海德格尔曾考证西方主要语种系词所从出的印欧语系，第一个，也是最古老的词根 es，梵文中作 asus，就是指生命，指从自身中站立出来以及运动和栖息在自身中。参见 Martin Heidegger, *An Introduction to Metaphysics*, p.71。

处比身体要大，它包括生命活动过程中遭遇到的一切，确切地说，整个世界都是生命寄居之处，所以，海德格尔用"是于世中"（being-in-the-world）来表示"此是"的结构。如此设定哲学的开端，主客还没有分化出来，二元论问题好像消失了。

到此，关于哲学开端的问题结束了吗？没有。真正的哲学开端应当是唯一的开端，海德格尔《是与时》一书中的"是"毕竟是人的"是"（生存），从这个"是"中开放出来的"是者"都是对人而言的"是者"，世界本身的存在缩小到了人所知的世界；那么人是从哪里来的呢？于是就要假定先有自然的存在。人在自然界的生命进化过程是自然科学的问题，而哲学应当从自己的开端出发。海德格尔意识到这个问题的存在，他还要继续思考下去。他坚持认为整个哲学从"是"开始，不过，不是作为"生存"那样的"是"，而是"是"本身。为了与生存意义上的"是"有所区别，更为了与传统哲学"是者"意义上的"是"有所区别，海德格尔起用了一个已经过时的、das Sein（being）的古代形式 das Seyn（英译 beyng）——我建议可以译为"原是"。"原是"仍然具有发生、呈现的意思，但不限于在"此是"中的发生、呈现，而是包括"此是"在内的一切的发生和呈现。然而，这不是意味着要去谈人产生之前的宇宙发展史，那时没有人，也不是哲学开始的地方。哲学开始的时候应该是人也进入到问题中来的时候。以前我们知道海德格尔是借真理这个题目谈论这个问题的，真理指的是开显、去蔽。1989 年出版了一本海德格尔生前未发表的著作，题为《哲学文稿——关于事发》。这部著作写于 1936—1938 年间，"事发"就是海德格尔用来表示哲学最初的、唯一的开端的词。

哲学谈论着各种具有根本性的问题，其中涉及的无非是关于人所在的这个世界以及人自己的情况，但是，现在要问的不是哲学所讨论的问题是如何发生的,而是哲学这种事情是如何发生的。前者的开端如果被称为第一开端,那么,后者就是"另一个开端"。在这个开端里"事情"(event)发生了,就"有(appropriate)事"了。德文 Ereignis 这个词就兼具"事情"(event)和"占有"(to appropriate)的意思。海德格尔说:"这里的问题不再是'关于'某些事情、提出某些对象,而是有事之有(but to be appropriated over to the appropriating event)。"①

这个开端才是哲学真正的第一开端:"用思想的'另一个开端'来称呼它,并不只是因为它与先前一切其他哲学的开端在形式上的不同,而是因为它是从唯一的第一开端中涌现出来的因而必定是唯一的另一个开端。"②《是与时》一书的哲学问题都是围绕着"此是"展开出来的,现在要深入的则是连"此是"也从中开展出来的"'原是'之真理的时空游戏场(the temporal-spatial playing field of the truth of beyng)"③。"这是'原是'本身的发生,我们称之为事件的发生。"④

哲学开始谈的任何问题都是从这里生发出来的,我们就不能用任何已经发生的事情去刻画这个开端,甚至,也不能以"我"为出发点。然而,"由'原是'到'此是'的转变关系中(事件)所拥有的如此丰富以致无法度量;其(有事的)如此全面也以致不可计点。"(Measureless is the richness of the turning relation of beyng to the Dasein it appropriates, incalculable the fullness of the

---

① Martin Heidegger, *Contributions to Philosophy*, p.5.
② 同上书,第7页。
③ 同上书,第6页。
④ 同上书,第8页。

appropriation.)① 这个意思不难理解：开端的设定就是限定，作为一切开端的开端，其设定是最少的，因而最少限定。换句话说，这"另一个开端"提供各种可能的哲学开端。这应该就是寻找哲学最初开端的意义。

要进入这样的开端就要从已有的各种成说里脱身出来，这是一个拒绝的过程，一路拒绝过去显得很危险，因为好像要跌落到虚无的深渊，但对于哲学来说，也提供了克服这个危险的机会。从无所说的困境（plight）中突破出来，就是自然而然的开端，是让"此是"在"原是"中升起。因而这里根本没有人会认为是"我"在思想，只是在别人的解释中，才成了一种历史性的"我的"意图②。这些话分明指出了从"原是"突破出来的意识的最初状态是不分主客的。

如果我们纠缠在海德格尔使用的这种陌生语言中，简直不知道他在说些什么，但是，如果我们回想中国古代哲学关于一切都是从无法言说的"道"产生出来的，是阴阳两种力量相互作用的结果，那么，这两种看似分离的遥远的思想就被拉近了。只不过海德格尔是在西方传统哲学的背景中讲的，所以，他使用了"是者""是""原是"这样的术语，关注的是主客从中分离出来的源头这样的问题。因为他进入的这个领域与中国哲学涉及的领域的接近，对于西方传统哲学来说，这个距离倒是拉大了，一个重大的表现就是对语言的不同使用。海德格尔在这本书中表露出用现成词汇表达想法之难，为此他不仅自创词汇，而且告诫人们不要从描述对象的角度去理解他说的话。我想，例如，他所谓"事件""困境"就是这样的

---

① Martin Heidegger, *Contributions to Philosophy*, p.8.
② 同上书，第9页。

词。这里,"事件"不是我所观察的事件,它是"我"自身在其中、从中走出来的地方;"困境"也不是我们日常生活里主观感受的困境,而是连主观也构成其一部分、受其支配的困境。进入这些语境,需要人自身生存状态的转变。对比西方以思辨为主要途径的传统哲学方式,海德格尔这里创导的是一种完全不同的从事哲学活动的方式。写到这里,我不由得想起《中庸》里说的"诚"这个词。当其说"诚者,天地之道也;诚之者,人之道也","唯天下至诚,为能尽其性;能尽其性,则能尽人之性;能尽人之性,则能尽物之性;能尽物之性,则可以赞天地之化育;可以赞天地之化育,则可以与天地参矣","诚者物之终始,不诚无物"时,这个"诚"就须从天人合一的角度去理解,"诚"是天道产生万物的过程,"诚"也是人自觉合乎天道让事物通达出来的过程。

海德格尔这部讨论哲学开端的书的副标题用了"事件"这个词。"事"与"物"有别,物或许可以独立存在,事总是对人而言的事;事里面包含着人和物,人和物是从事中出场的。原始生命本身就是这样一个事件,对海德格尔来说,"事件"就是哲学唯一的开端。我之所以对这个词特别感兴趣,是因为中国哲学也有关于"事"的说法。孟子有一处说,"必有事焉而勿正,心勿忘,勿助长也"[1],他讲这话是批评拔苗助长的行为。二程对孟子的话有发挥,说:"'必有事'者,主养气而言,故必主于敬。'勿正',勿作为也。'心勿忘',必有事也。'助长',乃正也。"[2] 我们可以这样理解,生命作为生命就是"必有事"。虽然我们不能认为中国古代先哲已经说出了海德格尔同样的意思,然而,这里已经主张对"事"

---

[1]《孟子·公孙丑上》。
[2]《河南程氏遗书》卷第一,参见程颢、程颐:《二程集》(上),中华书局,1981年,第12页。

要敬,不要随心所欲,用现在的话来说,也就是不要主观太强。沿着这条路,应当可以走向物我未分的原始状态。

虽然在这个开端里哲学所能说出的很少,但是,海德格尔就这个题目写了整整一本书,全部内容无非是如何在这个哲学真正的开端里进进出出。他自己很重视谈论这个问题,并且认为这是哲学最值得追问的问题,也是哲学能够保持自身"尊严"的领域①。

的确,对哲学的这一真正开端的追寻,是哲学的最高问题。它是衡量一种哲学深度的标志,是展开哲学领域丰富性和全面性的源泉,也是全部哲学活动的最终根据。这最后一句话说的是,唯其如此,哲学作为"形而上",才能无孔不入地贯彻到"形而下"。

用这里达到的眼光去看中国哲学,被长久冷落的中国传统哲学显出了它的勃勃生机。中国哲学自始就抓住了这个目标,在后来的发展中又继续不断地向这个目标掘进。终有一天,所谓"中国哲学合法性"的疑问会成为一个笑话。

## (五) 中国哲学对哲学开端的追寻

本文第三节谈到,中国哲学从《周易》起就谈论哲学开端的问题,它把开端归结为太极。《周易》也讲"道","道"有时候可以被理解为是过程性的,如,"《易》之为书也,不可远,为道也屡迁,变动不居,周流六虚,上下无常,刚柔相易。"(《周易·系辞传下》) 有时候"道"隐指最高准则:"形而上者谓之道,形而下者谓之器。"(《周易·系辞传上》)"道"也贯穿在一切过程中,故有天道、地道、人道。《周易》中真正指开端的是太极。正如开端

---

① Martin Heidegger, *Contributions to Philosophy*, p.7.

作为最终的根据渗透到各种哲学问题的根子中，对开端的追溯也有各种途径，所以，这个问题也是中国哲学一再探索的问题，论述很详细，值得深入研究。作为一篇论文，这里只能举其大略，把这个题目点出来而已。

自《周易》提出哲学开端问题之后——这个开端我们看作是孔子的主张，子思、孟子曾经做过深入的思考。子思从已发追溯其未发："喜怒哀乐之未发，谓之中；发而皆中节，谓之和。中也者，天下之大本也；和也者，天下之达道也。"（《中庸》）"本"就是根源，就是一切发生出来的源头。这里告诉我们的是进入"天下之大本"的途径，即，求喜怒哀乐之未发的状态。这与《周易》提出的太极不同，太极产生出万物，然而人并不直接就在太极中，因而人不能直接感知，太极的存在只能是一种设定；而从喜怒哀乐之已发到未发，毕竟是人自己的状态，是人可以把握的。孟子也走了同样一个方向，他说："尽其心者，知其性也。知其性，则知天矣。"（《孟子·尽心上》）了解世界不是教人去观察研究世界，而是从尽心、知性开始。他这样说的时候有一个基本的前提，即，人与天地是同根的，所谓"天命之谓性"（《中庸》）。但是这样一来，哲学的开端就有两个起点：太极和心或性。先秦时的中国古人在哲学开端问题上是不彻底的。真正的开端只能是唯一的，不然就会自相冲突。

但是，中国先哲一直没有停止对哲学开端的追寻，这是一个漫长的过程，经过一千多年，直到宋明理学才有了突破。这个过程中佛学起了很大的作用。佛学在两汉之际传入中国，应当说，这是一门很深的学问，它的主旨是要让永恒轮回中的人类从苦难的现世生活中摆脱出来。为此，它不仅认为人生是很痛苦的，还认为世界上的事物是虚幻不实的，这后一点大约尤其是针对那些生活不太艰辛的人而言的，理论性更强。说世界是虚幻的，其主要论证是，一切事物都是在人的心识中开放出来的，世界是对人而言的世界，那么，人又是什么呢？佛学通过对人的"识"的层层剥离，最终达到一种称为"阿赖耶"的第八识。阿赖耶的意义放在八种识的系列中才能讲得清。前五种识是所谓眼、耳、鼻、舌、身，那是人感触事物的第一线；第六识称为"意识"，是前五识的统摄者；第七识称为"末那识"，那是在时间中向前伸展着的自我；最后是"阿赖耶"识，生命最深处主客未分的一种状态，又被称为"藏识"，意思是它是人一生中行善作恶的"业"储藏的地方，如果再投胎做人，就把这些"业"带到新一轮的人生中去。这些讲法见于消化了印度佛学的玄奘翻译整理的《成唯识论》。佛学还有一种更原始的讲法，讲的是生命的种子从迷黯状态中逐渐苏醒、发展出来的过程，称为"十二因缘论"，有经典《杂阿含经》等。照佛学的说法，一切都是从迷黯状态中发生出来的，而所谓迷黯状态之所以会展示出来，它实际上指的就是人的原始生命，而唯识论从现实的生命中倒溯出来的阿赖耶识则是命根子。故熊十力说"大乘唯识论始建立唯识论为万有之元"[①]。这是从佛学作为一种哲学来看它所建立的理论开端。

佛学在隋唐很盛行，当时的学者几乎都聚集在佛学领域。到北宋开始，出现了大转折，中国本土学术儒学得到了复兴，而且这个复兴一开始就伴随着对佛学的批判。现在大家都认为，批判归批判，佛学对于儒学的发展还是起了很大的推动作用。儒学批判佛学的要害在于，佛学想把人们从现实世界中拉出去，然而这是不可能

---

[①] 熊十力：《存斋随笔》，参见《熊十力全集》第七卷，湖北教育出版社，2001年，第708—709页。

的，也是很自私的。那么儒学暗中受惠于佛学的是什么呢？我以为就是那个关于阿赖耶的说法，因为从中可以建立起哲学的唯一的开端。

佛学所谓心生种种法生所从出的阿赖耶识，是物我不分的状态。宋儒二程则说："人在天地之间，与万物同流，天几时分别出是人是物？""圣人之神，与天为一，安得有二？……此心即与天地无异。""故有道有理，天人一也，更不分别。"① 宋儒不愿意承认从佛学得到了启发，他们尽量从先秦典籍中发掘出片言只语，说明他们的想法是先儒原来就有的。例如，二程说："圣贤千言万语，只是欲人将已放之心，约之使反，复入身来，自能寻向上去，下学而上达也。"② 这里所谓"已放之心"，指的是生命沉溺在各种事务中的状态，收放心，是回到能作形而上、形而下转身的原点，这几乎就是指生命本身。"求放心"的原话出自孟子，他说："学问之道无他，求其放心而已。"又说："仁，忍心也；义，人路也。舍其路而弗由，放其心而不知求，哀哉。"③ 这样求放心是为了回到做人的正路上来，伦理的意思比较强。再说，孟子讲过"心之官则思"④，心是专司思想的，那么，"求放心"不过就是不要多想或者不思想，由此可见宋儒借孟子的话所做的发挥。

宋儒之说还常联系到我们前引《中庸》关于已发、未发那段话。朱熹的老师李侗说，儒家学说开悟人只一篇《中庸》就全了，

---

① 《河南程氏遗书》，参见《二程集》（上），第 32、22、20 页。
② 同上书，第 5 页。
③ 《孟子集注·告子章句上》，见朱熹：《四书章句集注》，中华书局，1983 年，第 333—334 页。
④ 同上书，第 335 页。

尤其是"喜怒哀乐之未发"这句话——它是最核心的一句①。原始生命状态也无喜怒哀乐，但是，《中庸》这句话的意思，是为了求"中"，"中"还只是人的状态，而不是人我不分的原始生命状态。李侗强调这句话的重要性，也许深入下去可以成为通向解释原始生命的一条路径，但是，他毕竟没有明确说出来。由此也可见，原始生命既然是物我未分的状态，一切的说都是在已分的领域，要把它说出来真难啊。

李侗内心是否想揭示生命的原始状态那一度，我们无法揣测，但朱熹肯定是昧于此的。当时宋儒已经说出了"心即是理"这样的话，把心和理说在一起，是对于以太极为开端、对作为过程的道的关注的拓展，把理（道）拉向心的方面，进而可以通过心和理的合一揭示原始生命的一度。但是，这时候的语言还没有把"心"和"命"看作一体，仍然有重"道"的可能。朱熹就是这样做的，他讲的核心是天理。他把天理放到第一位，甚至认为未有天地之前理就存在着了，但是，正如我们前面所讲过的，任何关于人之前的存在也是有了人才能说的，在说中漆黑的天地——包括它的过去——被照亮了，这个说是怎么可能的呢？循着这个方向的提问，才能触及哲学的开端。

宋儒对心性问题的关注，虽然没有明确道出其最终的目标，但在这个方向上一路追问下去，是可以达到终点的，这个终点就是生命的原始状态。反过来，把这个终点立起来，就可以成为哲学的唯一出发点。原始状态的生命之谓原始，它与物、与世界浑然一体，没有物我的区分，更没有种种其他的区分，以此为出发点，就避免

---

① 《延平答问·延平李先生答问后录》，参见《朱子全集》第13卷，上海古籍出版社，2002年，第351页。

了寻常会陷入的二元矛盾。但是，原始生命既然是原始的，我们怎么去把捉它呢？人们使用语言谈论任何问题的时候都不是所谓生命的原始状态，语言能谈论原始状态吗？然而既然提出了这个问题，也总是要努力去谈的，把这个问题明确点出来的是明代的王阳明。这里先要说一下，王阳明对于道家和当时已经中国化了的佛学也深有心得，他不像以前的儒生那样口口声声拒斥佛道二氏，他43岁时说："二氏之学，其妙与圣学只有毫厘之间。"[①] 他对于原始生命状态的表述见于他回答两位学生对四句教的讨论，那时他55岁，是逝世前两年。四句教是王阳明全部学说的一个总结，即"无善无恶心之体，有善有恶意之动，知善知恶是良知，为善去恶是格物"。一位名汝中的学生说，如果"心体"是无善无恶的，那么意、知、物都是无善无恶的；如果说意有善恶，那么毕竟心体还有善恶在。另一位学生德宏说，作为天命之性，心体原是无善恶的；意有善恶，是出于习心（即纠缠于具体事务中的意识）；所以需要"格致诚正"的功夫，以期恢复到心体。他们争论不下，请教于王阳明。王阳明说出了这样一段话：

> 先生曰："我今将行，正要你们来讲破此意。二君之见正好相资为用，不可各执一边。我这里接人原有此二种，利根之人直接从本源上悟入。人心本体原是明莹无滞的，原是个未发之中。利根之人一悟本体，即是功夫，人己内外，一齐俱透了。其次不免有习心在，本体受蔽，故且教在意念上实落为善去恶。功夫熟后，渣滓去得尽时，本体亦明了，本体亦明尽了。汝中之见是我这里接利根人的；德宏之见，是我这里为其

---

[①]《王阳明全集》（下），上海古籍出版社，1992年，第1237页。

次立法的。二君相取为用,则中人上下皆可引入于道。若各执一边,眼前便有失人,便于道体各有未尽。"既而曰:"以后与朋友讲学,切不可失了我的宗旨:无善无恶是心之体,有善有恶是心之动,知善知恶是良知,为善去恶是格物。只依我这话头随人指点,自没病痛。此原是彻上彻下功夫。利根之人,世亦难遇,本体功夫,一悟尽透。此颜子、明道所不敢承当,岂可轻易望人!人有习心,不教他在良知上实用为善去恶功夫,只取悬空想个本体,一切事为俱不着实,不过养成一个虚寂。此个病痛不是小小,不可不早说破"。①

无善无恶,这是从伦理角度切入的生命原始状态。千回百转,好不容易中国哲学终于追溯到了这个无可再追的终点。一切都是从无善无恶的本体生发出来的。那么,道家不是早就讲过"天下万物生于有,有生于无"么?是的,那也是中国早期哲学对于哲学开端的一种追溯,但是那种无的获得,其进路没有交代,因而只能作为一种外在的设定;而无善无恶则是人在其中进入无的一条路径,"人己内外"俱在其中。然而,在上述引文中,当我们期望的这个无善无恶的"本体"——生命的原始状态终于显露出来以后,二位学生对于本体究竟有无善恶还发生争论,而且,王阳明居然指主张本体有善恶的汝中为利根之人,这是怎么回事呢?汝中作为王阳明的学生,想必不至于否认这四句教,否认"无善无恶是心之体"。王阳明的回答告诉我们,原来,作为"彻上彻下功夫"的,不是停留在这个话头,去"悬空想个本体","养成一个虚寂",而是"教他在良知上使用为善去恶功夫"。换句话说,不能停留在一种思想

---

① 《王阳明全集》(下),第117页。

上作概念性的把握，而是要贯彻到实际中去。所以，认知了生命的原始状态只是第一步，这不是最后目的。这里话头一转，让生命展开在实际生活中，才是其真正的目的。懂得这一点，才是所谓利根之人。在这里，哲学追踪达到的最终结果又成了哲学开端处的根据。形而上又形而下，这两个方面构成哲学活动的完整过程。这样，哲学也决非只是一种认知的学说。

宋明儒学统称为理学。以朱熹为代表的儒学确实是追求理的。王阳明说："无心外之理，无心外之物。"① 他是循着心去追寻本体的，所以他的理学又被称为"心学"。理容易逃避为外在的东西，心体则就在自己这里无可逃遁，所以，心学比理学更彻底。朱熹对儒家经典作了详尽的注释，著作等身，在学界有很大影响；王阳明甚至没有专著，主要在讲课和书信中传达他的思想。关键不在于谁说得多，而在于是否说到点子上了。王阳明说到了点子上。所以，如果有人说，心学代表了儒学发展的正宗，这个话我是同意的。

从先秦开始，中国就对哲学问题进行深入的探索，王阳明说出了一个结果，这个结果应该就是探底的结果。但是，哲学并不终结于这个结果，它还可以根据每一代人自己的生活实际去不断触底，更重要的是，人们要把这个结论中达到的东西贯彻到自己的生活中。

## (六) 结论

各门学问都将自己的设定作为开端，对这个设定它们一般不予追问；一旦追问下去，就成为哲学问题。哲学与众不同之处在于，

---

① 《王阳明全集》(下)，第6页。

它没有什么不可以问。如果哲学要为其他学科提供根据，那么，最要问清楚的首先是它自己的根据。作这样的追问，照海德格尔的话来说，是哲学的尊严。中国哲学是一直保持着这种尊严的哲学。

追问自己的根据，也就是追问自己的开端。因为在追问中达到的结论又会被拿来作为述说各种哲学问题的起点。在哲学中，开端就是根据，终点也是起点。

哲学最终的开端是唯一的。但是，对哲学开端的追问总是从已有的现成哲学出发的，现成哲学的形态是不同的，所以这个追问的路径也有差别、是多样的。西方哲学追求以普遍知识开始，把这种知识看成是世界的本质，对它的质疑产生出认识论，认识论的深入发展揭示出一切知识无非是人和环境世界的相互作用过程，这样就有了海德格尔关于人与世界一体的"此是"观念，进而又通过"事件"追问到"原是"，这就触底了。中国哲学由于重点关注社会生活中人的活动，这里人性、伦理问题经常成为深入追问的起点，生命的原始状态是其触底处。佛学追问的途径就其从人性问题入手，有些与中国哲学相似，就其从"识"的方面讲，又与西方哲学有些相似。不管是西方哲学，还是中国哲学或佛学，在这个"底"里面，人和世界还没有分化，已经到了只能用"无"来表述的地步，没有进一步可以述说了。从这个意义上说，哲学也只有唯一的开端。如果一种哲学不是从这个开端出发，那一定是"半路出家"，是从这个开端已经发生出来的途中入手的，也就有一个它自身往往难以察觉的设定。这样的期盼和生命方式，因而说到底是一种"回报"的伦理。

坦率说，几十年事业的奋斗，我过得很充实，很辛苦，也挺有成就感，因为我看到一个学科、一群学人在自己的眼下，在自己的手中不断茁壮，最后拔地而起，就像一个建筑工人看到一砖一瓦最后垒起的大厦一般,但是,过得并不潇洒,因为我总是为各种伦理义务所缠绕,为不断推进的目标所吸引,为日新月异的"工程"所驱动。然而我并不后悔,在自我意识中,我不是一个职业人,乃至不是一个职业化的学者,我首先是一个伦理人。伦理人的本性是过普遍生活。人生短暂,任何人都是匆匆过客,我们所能做的只是对永恒的追求和对成为普遍存在者的执着。虽然这个目标难以达到或根本不能达到,然而正如一位哲人说过,伦理道德本来就是一个永远有待完成的而又不可能完成的任务,完成了,也就终结了。物换星移,宇宙之所以需要"时间",之所以让人们至今不能解开"时间"之谜,就是因为要让大自然中的一切为新的生命的诞生留下机会,否则,如果真的"万寿无疆",那么不仅时间停止,宇宙间的一切也就停止了。一切都会消逝,最后留在这个世界的,只是那希冀而永远流动着的"精神"。"精神"不死,我们在"精神"中永恒,我们与"精神"同在。

# 二十七、关于"间性"和哲学开端问题

## (一)

2017年6月29日—30日,在美国密歇根州大峡谷州立大学召开了以讨论 interality 为主题的学术会议。Interality 这个词词典上还查不到,根据构词法,词干"inter-"意为"……之间"加上后缀"-ality",那么 interality 就是关于具有"……之间"性质的东西,汉语译为"间性"。会标表明,这次会议是关于"间性"的第一届国际研讨会,看样子今后还要继续研讨下去。事实上,北美近年已经有杂志就这个问题出过专辑,另外还有专门的论集出版。

其实,这件事与我们上海社会科学院哲学所大有关系。这套说法的创始人是商戈令,他30年前曾在我们哲学所工作,当时他就开始从事中西哲学的比较研究,现在的这些说法是他长期思考的一个成果。大家更应该记得,近几年,他还就他的那些想法来所里讲过课。我们所的《哲学分析》杂志也记录了他的思想形成过程。此外他还有类似文章在《哲学研究》发表①。可能我是比较早关注他

---

① 参见商戈令:《"道通为一"新解》,《哲学研究》2004年第7期;商戈令:《道通与间性》,《哲学分析》2012年第5期;商戈令:《间性论撮要》,《哲学分析》2015年第6期。

这些想法的人，会议举办方邀请我参加了会议。回上海以后，我看到 2017 年 7 月 26 日出版的我院《社会科学报》，以两三千字的篇幅摘要了商戈令的一篇近作。标题赫然大字"探源中国哲学新路径"，并有一行导语："商戈令在《文史哲》2017 年第 3 期提出……"我听他谈过《文史哲》近日发表他的文章，说是一篇为美国前辈汉学家、密歇根大学教授孟旦（Donald J. Munro）庆生的文章，当时我还没有读到。摘要突出的是商戈令自己的思想，可见他的想法已经引起不小的关注。

主导会议的主要发言当然是商戈令。这个议题思辨性很强，可以说是一个纯粹哲学问题，但让我略感惊异的是，参加会议的学者并不限于哲学专业，传媒学的来了好几个，此外，有研究修辞学的、心理治疗的、语言文学的以及从象数方面研究《周易》的，等等。照他们的说法，间性论（interology）打开了各种领域研究的新途径。

## （二）

既然间性论有如此的功效，它究竟讲些什么？我这里根据自己的理解做一个扼要的介绍。先要了解一个背景。商戈令这篇《中国哲学的新途径》不是凭空想象出来的，而是通过中西哲学比较得出的结果。面对西方哲学，中国人要讲自己历史上的哲学，总是离不开与西方哲学的比较。然而，我们看到过去曾经做过的那些比较，其路数是有很大局限。我这里指的是那些把西方哲学当作哲学的标准，然后试图从中国传统文化资料中选出与西方哲学的问题看似一致或相近的内容，以此当作中国哲学的做法。这种做法叫做"依傍"，即"依傍"着西方哲学建设中国哲学，至今仍有很大的影响。

根据这种方法，不仅一个一个中国古代思想家的"哲学思想"被对应着西方哲学家去解读，而且一部一部的中国哲学史著作也被纳入了西方哲学的框架。这样写出来的东西一方面让人觉得，它们不像是中国哲学应该有的样子，中国文化的真实面目被掩盖掉了；另一方面，对西方哲学的攀附总是很生硬。结果，就出现了中国哲学合法性的疑问或担忧。所谓"中国哲学的合法性"并不是一个假问题，而是揭露出"依傍"是一条迷途；它更是一个信号，让我们意识到，只要真正的中国哲学还没有刻画出来，中国传统学术现代化的任务就没有完成。摆脱"依傍"，找出一条能够把中国哲学真实面貌刻画出来的途径，这就是商戈令这几年思考问题的出发点。还有一个情况应当也是他能够毅然与"依傍"决绝的原因，他在西方哲学方面对尼采下过工夫。尼采以反对西方传统哲学著称，从西方传统哲学里走出来仍然可以是一种哲学，而西方传统哲学正是国人"依傍"的主要样板。这不是说，中国哲学不依傍传统可以转而依傍尼采，而是说，哲学应当可以有不同形态。"形态"包括哲学的宗旨、对象和从事哲学活动的方式。商戈令关注的是哲学对象的形式方面。

西方传统哲学要探寻关于世界的真理、事物的本质。表达世界上的事物统统称为 being，即"所是"。哲学的眼睛盯着的是各种各样的"是"的东西，尤其是它们背后起支撑作用的"实体"（substance）。那么，所是、实体的出现是没有原因的吗？它们是怎么产生的呢？由此，他考察了中国哲学，认为中国传统哲学并没有把眼光停留在一个一个东西（所是）上面，而是着眼于各种东西产生的原因。把注意力放到了这个方面以后，他看出了中国哲学关注的是时空、过程、组成、变化和关系等方面。他把这些方面的情况归结、表述为一个词"间"。他从文字构造方面入手："间"是门里透入了日光，有了光，才照亮了一切事物，才有了各种所是。他以为中国人思想方法上看重"间"，体现在日常语言中这个字的广泛使用。比如，房间、天地间、人间，还有间隔、间距、之间、间歇、瞬间、间径、无间，等等。用作动词如，间苗、用间、离间、间或、间色、间分、间错，等等。有些虽然没有出现"间"字，实际上也是思想游弋在"间"的情景中，那就更多了。例如，中文里的世界、宇宙、天下，这些概念表达的也是着眼于"间性"。如果说以上这些说法还只是日常现象，那么，在实质性的哲学问题上，他进一步认为中国哲学的一些概念，比如（周）易、乾坤、动静、道、中（庸）、仁义、和、诚、通、（五）行、太极—无极、无有，他们都属于"间性"范畴。如果用西方哲学的实体那样的所是去看待，那就说不清，甚至没有地位了，然而，他们却正是中国哲学赖以表达出来的观念。要理解它们，就必须从"间性"方面去把握它们。Interality（间性）和 interology（间性论）是他创造出来的两个词，对间性有关问题的研究就是间性论。照商戈令的说法，"间性论"与西方哲学的"本体论"（ontology）是截然区别的。他对间性论涉及理论方面的简要梳理就在《间性论撮要》一文中。

（三）

商戈令关于间性论的上述设想确实与传统西方哲学的思考途径有所区别，至于其是否能为中国哲学史的梳理提供一条成功的路径，有待今后他自己或者其他人的深入研究。就目前说，它至少松动了西方哲学板结的泥土，让人呼吸到一丝新鲜空气。这从会议参与者的热情中得到了印证。例如，印第安纳大学的罗伯特（Robert L. Ivie）教授研究修辞学（rhetoric），他的这门学问似乎独立于两方哲学之外，这使得他觉得很难找到理论的依托。"间性论"却让他发现了不同意见可能相互共存的依据，即不同意见从修辞学上看不过是人们筑起的种种隔离的墙，只要我们能够拆除隔阂的墙，那么甚至那些看上去是异端的、偶然的东西也是可以相互依存的。密歇根州大峡谷州立大学的斯蒂芬（Stephen Rowe）认为，以间性的观点看人，人就不只是那种为了个人利益而相互竞争的人，而是同处于广阔世间的共同体。间性的观点还让人（从实体的观点摆脱出来）看到"空"原来一直是认知的源泉，甚至在这里可以体会到柏拉图所谓"我们曾经知道一切"的那种直觉。正是各种关系，引领着人类创造自己的生活，去实现美好的前景。令人感兴趣的是，密歇根州大峡谷州立大学的张广先教授介绍的捷克裔巴西学者傅拉瑟（Flusser）的思想。张教授认为，傅拉瑟的思想实际上就是"间性论"的。例如，他把对话看成是负熵和创造性的场所（locus），就是一种间性论的说法；他把闲暇看成是智慧的温床，闲暇就是间性；值得注意的是，人工智能、人与机器人的关系，这些都被看成是能够在间性论领域里得到解释的问题。中国传媒大学的宫承波和郝丽丽以"间性论思想及其对中国传媒包容的启示"为题的发言认为，"间性论"的思想对于大融合的中国媒体来说有三点启示：（1）有助于坚持媒体融合的公开性和灵活性，并创造出媒体间联合的新形式；（2）媒体融合不只是单纯的加法，适当的减法也是需要的；（3）媒体融合应当是一个以冲突方的对话和通过商讨进行联合为特征的能动的发展过程。这样，新老媒体间就能够消除隔阂，来共同建设社会的主流价值体系。

此外，来自"过程研究中心"的学者王志和与樊美筠（音译）就"间性论"与怀特海的过程哲学作了比较，认为"间性论"和过程哲学的基本精神是一致的。不过，从商戈令文章中表述过的意思看，"间性"应该包括过程，过程只是"间性"的一个表现方面。还有来自台湾的一位学者是研究心理治疗的，她以实例说明野外生活对于治疗心理创伤有积极的效果。野外生活，这是生活场景的转换，她把这看作"间性"理论的一种效应。

## （四）

我特别感兴趣的是，商戈令的那些思想在中西哲学比较中的意义。这个比较不是空泛的、情绪式的比较，而是深入哲学形态的比较。他突破了对西方哲学依傍式的比较，但突破不是置西方哲学于不顾，而是从追问西方哲学的起点出发。他认为西方哲学始于对 being/entity 的追问，但是，有比对 being/entity 更深入的追问。这里他也借用过海德格尔的那个问题：Why are there beings, rather than nothing? 即哲学为什么要从"所是"出发呢？"所是"的来历难道不需要更深入地追问吗？确实，任何一门学问，要是深入追问下去就会越出自己的领域，走向哲学。那么，哲学自身呢？现在的哲学达到了最深的问题了吗？也许，对这个问题的追问最终可以使得哲学的本质在我们这个时代显示出来。商戈令的这个追问把"间性"置于 being/entity 基础的位置，这等于说，中国那种形态哲学的思想方式比西方哲学要深，中国哲学可以成为西方哲学的根据。这个最深的追问、最终根据的问题，也就是哲学真正的开端问题，这不是指哲学史的开端，而是哲学本身的开端。哲学史的开端已经确定了，哲学的开端才向我们展示出来。

我在会上的发言就从这个问题开始。我问，照商戈令先生的研究，西方哲学的出发点是 being 或 entity，而"间性"讲得比 being 或 entity 深，中国哲学就是"间性"思维，那么，中国哲学就比西方哲学还要深。这个观点西方的同仁们是否接受呢？主持发言的孟旦先生讲了一段话，核心的一个意思是，无论哪种理论，总是有确定的前提、出发点、立场或假定（assumption）的。这句话实际上是说，商戈令的理论也有自己的假定，中国哲学和西方哲学如果不同，那就是出发点或假定不同而已。要说中国哲学比西方哲学深，这一点想必难以接受。接着这个话题我就说，现在我们谈到了问题的核心。各种理论都有自己的假定，假定中规定的东西越少，其包容性就越大，想的问题也就越深。这也就是说，如果假定甲能够包容、解释假定乙，反之则不能，那么，假定甲的理论就是比较深的。商戈令的理论看上去比西方哲学要问得深，但是，西方人不能够接受，根本原因在于从西方哲学的观点看，商戈令的出发点、假定和西方哲学的出发点、假定是站在同一起跑线上的。因为，在他们的语言习惯以及哲学表述中，凡是能够思考、被说出来的任何观念，哪怕"无"，都是being。既然把"间性"说出来了，作为一个观念，就是being。再说，"间性"作为关系，与实体是互相依存的，即实体存在于关系中，那么，关系也必是实体间的关系，离开了实体的关系也不能成立。

尽管如此，商戈令理论的最大亮点在于，他想找出比西方哲学更深的出发点，并且把中国哲学安置在这个出发点上。那么，是不是存在这样一个出发点？如果存在，它是不是哲学本身应当思考的基本问题？这个问题是存在的。它也就是一切哲学问题的开端问题。Being不能是最深的问题，因为当人思考、说着being的时候，人已经作为主体与客体的being相对立、相分离了。如果能找出主客尚未分离的一种状态，把它表达出来，并且描述出各种主客分离的可能的形式（不只是认知那种形式的分离），那么，不同哲学的形态就有望在此得到说明。西方已经有人在思考这个问题，他就是海德格尔。他用 ereignis（事发）这个词来标志这个开端。这种主客未分的状态我们随处可遇，譬如驾车而得心应手时，车与人是一体的，甚至道路和周围的环境也不分离，只见车在行驶。在我们做认知的反思前，我们已经处在某种事情中。我们活着就总是处在某种事情中，人与事情浑然一体，人是事情的一部分，主客的各种形式是在这个基础上分离出来的。如果哲学是各种行为和思想的最终根据，哲学就应当把这个最初的开端揭示并描述出来，这也应当是哲学的真正使命。我觉得中国哲学自始就开始努力试图把这个开端也即最终的根据表达出来。譬如，《周易》从太极、阴阳说到万物，老子说"天下万物生于有，有生于无"。但是，这些表述还有缺点，因为开始说太极和无的时候，人已经不在其中了，人是站在外面说的。《中庸》是另一个角度的说法：那是从已发的喜怒哀乐的情绪中回归到未发的状态，这样把环境世界剥离掉，剩下了孤零零的我。然而中国哲学有一个"天人合一"说法，从原则上说应当明白有一个天人未分的状态。如何把这个未分的状态表述出来，并且以此为根据，对现实世界中人的各种生存状态，以及在生存状态中展开出来、与之对应的世界的面貌做出解释，并且，更重要的是，以此来道人生，获得生命的自觉，这就是哲学的真正宗旨。我以为，中国古代哲学正是围绕着这个宗旨的不懈追求。这个题目不是三言两语可以讲清楚的，我正在思考和研究中。

商戈令提出的"间性论"，如果深入下去的话，我想是可以进入到对哲学开端问题的研究的。

原载：《哲学分析》2018 年第 3 期

# 二十八、从实践走向哲学观念的更新

## （一）新世界观的天才萌芽

《关于费尔巴哈的提纲》①（以下简称《提纲》）是马克思写于1845年的一篇宏文，至今已经有170多年了，它对于正确理解马克思主义哲学、批判传统哲学、实现哲学形态的革命性变革具有纲领性的意义。我这里谈一下从马克思的实践观中可以引申出来的一种思想方法，即哲学就是对根据的追寻。进而从追寻根据的角度解说中国哲学之为哲学。

先来扼要谈一下我对这个《提纲》的核心思想的理解。虽然全部提纲篇幅不长，但也有11条之多，每一条都很重要，我把最后一条，即第11条，看作是整个纲领的总结，因而是纲领中的纲领。这一条是这样说的："哲学家们只是用不同的方式解释世界，而问题在于改变世界。"② 这里复数的"哲学家们"，当指历史上所有的哲学家，包括唯心主义和唯物主义（马克思之前的唯物主义）的哲学家。由此来看，《提纲》从批判以费尔巴哈为代表的唯物主义为

---

① 《马克思恩格斯选集》第1卷，人民出版社，1995年，第54—57页。
② 同上书，第57页。

开始，最后的落脚点则是全部哲学本身。之所以发生这样的进程，我认为，在批判旧唯物论的时候不涉及整个传统哲学是不可能的，反过来说，只有把整个传统哲学的特征拎出来，才能让以费尔巴哈为代表的那种唯物论的弱点暴露无遗。

"哲学家们只是用不同的方式解释世界"，这句话精辟地抓住了西方传统哲学的形态特征，对此不必怀疑。一部西方哲学史，看上去什么问题都谈，核心的问题有所谓形而上学、认识论、逻辑等，实际上所有这些问题都是从柏拉图确立的一个宗旨出发的，即要认知关于世界的真知识，这就开始了解释世界的历程。一踏上这条道路，所有的哲学家就不知不觉地接受了一个前提，即有一个作为认知对象的世界，还有一个作为认知者的人，在哲学中，人是作为主客分离中的认知主体出场的。又因为知识前面加了一个"真"字，柏拉图把感觉中的知识看作不可靠的知识，只有理念，后来是思想概念，才能表达关于世界的真知识。所谓真知识，后来就逐渐明确为关于事物的本质、世界的最终原理。其最高形式就是所谓"是论"。由于用作表述事物本质和世界最高原理的概念必须是绝对普遍的概念，于是这种哲学始终伴随着质疑和反对：绝对普遍的概念究竟是从哪来的呢？绝对普遍的概念所表达的东西是否实有其事呢？既然概念表达的本质和原理对于可感的现象界事物具有优先的地位，那么，物质和精神究竟何者才是第一性的呢？这最后一个问题正是近代突出出来的，经过恩格斯的概括，成为我们熟知的贯穿在哲学史上的唯物论和唯心论的两条路线。然而，在马克思的《提纲》中，不管是唯心论还是（旧）唯物论，都是在解释世界，他们的差别只是使用的方式不同。

抓住西方传统哲学的特征，对于中西哲学的比较尤其重要。迄今为止的中国哲学主要是以西方传统哲学为样本整理出来的，它既不符合中国传统文化真正的哲学精神,又不能符合西方哲学观念的要求,没有西方哲学那种形式的问题,因而中西之间很难进行哲学的对话。其结果是,依样画葫芦整理出来的中国哲学史的合法性也遭到了怀疑。相反,如果我们明白了西方传统哲学的局限,感受到哲学本身需要变革的迫切性,那么,我们就不仅能够摆脱西方传统哲学的束缚,如实表述中国哲学史,而且,更重要的是,因为有了中国哲学,还可以为形成新观念、新形态的哲学提供参考。反过来说,只有形成了新形态、新观念的哲学,包括中国哲学和西方哲学在内的各种哲学的"合法性"才能得到最后的确认。问题在于形成新的哲学观念。

"哲学家们只是用不同的方式解释世界","只是"二字点出了传统哲学的局限,为哲学创新敞开了空间。哲学不该只是解释世界,那么,还可以是什么呢?马克思接着说"问题在于改变世界"。那么,"改变世界"是不是哲学呢?对此马克思没有明说,我想字面上可以有两种理解:一是"改变世界"是哲学之外的事情,但其重要性却在哲学之上。这样的理解并不违背马克思作为无产阶级革命导师的身份,他更关心的是改变社会制度的实际革命运动本身。但是,还有一种理解,如果马克思使用"只是"一词是批判性的而不是描述性的,那么,哲学家们"只是"解释世界是不对的,是应当突破的;哲学还有其他许多事情,"改变世界"则是许多事情之一,且是其中重要的一项。这样的理解既传承了两千多年来这门古老学说的观念,即哲学应当涵盖所有学问,是各种学问的起点和根据;也符合马克思主义理论完整性的要求:改变世界既是现实的要求,也应当有理论的支撑,而根本性的理论一定是哲学。我倾向于后一种理解。

"问题在于改变世界",这句话凸显了在"解释世界"之外,哲学还应当有的一件重要事情,即"改变世界"。但这并不表示"解释世界"之外的事情就终止于"改变世界"。起码,我们立即会想到"改造自己",这也是哲学问题。马克思的话凸显了打破传统哲学的藩篱。然而,仅就这一点来说就很了不起,也很难。从柏拉图、亚里士多德下来,直到康德、黑格尔,他们都是历史上的大哲学家,都有自己的重大创建,我们还在不断地学习、理解、研究他们。然而,根据马克思的说法,不管他们有多大的创见,都还是停留在传统哲学范围内,是"解释世界"的不同方式。马克思想到的是一种崭新的哲学。所以恩格斯说:"……它作为包含着新世界观的天才萌芽的第一个文件,是非常宝贵的。"[1] "新世界观"当指一种对传统哲学实行了革命性变革的新的哲学,"萌芽"说明这还只是开端,还有许多事情需要后人去探索、去展开。今天我们就来理解和探索一下。

## (二)实践观念的含义

前辈和时贤对《提纲》做过许多深入的研究,许多人都指出,《提纲》极为重要的一点是提出了"实践"的观念。这是对的。这个全部才 11 条的提纲中,有 8 条、总共 13 次提到"实践"这个词。

人们重视"实践"的观念。但是,要真正理解"实践"并不容易。我们一向把哲学当作理论,甚至当作理论的理论,而实践毕竟是与理论有别的东西,甚至是站在理论对面的。于是有如下提问:今后的哲学还是理论吗?哲学是只"做"不"说"吗?或者哲学有

---

[1]《马克思恩格斯选集》第 1 卷,人民出版社,1995 年,第 788 页注 51。

"说"的话，说些什么？怎样说？实践与理论究竟是什么关系，它只是用来检验理论的吗？实践除了是认知理论的基础，还是什么东西的基础？它们是什么？这些都是由"实践"观念引发的问题，每个问题都会对传统哲学造成巨大的震动。

为了理解"实践"的观念，我先举《中国大百科全书·哲学卷》"实践"条为例：该条说，实践是"人们能动地改造和探索现实世界的一切社会的客观物质活动"。这个句子简约地说就是，实践是活动，但是这种"活动"有两部分修饰词，贴近的修饰词表明，实践是"客观物质活动"，然而，前面还有较长的修饰词"人们能动地改造和探索现实世界的一切社会的"，简约地说就是，"人的社会的"活动。也就是说，实践活动既是人的有意识的活动，又是客观物质的活动。一般理解，主观和客观是对立的双方，这里却混在一起了。这是不是搞错了？且慢，这个条目落款注明作者是前辈学者肖前，他行文、演讲一向以严谨著称。他这样写，一定是有根据的，根据就在马克思的《提纲》中。

《提纲》第一条开头就说："从前的一切唯物主义（包括费尔巴哈的唯物主义）的主要缺点是：对对象、现实、感性，只是从客体的或者直观的形式去理解，而不是把它们当作感性的人的活动，当作实践去理解，不是从主体方面去理解。"[①] 这段话的意思是说，如果我们把人能够感觉到的东西（对象、现实、感性）看作是纯粹存在于我们之外的客观的东西（客体的或者直观的形式），那是不对的。正确的理解方法是，应当把那些所谓客观的东西理解为也是对人而言的东西，即，"从主体方面"去理解的东西。譬如拿起一块石头用作工具或武器，工具和武器就是人赋予这块石头的主观意

---

① 《马克思恩格斯选集》第1卷，人民出版社，1995年，第54页。

义,哪怕路边随便一块石头,它的大小、颜色、重量,这些都是人与它打交道即实践的结果,因而都具有主观的性质。

马克思还指出:"费尔巴哈想要研究跟思想客体确实不同的感性客体,但是他没有把人的活动本身理解为对象性的(gegenständliche)活动。"① 思想客体,这是康德、黑格尔的观点,他们认为,真正客观的东西是用普遍必然的概念所表达的东西,因为达到了普遍必然性的思想,就不能有例外,也不是任何个人的想法可以改变的。譬如数学公式、物理定律,直至黑格尔的逻辑学体系,因而他们称这样的思想是客体,是真正客观性的东西。相反,在黑格尔看来,感觉中的东西倒是没有客观性的②。费尔巴哈显然不同意把思想的内容或对象说成是客观性的东西。然而,正如《提纲》指出的那样,费尔巴哈在感性的人和可感事物之间划分主客,这个划分是无效的。因为,人不是被动地知觉事物,而是在与事物打交道的实践活动中了解事物的,这个活动是"对象性的活动",也可以理解为"物质的""物体"的活动。我想,肖前先生给实践下的定义,应该就是马克思《提纲》中这些文字的综合。虽然读起来有点困难,然而,其中透露出来的是马克思对传统哲学观念的突破。

第一,马克思打破了传统哲学对主客的僵硬划分。"从前的一切唯物主义"显然把人和人能感觉的东西作为划分主客的标准,其中人是主观的,事物是客观的。马克思认为这是不对的。外在的东西既然被我们感知了,就打上了人对它的感知方式的烙印,它不可

---

① 参见《提纲》第1条,其中"对象性"一词特别标明德文原文,查德汉词典,这个词的意思是"物质性、物体"。
② 黑格尔说:"因此康德把符合思想规律的东西(有普遍性和必然性的东西)叫作客观的,在这个意义上,他完全是对的。从另一方面看来,感官所直觉的事物无疑地是主观的,因为它们本身没有固定性,只是漂浮的和转瞬即逝的,而思想则具有永久性和内在持存性。"(黑格尔:《小逻辑》,贺麟译,商务印书馆,1980年,第119页)

能是纯粹客观的，而是具有主观性的；同时，人也不是纯粹主观的，起码人所寄居的躯体就是物质性的。从前的唯物主义产生错误的原因在于，它不把人看作是处在与事物打交道关系中的人，即人是有目的地活动着的人；另一方面，如果把感觉到的东西作为客观性的东西的标准，那么，思想的东西就不可能具有客观性。马克思认为这两种说法都不对。"人的思维是否具有客观的真理性，这不是一个理论的问题，而是一个实践的问题。"① 也就是说，马克思并不否认思维可能具有客观性，只是具体来说怎样的思维具有客观性，那是一个实践的问题。

第二，马克思从实践出发的哲学是一元论的哲学。主客分离是二元论哲学的一种表现形式，它不仅解释不清认识主体和认识对象、意识和物质的关系，而且还导致传统哲学唯物论（从前的一切唯物论）和唯心论的对立。实践则在主客未分之前，分出于未分，未分是分之前的原始状态，是可以分的根据，即在一元未分状态内在的分裂和矛盾中可以发现分的来历。用这个观点去看，可以获得对问题的深入理解。《提纲》第4条②就是马克思运用这个方法的一个例证。费尔巴哈认为宗教世界是从宗教上的自我异化、从世界被二重化为宗教世界和世俗世界这一事实出发的。马克思认为对宗教起源的这种解释是不对的，是不足以说明宗教世界的起源的。说

---

① 《马克思恩格斯选集》第1卷，人民出版社，1995年，第55页。
② 《提纲》第4条全文是马克思批评费尔巴哈关于宗教世界起源的观点："费尔巴哈是从宗教上的自我异化、从世界被二重化为宗教世界和世俗世界这一事实出发的。他做的工作是把宗教世界归结于它的世俗基础。但是，世俗基础使自己从自身中分离出去，并在云霄中固定为一个独立王国，这只能用这个世俗基础的自我分裂和自我矛盾来说明。因此，对于这个世俗基础本身应当在自身中、从它的矛盾中去理解，并在实践中使之革命化。因此，例如，自从发现神圣家族的秘密在于世俗家庭之后，世俗家庭本身就应当在理论上和实践中被消灭。"（同上书，第55页）

"从宗教上的自我异化"产生宗教,等于说是从宗教产生宗教。那么,说从世俗世界产生宗教对不对呢?也不对。因为世俗世界与宗教世界是同时产生的,正像胚胎发育中的左右手不是一者产生于另一者,它们都是从还没有分化的胚胎中产生出来的。宗教产生之前的世界不叫世俗世界,而是既非宗教世界、也非世俗世界的另一种存在状态,即"世俗基础"。"世俗基础"这个词在费尔巴哈这里是否就有了?我没有查。也许有了,因为马克思说,费尔巴哈"做的工作是把宗教世界归结于它的世俗基础"。但是,可以肯定的是,费尔巴哈没有真正站在"世俗基础"上去解释,因为马克思接着的行文是:"但是,世俗基础使自己从自身分离出去,并在云霄中固定为一个独立王国,这只能用这个世俗基础的自我分裂和自我矛盾来说明"。恩格斯于1888年将这个提纲以"马克思论费尔巴哈"为题正式发表时去掉了"但是"一词,改写为:"他没有注意到,在做完这一工作之后,主要的事情还没有做。因为,世俗基础使自己从自身中分离出去,并在云霄中固定为一个独立王国,这一事实,只能用这个世俗基础的自我分裂和矛盾来说明。"① 恩格斯明确了马克思在"但是"后面的话是指费尔巴哈应当做而没有做的工作。我认为,马克思的想法的关键是,宗教世界和世俗世界产生前的世界是一个与前两者不在同一层次上的世界,关于这另一层次的世界,马克思抛弃了"世界"而代之以"基础"。他的这种思想方法在这条提纲最后几句话中又一次得到体现,他说:"因此,例如,自从发现神圣家族的秘密在于世俗家庭之后,世俗家庭本身就应当在理论上和实践中被消灭。"② 世俗家庭是相对于神圣家族而言的,在神

---

① 《马克思论费尔巴哈》,载《马克思恩格斯选集》第1卷,人民出版社,1995年,第59页。
② 同上书,第55页。

圣家族产生之前，家庭还是家庭，但它不是与神圣家族相对意义上的世俗家庭，而是另一种意义上的家庭，因而，世俗家庭就应当在理论上和实践中"被消灭"。恩格斯将原文修改为："对于世俗家庭本身就应当从理论上进行批判，并在实践中加以变革。"① 看来恩格斯在此未能理解马克思的想法。马克思透露出来的想法是，产生成对社会现象的基础，是与成对现象成立于其中的社会不同性质的社会。就好像分子是在原子基础上组成的，但是分子一旦组成，就与原子形成两个不同层次的物质存在形式。这个思想方式很重要。人们容易把它忽略，那是因为当我们只注意现成事物的时候，把现成事物表述为"是"（什么），那个作为基础或根据的东西就成了"不是"（什么）。

第三，实践是"非本体性"的观念。本体或曰实体是西方传统哲学的核心概念，全部哲学几乎都围绕着它进行，它代表事物的本质，各种特征都依附于它，而它本身则是独立存在的。对实体本身的界定，即它究竟是物质性的还是思想性的，遂产生出唯物主义和唯心主义两大阵营。这两大阵营争论得不可开交，但是，跳开一步看，它们有一点是共同的，即都在追问世界究竟是什么，用亚里士多德的话来说，哲学是关于那个一般的"是者之为是者"的学问。而实践观念则是非本体性的，它深入到各种观念产生的根源中，用海德格尔的话来说，就是在"行动的本质"② 中把事情带出来，即让各种东西是其所是。事实上，进入近代以后，许多哲学家都力图

--------

① 《马克思论费尔巴哈》，载《马克思恩格斯选集》第 1 卷，人民出版社，1995 年，第 59 页。

② 海德格尔《关于人道主义的书信》："行动的本质是完成。完成就是：把一种东西展开出它的丰富的内容来，把它的本质的丰富内容带出来，producre（完成）。"［孙周兴选编：《海德格尔选集》（上），上海三联书店，1996 年，第 359 页］

摆脱本体的纠缠，他们或者从追问"是什么"（what）转向"何以"（how），或者提出过程、关系，还有"间性"，把这些都看作是在本体之前的东西。马克思关于实践的观念比较早地启动了这个方向，如我们所见，表现在对宗教世界和世俗世界、神圣家族和世俗家庭起源问题的论述上。实践是先于本体的，现在人们用"实践一元论"来称呼它，这正是表达了实践是哲学的起点的观点。从实践中分离出物质和意识的区分，实践在物质和意识分离之前。但是要真正把握这个观念是不容易的，因为我们长期以来接受的哲学就是以本体为中心的，即使没有出现本体这个词，其思想方法还是拘泥于思考本体的方法。具体说，不把实践看作意识和物质的历史性的出处，而是结构性地把实践看作是物质和意识的综合，即，把物质和意识看作是在实践之前就确定的东西。这就有了《中国大百科全书》关于实践的表述：需要借助于物质和意识来表述实践。

马克思实践观的启示是多方面的，其重要的一点是打破了唯物和唯心的对立。唯物主义和唯心主义都宣称自己是一元论，是唯一的出发点。但是，它们互相不能克服对方，它们的共存构成了西方传统哲学的二元论特征，从整体上说，西方传统哲学是二元论的。马克思的实践超越这种二元论。这种超越，不是进一步的向上抽象、概括，而是向下，去发现它们共同的根基。这种超越，不是引向纯粹概念的思辨，而是把哲学重新安置到实际生活的方面，从而将要冲破传统哲学只是一门关于世界的普遍知识的学问的局限，让哲学渗透到生活的各个方面，使哲学成为人类的一种基本活动。伴随着哲学观念的变更，原来的学问分类也将在根基上重新组合，所谓认识论、价值论、美学、伦理学不再各自分离。不过，包含在"萌芽"里的那些可能的发展还有很长的路要走，沿着实践观启示的方向，有许多艰巨而富有成果的工作要做。

## （三）实践观对于哲学发展的两种意义

马克思的《提纲》被恩格斯誉为"新世界观的天才萌芽"，萌芽之为萌芽，是初步的，其中包含着种种尚未知的、可能的发育生长。马克思立足于自己生活的时代，已经把自己的哲学观直接运用于考察当时的社会情况，推动社会革命，取得了非凡的成就。然而就哲学这门学科本身而言，马克思的这个"新世界观的天才萌芽"还有许许多多的方面有待后人去探索、去丰富、去发展，当我们去考虑这个发展的时候，先要将其可能的方向梳理出来。

有两个意义可以考虑。第一，沿着实践开辟的道路去展开各种论述，就像马克思当年做过的。在这个短短的提纲里，马克思以实践作为根据，解释了许多问题。他用实践、感性的人的活动去理解主体和客体、人的活动和对象性的活动；用实践解释人的思维的客观实在性问题；用实践的观念解释环境的改变和人的活动或自我的改变的一致性，解释教育者和受教育的关系；解释宗教社会和世俗社会、神圣家族和世俗家庭的起源，等等。尤其令我们印象深刻的是，提纲第 6 条阐释了人的本质问题，这是一个在哲学中时时要遇到的大问题。马克思指出，费尔巴哈把人看作抽象的、孤立的个体，从作为普遍性的"类"的方面去理解人的本质，而马克思则指出，"人的本质不是单个人所固有的抽象物，在其现实性上，它是一切社会关系的总和。"[1] 这里虽然没有出现实践这个词，然而，

---

[1]《马克思恩格斯选集》第 1 卷，人民出版社，1995 年，第 56 页。

"社会关系的总和"这样的说法就是实践的进一步落实或具体化,是人与人在社会生活中结成的关系,它区别于人与其他方面的关系,如,与自然界的关系。以实践观为根据,传统哲学的许多问题就获得了新的解释。例如,在传统哲学中,普遍性的"类"不仅是用来解释人的本质的,而且是解释一切事物的本质的方法;个别的事物被认为是有变化、有生灭的,而个别事物归属的那个普遍概念则是不变的、永恒的,因此一切事物的本质都要用普遍的概念来表达。也是根据实践,传统哲学所不及的"改变世界"的问题进入了哲学,哲学的眼界大大开阔了。以实践为根据,还有许多问题,不管传统哲学涉及过还是没有涉及过,都可以进入哲学的视野,甚至那些在传统哲学中有过解释的,也可以获得更深入、更合乎真理的解释。在马克思已经开辟的这个领域或方向里,有待完成的工作做不完。

但是,我们还有第二种意义。关于这个意义我们可以从思考马克思为什么能从实践观的确立中获得如此重大的成功入手。我觉得,马克思之所以在哲学领域有重大的斩获,根本原因是他改变了哲学的出发点或前提。传统哲学的出发点是寻找关于世界的真理,其前提是有一个既定的世界和一个对世界做观察的人。这样,人就被定位为一个认识的主体。然而,实际情况却是,人不仅是一个对世界的认识者,照马克思的理解,人更是一个对世界的改造者。这后一个规定性进一步可以被理解为,人就是一个生存者。

应该看到,这第二个意义上的发展是造成第一个意义上的各种成就的原因。实践观念的提出,将传统哲学的前提又向前推进了一步,其中蕴含着的意思是:哲学不再从主客分离的立场出发,而是要在实践中追溯主客分离之前的状态。

前提的改变不可避免地带来学问的变革。关于这个道理在科学哲学领域，库恩作过专门阐述，在《科学革命的结构》[①]一书中，库恩所谓"范式"的变化，就是一门学问的对象和方法的变化，这个道理是容易理解的。研究对象以及相关研究方法的改变当然会产生一门新的学问，例如，同样是在自然科学领域，物理学与化学，从力学到量子力学，都是革命性的变革。即使在同一门学问内，例如在几何学内，随着研究对象的改变，即从对平坦的平面到曲面的研究，就有了从欧氏几何到非欧几何的变化。结合物理和化学就产生了一门物理化学。这些都是从前提的变化造成的学问革新。

前提作为一门学问的出发点，也是这门学问的根据。所以前提的变化就是根据的变化。马克思从实践出发谈哲学，实践就是他的理论的根据。相对于传统哲学来说，他找到了一个比传统哲学更深的根据。正因为这个根据比传统哲学深，他不仅可以据此对传统哲学的问题提出更正确、深刻的解释（如关于人的本质问题），而且还提出了被传统哲学遗漏的问题（如改造世界问题）。可见，哲学革新的关键在于前提的革新、根据的革新，而且这个新提出的根据要比原来的根据更深，而不是在同一层面上前提的变更，如欧氏几何与非欧几何那样。以实践观念作为哲学的出发点比传统哲学深刻，是因为传统哲学是从主客分离的立场出发的，而实践观念则让人触及主客未分的领域。在这里，主客如何分离将成为问题。一旦这个问题进入视野，另一个问题马上就伴随着产生了，即主客有几种形式的分离？马克思已经提示，人不仅可以作为认知世界的主体，他同时也是改造世界的主体。此外，人作为审美的主体、伦理的主体、情绪的主体等，也并不是完全能够纳入认识论就能够解释

---

[①] 库恩：《科学革命的结构》，金吾伦、胡新和译，北京大学出版社，2012年。

清楚①。

实践之所以能够作为根据，因为它存在于主客区分之前，让哲学从思辨活动倒回到生活中。这不是要根本取消哲学的思辨性，而是要揭示思辨活动的起源。我们日常从事各种活动的大多数情况下并不区分主客，人越是全神贯注于事情，就越是将自己融入到事情中，在这里，事情本身就是自己，自己也是事情的组成部分。譬如一辆飞驰在道路上的车，车子向前是人的意志，人是在车里前进的，甚至道路环境也是向前运动这个现象的构成部分。只是当出现车辆故障或道路障碍时，前进停止了，人才会从刚才的状态中抽身出来对车子、道路采取检视的态度，这时人和环境才进入了主客状态。思辨活动发生在主客区分之后的进一步反思中。

马克思在第二个意义上的发展就是为哲学寻求更深的根据。我们一般容易看到上述第一个意义的发展，在这个方向中有许多事情可以做，而看不到寻求更深的根据是更本质性的发展。实际上，第二个意义所揭示的才是真正的哲学精神。哲学就是向着根据不断地追问，刨根究底，直至不能追问。

那么，已经找到了实践这个根据，我们今天还有必要进一步去寻求更深的根据吗？怎样去推进这种深入过程呢？进一步挖下去我

---

① 这里我想起我国学界曾热烈讨论过的美的本质问题，出现两种观点，或者把美当作纯粹主观性质的东西，或者当作纯粹客观性质的东西，双方都不足以说服对方，陷入这种争论胶着的原因是，双方都站在包含着两个对立立场的、属于同一层次的前提，即参照着认识论的立场，把问题分成审美主体和审美对象，这场讨论中还出现第三种立场，即李泽厚先生的主张，他认为美的本质当在主客结合中去解说。那么在审美活动中的主客结合是一种什么情况呢？这应当是反思当下的美的感受，其中有我的感受和为之而感到美的对象。用现象学的话来说，美是包含着意向和意向对象的纯粹现象。只是在反思中，人们才把它分为主观的感受和客观的对象，当下的感受是基础性的、在先的，没有那种感受，就不可能有进一步的分析。

们将会遇到什么呢？

## （四）从实践观念到根据的观念

马克思导致哲学革命的根本方法是为哲学寻找更深的根据。他是从克服传统哲学主客分离、对立中提出实践观念的。我们现在面临的情况是，中西哲学的分离或对立。站在西方传统哲学的立场上，中国哲学之为哲学的身份受到了质疑。为中国哲学作辩护，这绝不仅仅是一个名分之争，而是关系到哲学本身的发展。中西哲学的相遇，正是哲学自身发展的契机。而这种发展不是将中国哲学依傍着西方哲学做阐述，也不是从中国哲学的角度去解说西方哲学，更不是像有人曾提出的将二者向更普遍的层次的提升。因为这后一种途径正是落在西方哲学的框架内，并且已经显出了它的局限。唯一可能的途径是像马克思那样向下挖掘，去寻求哲学本身的最终根据。如果这样去想，一系列的问题就提出来了。例如，马克思是针对主客分离的情况深入挖掘的，那么，中西哲学之间的差异或对立的症结究竟是什么？哲学是否真的存在着一个最终的根据？对这个最终根据的挖掘将把我们带向哪里？

马克思是从传统哲学主客分离、对立这一情况深挖它们的根据，那么中西哲学二者间也找得到这种明显对立的特征以便我们能寻找到它们共同的根据吗？通过对中西哲学的比较研究，学界对中西哲学各自的特征作了多方面的概括，一种流行的见解是，把西方哲学说成是世界观，而中国哲学则是伦理的，是人本哲学。或者有人会说，西方哲学虽然以追问世界的普遍知识为主要宗旨，但它也有伦理学，有关于人的问题的讨论。是的，然而仔细体会的话可以发现，西方哲学是以观察世界的方法用于观察人，在考察人的时候是把人当作客体的，那不仅反映在人的本质要从普遍性的类的方面去定义，而且还出现了人是机器这样的说法。中国哲学对于自然的单独研究比较少，这点是比较公认的。所以，我认为，上述关于中西哲学各自特征的区别的界定从表面上来看是可以成立的。之所以说只是从表面上看可以成立，因为这里对中国哲学的特征的表述还是对照着西方哲学来看的，这样看的时候已经对中国哲学作了拦腰截取，关于这点，稍后再谈。

即使明确了上面这一点，要找出它们共同的根据还是一项艰巨的任务。这里先要说明，寻找根据的方法也不止一种，主要有逻辑的和历史的两种。逻辑根据的运用是在一个既定的体系内从上到下、以普遍对具体的统领。现在，我们还不知道中国哲学和西方哲学是否能纳入一种体系，所以这个方法还不能用。历史的方法解释的是时间上的先后关系。冯友兰先生论中国哲学特征时讲过，中国哲学纠缠在一个"生"字上，这就指出了历史的方法的特征。用这种思路去追寻中西哲学共同的根据，就是要问，中西两种不同形态、不同宗旨的哲学的区分是从怎样的一种未加区分的基础上产生出来的。追问中西哲学的共同根据，这本身是一个哲学问题，而且是一个纯粹的哲学问题。因为提到了历史的方法，有人立刻想到的是哲学产生的历史。在西方，有人把神话当作哲学的先驱，在中国，有人把哲学看作起源于巫术（李泽厚）。他们讲的是中西哲学各自的历史，不是我们这里要讨论的哲学根据。

对哲学的根据的追问是对哲学既有的前提或根据的进一步追问。从西方哲学来说，洋洋洒洒，其开端就是寻求关于世界的知识，这就是它的前提，它的根据。然而，对于哲学为什么要从认识世界开始，尤其是，哲学何以能够从认识世界开始，即天地间为什么会出现认识世界的活动，以至于展现出我们认识中的那幅世界的面貌，对这些问题传统哲学本身并不予以回答。或者以为，人生活在自然世界中，必定要去认识自然世界，自然世界的存在还需要证明吗？胡塞尔则不然，他说，把世界看成客观存在是自然主义的态度，他想从（意识）现象一元论出发，解说对世界的各种看法形成的过程，自然的看法只是其中的一种。他起步时的出发点倒是要解释数的本质，进而解释一切普遍性观念的本质。胡塞尔被认为是"20世纪最伟大的一位哲学家"①，"他的学说在很大程度上改变了这个世纪的思想史地图"②。这里且不全面评论胡塞尔哲学的得失，我只是指出，他所做的就是把传统哲学据为开端的前提向前移了，移到了一切从中得到显示的意识中。他的这种思想不久就被海德格尔修正了。照胡塞尔的观点，主客双方都是从意识中开显出来的，难道意识可以没有寄存处？它是孤零零地飘荡着的先验意识？海德格尔为它找出了一个寄存处，给了它一个名称叫作"此是"（Dasein），在这里，"是"保存了意识的特征，但这种意识不是纯粹的意识，而是伴随着人的生存活动的意识。这样，海德格尔同样开掘到了超越传统哲学的根据的深处，把哲学的开端前移到一个意识和环境世界尚未开显，而其本身保留着各种开显可能性的承载者。海德格尔的哲学和胡塞尔的一样，都对当今世界哲学的发展作出了卓越的贡献，它们思考问题的方法都是向下挖掘既定哲学的根据，即将哲学的前提向前掘进。

前面提到，把中国哲学的特征概括为以伦理问题为主的人本哲学，这个说法已经将中国哲学作了拦腰截取，这只是对照着西方哲学在中国哲学中寻找相近内容的结果。事实上，即使在西方哲学，

---

① 泰奥多·德布尔：《胡塞尔思想的发展》，李河译，生活·读书·新知三联书店，1995年，"序言"第9页。
② 同上书，"中文版前言"第1页。

"是论"（ontology）才是其核心部分，是纯粹哲学，伦理学只是作为实践哲学而成为哲学的一部分，因此，站在西方哲学的立场，即使中国哲学有关于伦理的丰富论述，也不能保证中国哲学之为哲学的合法性。那么不去对照西方哲学，中国哲学的特征是什么呢？中国哲学的特征就其自身来讲，是一个做什么样人的问题。在儒要成圣，在道要成仙，至于在释，则要成佛。这还是一个结果，深入下去就进入了对根据的思考。且将佛家放在一边，就儒道二家而言，他们要成圣、成仙的根据是相同的，即所谓天人合一。因为天人合一，所以就儒家而言，人的行为要符合大道，做人要做到孔子说的"随心所欲而不逾矩"。而对道家来说，他们相信人能够羽化进天地，达到长生不老。到了这里，还不是最后的根据，因为还可以问，天人合一之前呢？中国人并不是没有这样问过，并且已经给出了答案，这就是赫然写在《周易·系辞》里的话："是故易有太极，是生两仪。两仪生四象，四象生八卦，八卦生吉凶，吉凶生大业。""太极"是什么东西？从字面上说，就是在幽深遥远处的一个端点。所谓两仪、四象、八卦，是解说卦的形成，说太极中产生出阴、阳两爻，两爻有四种位置的排列：阳阳、阴阴、阳阴和阴阳，将阴阳爻填入三个位置，就产生八个排列，即所谓八经卦。每个经卦与其余七个经卦置入上下位置的组合，加上自身的上下重叠的一卦，共得出六十四卦。六十四卦象征人类社会中的各种事变，其中有吉有凶。人类的事业无非是在避凶趋吉中展开出来的。在《系辞》的其他段落，更是形象地解说天地万物和人类自身及各种社会现象都是从太极中衍生出来的："天尊地卑，乾坤定矣；卑高以陈，贵贱位矣"；"乾道成男，坤道成女"。

《周易·系辞》将各种事物、各种现象都归结为从太极的运动中产生出来的结果，包括思想观念，有些解释至今仍素朴可通。例如关于"类"的观念,这在西方哲学中具有重大的意义,连逻辑也是在有了"类"观念以后才发展出来的,但是产生"类"观念的基础究竟是什么?这个问题不解决,照胡塞尔的说法,以此为基础的所有科学都是"不完善"[①]的。《周易·系辞》解释说:"方以类聚,物以群分,吉凶生矣。"这就是说,对各种事物的辨识、分类,是与它们对人类造成吉凶不同结果密切相关的。无论什么现象,都要追究它们的根据,这个根据不是逻辑的前提,而是与人类自身生存活动相随的历史的起始。包括可以用作逻辑的"类"观念,以及建立在类观念基础上的一般、普遍观念,也可以而且应该这样去考察。

康德揭示了运用形式逻辑的形而上学的矛盾后仍然说,"形而上学是人的本性"。这个意思是说,人类的思想总是要不断地追问。这种说法有真理的成分,但是,他为追问规定的方向是片面的,因为他遵循的方向是为构成普遍必然知识的理念的先天存在和理念本身的合理运作作论证。《周易》则深入到人的原始生存状态中挖掘"类"观念的产生。形象地说,前者引导思想向上,后者则向下,其所追问的问题直入"类"观念产生的根据。

### (五)哲学:对最终根据的追索

自从西方哲学传入中国以来,我们看到了它在柏拉图、亚里士多德开启的方向上的丰富发展,尤其是哲学与科学的联系,于是一阵目眩,几乎把中国人自己的哲学活动及其成就遮蔽掉了。只有揭示了哲学原来是不断地追问,中国哲学和西方哲学是两种不同方向

---

[①] 胡塞尔:《逻辑研究》第一卷,倪梁康译,上海译文出版社,1994年,第7页。

上的追问，才能真正认识中国哲学也是对一切根据的彻底追问。我想，进一步的工作不仅可以解释西方那种哲学方向的原因，还可以说明中国哲学为什么没有采取西方哲学方向的原因。这些都是今后可以深入研究的课题。在这篇短文里，我想先简单说明一下，在中国哲学采取的方向里，围绕着最终根据，其深入的内容同样是丰富多彩、值得借鉴的。

**关于对最终根据的探寻。**中国古人是明确意识到要对最终根据做出探索的。庄子《齐物论》一篇反映了这个探索过程的一些思考。"有始也者，有未始有始也者，有未始有乎未始有始也者。有有也者，有无也者，有未始有无也者，有未始有乎未始有无也者。"显然，庄子思考过，关于最初的开端，是可以一直追溯上去的。先想到一个"始"，但可以有连这个"始"也没有想到的时候，还可以有连这个"没有想到"也没有想到的时候。同样，如果把"无"看作是"有"的起点，那么，这个"无"也有更早的"未始有无"的时候，进一步还有"未始有无"之前的情况。这里揭示的是，对"有"之前的开端的思考可以是无穷尽的。然而庄子又写道："古之人其知有所至矣，恶乎至？又以为未始有物者，至矣，尽矣，不可以加矣；其次以为有物矣，而未始有封也；其次以为有封焉，而未始有是非也；是非之彰也，道之所以亏也。"这是说，古代的人知道应该有个确定的起点。从这个起点演化出物，物从无差别到有差别（封）。最终的根据也是一切过程的起点。从起点出发以后，起点往往被遗忘，表达为道之亏损。

**关于最终根据的性质。**前面提到，中国哲学把最终的根据归结到太极。到了宋代的时候，周敦颐又提出"无极而太极"，引起朱熹和陆九渊一阵不着边际的争论。我觉得，最终根据应当是不能进一步追问的东西，它应该是一；它又应该不是任何已知、生成的东西。但是,《周易》说"易有太极,是生两仪"的同时,又用乾坤、刚柔等两种对立的力量或现象来描述它。这容易造成太极是两种东西的组合。"无极而太极"这个说法就明确了太极在各种因素之前,一切是太极生出来的。同时,无极也阻止了思想无穷尽的追问。如果无穷尽的追问是可能的,那么,一切追问都是无意义的。

**道和太极的关系**。老子说,"道生一,一生二,二生三,三生万物",又说,"天下万物生于有,有生于无"。他是把道看作开端的,"无"是道的性质。然而《周易》说,"一阴一阳之谓道",而阴阳是太极内相互作用的一种因素。从开端方面讲,太极与道是一个东西的两种表达;但二者也有区别:太极是从开端方面讲的,道主要是从太极展开的过程方面讲的。

**怎样把握最终的根据**。最终的根据肯定是有的,但是把握起来不容易。庄子《齐物论》表达了这个想法:"天地与我并生,而万物与我为一。既已为一矣,且得有言乎?既已谓之一矣,且得无言乎?"这就是说,如果开端是一,一切都还没有分化,如果人去把这个一说出来,哪怕只是作这样的想法,在说和想的时候,人就在一之外了。这个批评也适用于谈论道。道既然有无的件质,绝对的无是不能生出任何东西的,能够说出无就已经不是无了。儒家对这个瓶颈的突破是中国哲学发展的关键一步。这写在《中庸》里:"喜怒哀乐之未发,谓之中。"一切都是从开端发生出来的,把发生出来的东西收敛起来就可以回到开端的状态,喜怒哀乐是自身当下常在的简单状态,倒溯上去,就体会到了未发时的原始状态。

把握了最终根据又怎样?《中庸》接着上面这句话说:"发而皆中节,谓之和。"原来我们自己是参与在从开端处生发出来的过程中的,这就要求行动得当,要中节。所谓"中也者,天下之大本也;和也者,天下之达道也。致中和,天地位焉,万物育焉"。这就达到了"赞天地之化育""与天地参"的境界了。这才见出成圣的根据。

　　理在事中，事在理中。回溯到最终的根据，从根据出发展开人生活动，一进一出，二者的综合就是从事中国哲学的道路，即所谓"形而上者谓之道，形而下者谓之器"。《大学》把这条道路概括为修、齐、治、平。这是一个完整的表述，有开端，有落脚处。接下来的事情还有什么呢？道理已经讲透了，以后就是不断在变化的事中去体会，这大概就是中国哲学著作不需产生一个一个体系，而只是通过注经的形式不断更新自己的体会，同时将道理落实到事中。开端看来是遥远的、不可及的，但是，如果事事都从无的境界而"发"，那么，当下就是开端。这样说来，人生就是哲学一番，人生常新，哲学也是常新的。

　　这就是我以包含在实践观中的哲学方法思考中国哲学的简单结果。

原载：《哲学分析》2020 年第 3 期

# 二十九、结束依傍，探根寻源①

## (一) 引子

本期发表了三篇从分析哲学角度谈中国哲学的文章，作者根据他们各自对分析哲学的熟练驾驭，讨论了如何将分析哲学运用于中国哲学的研究。陈波先生结合当前研究中存在的问题，介绍了分析哲学方法的一般原则；江怡先生论述了在中国哲学走向分析化时，要让中国哲学之为哲学的性质从所用的方法方面得到确认；陈晓平先生重点评述了前辈学者运用分析哲学于中国哲学的例证。研究西方哲学而关注中国哲学，这是中国学界不息的情怀，已经形成传统。这种传统本身说明，迄今为止中国哲学史的研究还存在不足，而中国哲学的发展离不开中国哲学史的建设，也就是说，中国哲学只能在中国哲学史的建设过程中得到发展。我觉得这里发表的三篇文章体现了同样的关切。

他们的讨论让我想到一些不完全相同但也相关的问题。二十年前，中国学界突然冒出"中国哲学合法性"这个问题。事实上，当

---

① 致谢：本文初稿完成后，经刘放桐、孙月才、杨泽波、刘潼福、何锡蓉、郁振华、苟东锋等先生阅读并提出意见而修改定稿，特此致谢。

时并未有人真正怀疑中国哲学之为哲学的性质,就是提出这个问题的人也没有这样认为。然而,问题的提出不是空穴来风。我是这样理解的:中国学者从一开始就是依傍着西方哲学史写中国哲学史的,照蔡元培先生为胡适那部《中国哲学史大纲》作的"序"所说,"不能不依傍西洋人的哲学史"。不过,各位作者对西方哲学的理解不同,随他们各自的理解,写出来的中国哲学史的面貌也就不同。随着中国学者学识的日积月累,人们逐渐感觉到,西方哲学涉及的面虽然很广,但它有一个核心问题,在这个问题上历史上伟大的哲学家揪住不放、争论不休,一切重大的发展也都是在这个问题上的突破。这就是形而上学。黑格尔说过:"假如一个民族觉得它的国家法学、它的情思、它的风习和道德已变为无用时,是一件很可怪的事,那么当一个民族失去了它的形而上学,当从事于探讨自己的纯粹本质的精神,已经在民族中不再真实存在时,这至少也同样是很可怪的。"他又说:"一个有文化的民族竟没有形而上学——就像一座庙,其他各方面都装饰得富丽堂皇,却没有至圣的神那样。"① 回顾从胡适先生到冯友兰先生的中国哲学史写作,正是一步一步逐渐逼近这个"至圣的神"的过程。"至圣的神"是触手可及了,中国哲学的面貌却丢失了。于是,想依傍而又依傍不上,这就滋生出中国哲学合法性的疑问。我认为,正确的道路是,中国哲学史的写作根本不应依傍西方哲学。然而,这里一个更大的难题是,不依傍西方哲学的观念,写出来的中国哲学史还是哲学吗?哲学究竟是什么?如果我们认定一种新的哲学观念,西方人能承认吗?毕竟哲学的观念出自西方。

---

① 黑格尔:《逻辑学》上卷,杨一之译,商务印书馆,1974年,"第一版序言"第1—2页。

进入现代以后，情况变得复杂。西方开始反对形而上学，他们说，形而上学终结了；甚至哲学终结了。然而事实上，哲学没有终结，新的学说不断涌现。从另一个角度去看，也许，反对形而上学的呼声中酝酿着哲学观念的更新？我是以这个背景来读三位作者的文章的。不过，我意识到这个背景是否成立还得我自己作出明确的说明。

我赞成诸位作者关于写文章要表达得清楚明白的主张。但这个要求不是分析哲学一家的专利发明，只是分析哲学提出这个要求的时候特别强调了要作概念的逻辑分析和对句子的语义分析。对于中国哲学的合法性来说，关键的问题不在于实现分析哲学的中国化，或中国哲学的分析化，而在于一个有事实根据的哲学观念。

现代西方对形而上学的批判不是哲学的终结，而是哲学观念的更新。中国哲学之不容于西方哲学，不是说明中国哲学不是哲学，而是说明西方传统的哲学观念必须更新。所谓"中国哲学的合法性"一定是根据新的哲学观念的哲学。在历史事实的基础上挖掘新的哲学观念，我把它看成我们时代的学者的历史使命。这项使命比之于当年中国经历过的白话运动不知要深刻多少倍，也不知要艰难多少倍！我们现在还只是在探索更新哲学观念的方向中，在本文中，我只能向大家报告一下自己在这方面思考的一些初步体会。在此之前，我先要对前辈学者在中国哲学史方面的工作作一个回顾，以说明哲学观念之更新的趋势。

## （二）突破依傍

中国学者自从接触西方哲学，就直觉到中国也有自己的哲学，并立即开始写作中国哲学史。回顾中国哲学史的写作，它是一个依傍西方哲学的过程。随着对西方哲学的深入理解，依傍得也越来越紧，直至进入西方哲学的核心，才暴露出这条"依傍"的路是走不通的。

## 1. 胡适

1919年胡适先生的《中国哲学史大纲》（卷上）通常被尊为第一部中国哲学史著作。其实，早在之前的1915年，有谢无量先生以《中国哲学史》这个名称发表的著作。这部著作后来很少被人提起，我想，主要原因是，作者只是在"绪论"里粗略述及哲学这门学问的名称大意，并没有用哲学的观点去深入阐述历史典籍，结果写成了一部旧式学案著作。由此可见，中国传统学问的现代化在于对它作哲学意义的阐述。从这个意义上说，胡适先生确实是写中国哲学史的第一人。

胡适师从实用主义者杜威。实用主义承袭经验主义传统，也反对形而上学，但对于纯粹概念组成的形而上学性质的原理的反对并不像极端经验主义那么激烈，所以，有"有用就是真理"之说。他的《中国哲学史大纲》（卷上）把哲学定义为"为人生切要问题寻求一个根本解决的办法"，分哲学为宇宙论、名学及知识论、人生哲学（伦理学）、教育哲学、政治哲学、宗教哲学。其中没有形而上学或"是论"（ontology，亦译本体论）。这部著作给人突出的印象是从逻辑的观点去勾勒中国哲学史。中国历史上本无"逻辑"一词，胡适以"名学"与之呼应。他所谓"名学"不是名家一家之说。他认为："古代本没有什么'名家'。无论哪一种的哲学，都有一种为学的方法，这个方法便是这一家的名学（逻辑），所以老子要无名，孔子要正名，墨子说'言有三表'，杨子说，'实无名、名无实'，公孙龙有名实论，荀子有正名篇，庄子有齐物论，尹文子有刑名论：这都是各家的'名学'。因为家家都有'名学'；

所以没有'名家'。"① 照他这样的说法，一部中国哲学史成了名学（逻辑）发展史。他的博士论文《先秦名学史》，其英文原名 The Development of the Logical Method in Ancient China，直译就是"古代中国逻辑方法的发展"。由此可见，在思考中国哲学的时候，中国学者一开始抓住的就是逻辑特征，直至今天，这个方向仍被奉为圭臬。且不说中国古代是否真有逻辑学说，照胡适先生的说法，中国古代最具哲学性质的学说是别墨，"这六篇墨辩乃是中国古代名学最重要的书"②。既然墨辩是中国最重要的名学书，即逻辑学的书，那么，可推论，墨翟及其学派便是中国最重要的哲学学说。胡适没有这样讲，因为那显然不符合儒家在中国占统治地位的事实，而是说："孔子的正名主义，实是中国名学的始祖。正如苏格拉底的'概念说'，是希腊名学的始祖。"③

当他结合考据阐述儒家的时候，试图把问题引向与西方哲学的观念契合的方面。例如，他解说《易经》的"象"字，认为"'象'字古代大概用'相'字。《说文》：'相，省视也，从目从木'。目视物，得物的形象，古相训省视。从此引申，遂把所省视的'对象'也叫做'相'。后来相人术的相字，还是此义。相字既成专门名词，故普通的形相，遂借用同音的'象'字，引申为象效之意。凡象效之意，凡象效之事，与所仿效的原本都叫做'象'"，估计他对自己的这个解释还不十分肯定，接着一句说："这一个弯可转得深了"④。然而，他还是坚决认为，"象"就是"意象"，是"观念"，"孔子对于'意象'的根本学说，依我看来，是极明白无可疑的了，

---

① 胡适：《中国哲学史大纲》（卷上），商务印书馆，1987年，第187—188页。
② 同上书，第187页。
③ 同上书，第104页。
④ 同上书，第80—81页。

这个根本学说是，人类种种的器物制度都起于种种的'意象'"①。器物出于意象，这使人想到柏拉图关于事物仿效理念的说法。孔子有器物出于对"象"即观念仿效的思想吗？

当胡适进一步从逻辑的角度审视儒家学说的时候，更显出种种勉强。例如，说"《春秋》的第一义，是文法学、言语学的事业"②；他甚至把通常从道德和移情方面可以得到适当解释的由己及人的"恕"字说成是"名学上的推论"③。还有一段解说大共名的话："古书上说，楚王失了一把宝弓，左右的人请去寻它。楚王说，'楚人失了，楚人得了，何必去寻呢？'孔子听人说这话，叹息道，何不说'人失了，人得了？'何必说楚人呢？这个故事很有道理。凡注重'名'的名学，每每先求那最大的名。"④ 人们通常以为，这个故事讲的是，孔子把人看得比物重要，如此而已。胡适的关注点变了，他作逻辑分析的结果是，人的概念比楚人大，以这种方法提炼中国哲学，不免失珠得椟，精神变成了一副枯架。

胡适先生的《中国哲学史大纲》篇幅不小，上面个别例子不及覆盖全书，然而，这些个别的例子反映的是胡适一以贯之的哲学观念，以及运用这个观念于中国哲学史之不适。

胡适先生作为写作中国哲学史的第一人，开始了将中国传统学问向现代化方向的转变，这是历史向中华民族提出的任务，他走出了第一步。但是，据我的理解，这里有两个错误：第一，用逻辑解说中国传统学问，也就是以逻辑的观念框中国传统学问；第二，用名学含糊地概括中国学术，以此迎合逻辑。

---

① 胡适：《中国哲学史大纲》（卷上），第85页。
② 同上书，第100页。
③ 同上书，第112页。
④ 同上。

## 2. 冯友兰

冯友兰先生在中国哲学史领域耕耘最久，用力最大。他也依傍了西方哲学，依傍的路线随着他对西方哲学的深入理解而清晰可见。不过，他依傍的西方哲学不是分析哲学，而是所谓新实在论。冯先生1920年到美国哥伦比亚大学，师从杜威、伍德布利奇、蒙泰格等人，他们没有一个是分析哲学家，而其中蒙泰格倒是新实在论的创始人之一。所谓新实在论，与分析哲学不是一个路子。分析哲学反对传统哲学形而上学，而新实在论之为"实在论"，主张概念世界的实在性，因而是为形而上学作辩护的。新实在论更多地承袭了传统哲学。反映在冯友兰先生自己的思想中，就是对实际和真际的区分，其中，真际即那个形而上学领域。

冯友兰先生的依傍之路可被看成三个阶段：第一，20世纪30年代《中国哲学史》为代表的、从哲学分类入手的依傍；第二，以20世纪60年代起写作的《中国哲学史新编》前六册为代表的、从"理论思维"方面的依傍；第三，《中国哲学史新编》第七册中表达的哲学是"概念游戏"说。此处着重讨论《中国哲学史新编》七册中的思想。

蔡仲德先生对七册本的《中国哲学史新编》的显著特色作了一个总结："一是它不以人为纲而以时代思潮为纲，是以'哲学史为中心而又对中国文化史有所阐述的历史'；二是以共相与殊相、一般与特殊问题为基本线索，贯穿于整部中国哲学史；三是着重阐述中国哲学史中关于人的精神境界的学说。"[①] 这个总结应该得到冯先

---

[①] 蔡仲德：《冯友兰先生评传》，载《中国现代哲学史》（此书实为《中国哲学史新编》第七册），广东人民出版社，1999年，"附录"第262页。

生本人认可。从表述看，虽然精神境界被提出，但其哲学性质似乎没有得到确证，故放在第三点——真正的哲学性质在第二点。为什么冯先生把全部哲学问题浓缩、表达成"共相与殊相、一般与特殊"呢？这个问题的出处在什么地方？对哲学作这样的概括充分吗？这个概括能用来解说中国哲学吗？

这个问题出在古希腊哲学。当初柏拉图有鉴于感觉世界事物的多种多样，莫衷一是，从感觉中获得的知识也只能是不确定的意见；必定有真知识，遂独创性地提出，这种能代表多中之一、变中不变的东西就是理念。西方哲学的发展，万变不离其宗，就是围绕着理念论展开的历史，以至于有人认为，一部西方哲学史就是柏拉图哲学的注释。理念论刚提出，就遭到亚里士多德的质疑。理念以一统多，提供了想问题的方便，但是因为柏拉图将之置于可感世界之外的另一个世界，于是就有理念如何越过二者的分离而作用于我们世界的问题[①]。后人将理念发展成思想上把握的普遍性质的概念，理念与可感世界的隔离成了概念和感觉、原理和实际之间的割裂。

普遍和特殊的关系问题只是西方哲学产生出来的许多问题之一，从完整性上说，它从属于一套特别的理论，即所谓"是论"，它有一个以普遍概念构造出来的范畴体系，以黑格尔的《逻辑学》为典型。由于"是论"全部是用普遍概念表达的，这套理论声称表达了世界和人类社会的真理。比普遍和特殊关系更大的问题是这套理论的现实性问题，追到底，就是精神和物质孰为第一性的问题，这尤其是近代西方哲学所凸显的一个焦点，所以恩格斯说，全部西方哲学，尤其是近代哲学的根本问题是唯物主义和唯心主义两条路

---

[①] 我国学界曾从唯心主义和唯物主义斗争史的角度关注过这个问题，参见汪子嵩：《亚里士多德对"理念论"的批判是对一般唯心主义的批判》，载汪子嵩：《亚里士多德关于本体的学说》，生活·读书·新知三联书店，1982年，"附录"。

线的斗争。这是从宏观上说的,深入细致一点说,普遍和特殊的关系问题构成全部问题的一个重要关节,所以,对于理解西方哲学来说,抓住这个问题深入下去也未尝不可。依傍西方哲学之深入,图穷匕首见,必然是对"是论"的依傍。作为"是论"的基石,是从理念论改造过来的普遍概念,即冯先生所谓"理论思维"的概念,请看冯先生对"理论思维"概念的理解:

> 与理论思维相对的是形象思维。在日常生活中,人们所常用的思维是形象思维,所以对于形象思维比较容易了解。但对于理论思维的了解就比较困难了。一说到"红"的概念或共相,就觉得有一个什么红的东西,完全是红的,没有一点杂色,认为红的概念就是如此,以为这就是理论思维。其实这不是理论思维,还是形象思维。"红"的概念或共相,并不是什么红的东西。就这个意义说,它并不红。一说到运动的概念或共相,人们就觉得它好像是个什么东西运转得非常之快。其实,运动的概念或共相并不是什么东西,它不能动。如果能了解"红"的概念或共相并不红,"动"的概念或共相并不动,"变"的概念或共相并不变,这才算是懂得概念和事物,共相和特殊的分别。①

普遍概念的"红"并不红,这对于日常思维来说,确实难于理解。冯先生这里的说法,是柏拉图关于理念和实际事物分离的翻版。照那种理论说得更完整一点,(1)例如,生活中的善总是有条件的,而作为理念的善则是无条件的;生活中的善之为善是因为分

---

① 冯友兰:《中国哲学史新编》第一册,人民出版社,1964年,第22页。

有了理念的善,但是不能反过来说,理念的善指的是生活中的善,或需要通过生活中的善去说明。这就是理念的善并不善。后来,(2)在历史的发展中,哲学家们又从认识论的角度阐述这个问题。他们把理念变成绝对普遍的概念,而绝对普遍的概念是不能从经验的概括得到的,因为,经验概括的概念要随着经验的增加而不断修正,就像一个无穷小数序列,在经验中总是一个确定的数,而普遍概念的无穷小数就是它的绝对值零,这是经验达不到的。因而普遍概念是先天性质的。(3)经验中概括得到的只能是一般(general)而不是普遍(universal)。(4)一般只能覆盖有限的经验范围,是相对的;而普遍则被假定为是覆盖全部经验的,是绝对的。(5)如果说,经验总是在时空中的,那么,普遍概念既然覆盖了全部经验,它本身是超时空的。这样的概念就是逻辑范畴。另外,(6)一个普遍性的命题没有例外,因此是必然性的,等等①。

以上诸点是在西方哲学"是论"的学说中逐渐发展出来的,我觉得了解这些内容应当是黑格尔所谓思想训练的一部分。我曾在学术讨论会上说,中国哲学中不存在普遍性的概念,结果一室哗然。我想,这是人们误将一般当作普遍了。

冯先生一脚踩进了"是论",于是就说:"共相与殊相,一般和特殊的关系的问题,这是一个古今中外哲学家所共同讨论的问题,是一个真正的哲学问题"②,"道学的中心问题仍然是关于一般和特殊的问题"③。他认为,魏晋玄学和宋明道学讨论了这些问题,这就

---

① 请参见俞宣孟:《论普遍主义》,《学术月刊》2008 年第 11 期;俞宣孟:《论普遍性——中西传统哲学形态的一种比较研究》,《复旦学报(社会科学版)》2004 年第 5 期。
② 冯友兰:《中国哲学史新编》第四册,人民出版社,1986 年,第 30 页。
③ 冯友兰:《中国哲学史新编》第五册,人民出版社,1988 年,第 156 页。引文中的"道学"是冯先生对理学的称呼。

是"本体论"问题,"没有本体论的分析,共相和殊相的矛盾是不能搞清楚的。事实上朱熹就是中国哲学史中的一个最大的本体论者"①。

我认为,玄学和理学中并没有产生普遍和特殊的关系问题。因为只有假定普遍概念和经验世界分离了,即概念不指示实际事物,普遍和特殊的关系才是一个问题,才会产生"红"不红的问题。我们日常用到的是一般概念,讲一般概念的时候,其所指当然是这个概念所包括的范围内的一切,虽然各人使用概念所包含的内容有差别,但对于每个人来说都是自明的,不会产生"红"不红的问题。当然,这里也不会产生"是论"所提出的问题。"是论"关于普遍与特殊关系的问题包括:普遍和特殊何者在先?普遍概念是怎样得到的?为什么不能从经验上升到普遍概念?普遍概念如何推论出原理世界?这样的原理如何作用于经验世界?等等。

中国哲学并没有提出任何超越经验的概念,或者应当说,没有从柏拉图承袭下来的、对意识作理性感性的划分,因而不可能产生西方那样关于普遍和特殊关系的问题。即便是朱熹——冯先生说他是中国最大的本体论者,在谈到理、气关系时,有学生一定要他讲理和气何者为先,他回答:"此本无先后之可言。然必欲推其所从来,则须说先有是理。然理又非别为一物,即存乎是气之中;无是气,则是理亦无挂搭处。"② 这已经算是中国古代哲学家中最接近达到超越经验的理的概念了,然而,毕竟没有超出,因为超出了,理就"无挂搭处"。而"理在气中"的观点则是中国古代哲学家普遍认可的观点。还有一个证据可以证明中国哲学不存在超越经验的概

---

① 冯友兰:《中国哲学史新编》第五册,人民出版社,1988年,第14页。
②《朱子语类》(壹),载《朱子全书》第十四册,上海古籍出版社、安徽教育出版社,2002年,第113页。

念,那就是荀子的"正名篇"。荀子谈的是"名",而不是词或概念;"名"总之是事物的名,名是指向事物的;一个被名所指的事物就是名的意义,名实必须相符,名指错了实,名实不相符,就错了;一个无所指的名是没有意义的。荀子的这些看法,已经成了中国人的常识,迄未发现有人能推翻他的。

冯友兰先生想必是仔细比较了玄学、理学和"本体论"("是论"),觉得"本体论"是从逻辑上讲的,而中国哲学讲"有生于无"则纠缠在一个"生"字上,因而责怪玄学家和道学家们没有把问题讲清,混淆了本体论和宇宙生成论,造成了混乱[①]。其实,古代哲学家们的想法本来是清楚的,他们自有一套理解问题的思路,只是当把他们按照西方哲学的"是论"去解释他们时,才出现了混乱。中国哲学与西方哲学本来就是两种不同形态的哲学。

冯友兰先生依傍西方哲学勾勒中国哲学史,其所依傍的是"是论"。这与他在生命最后阶段意识到哲学的"是论"是"概念的游戏"是相关的。他说,这个说法传说是金岳霖先生说的,他开始也觉得诧异,后来也没有向金先生核实过——"现在我认识到这个提法说出了哲学的一种真实性质"[②]。我觉得,冯先生和金先生产生这种想法,是他们真正理解了西方哲学,得到了它的精髓,前面讲过,西方哲学的核心或精髓是"是论",柏拉图创立"是论",也创立了贯穿"是论"的逻辑。事情的原委是,起初,柏拉图为了给事物一个确定的说法或定义,提出了有理念这种东西,不久他就发现,单独一个一个的理念不足以构成知识,于是他尝试了一种让理念相互结合成句子的理论,记述在《巴门尼德篇》里。其内容大意

---

① 冯友兰:《中国哲学史新编》,第四册,第 32、51、53 页;第五册,第 163 页。
② 冯友兰:《中国现代哲学史》,第 239、245 页。

是，根据"一是"在希腊文是一个简单而完整的句子，让"一"和"是"作为两个理念，分析它们如果结合或者不结合将各导致什么结果。他穷尽所有可能的结合或不结合的情况，一共有八种，在否定的四组里的结果是，不结合的话"一是"这个句子也不成立，且不可思，不可说，连"一"和"是"自身也不能成立；结合的话，即四组肯定的情况，不仅有"一"和"是"，且从他们的结合里可以推导出其他种种理念，这样也就有了认识、有了知识，能够对知识进行思想和言说①。分析概念的情况并展示它们各种可能的结合情况，我认为这就是逻辑的开端②。逻辑（logic）所从出的 logos 一词的原意就是"结合""采集"③。后来，亚里士多德进一步对词语作了分类，结合词语的意义并研究它们之间的关系，于是发展出一种方法，这就是最初的形式逻辑。"是论"在直到康德的很长的时间里采用的就是亚里士多德的形式逻辑，但康德已经发现，形式逻辑的方法会导致二律背反的情况，这就迫使黑格尔把方法换成了

---

① 此书有陈康先生 1942 年的译注本：《巴曼尼得斯篇》，商务印书馆，1982 年。如果没有陈康先生的译注，这篇对话很难读懂。有关内容可参阅俞宣孟：《本体论研究》，上海人民出版社，1999 年，第五、六章。

② 一般谈逻辑开端的都追溯到亚里士多德。我只看到伽达默尔说过："This relationship of ideas to one another is the most interesting point. Only in this way does the logos exist. It is not the simple appearance of an individual word but the link of one word with another, the link of one concept with another. Only in this way is logical proof possible at all, and precisely because of this we are able to explicate the implications contained in a hypothesis." Hans-Georg Gadamer, *The Beginning of Philosophy*, trans. by Rod Coltman, New York: Continuum, 1996, p.54。

（译文：理念之间的这种关系是最令人感兴趣的。只是在这个方面，才有逻各斯的存在。这里不是单个词的简单出现，而是词之间的连接、概念之间的连结。只是在这方面，逻辑证明才是根本可能的，也恰因此，我们能够对蕴含在假设中的含义去作出说明。）

③ 参见 Matin Heidegger, *An Introduction to Metaphysics*, trans. by Ralph Manheim, New Haven: Yale University Press, 1959, p.125。

辩证逻辑。逻辑问题一向很神秘。如果上述理解不错，那么，其实没有什么神秘，逻辑产生于普遍概念的结合，是把概念组织起来的游戏规则。"概念的游戏"说，不免使人想到维特根斯坦"语言的游戏"说①。这个说法可以松动西方哲学莫名的神圣感。当然，那样的哲学也不是无用，它的大用就是促使科学思维的发展。其之所以有这种作用，秘密在于，人类可以根据已经知道的情况在思想上完整地推论其所有发展的可能性，现实中的情况无非是推论中已经显示的种种可能性之一。科学是把思想上显示的可能性放到实验室去验证。在自由的思想中把所有可能的情况罗列出来，这一点很有魅力。柏拉图讨论"一"和"是"结合还是不结合的情况只有八种可能，《易经》把阴阳两爻填进六个爻位只能有六十四种情况，在这个范围中出现的现实，只能是这些可能性之一的实现，就像孙悟空跳不出如来佛的掌心。这个道理金岳霖先生已经说过，这里不深究了。

### 3. 金岳霖

讲到金岳霖先生，或者认为他也是依傍分析哲学表达他自己的中国哲学的思想的，这是不对的。金岳霖先生对逻辑把握得很精深，也研究过归于分析哲学阵营的罗素，但不能因为他采用了逻辑的方法，就归于分析哲学阵营。前面谈过，逻辑出自"是论"，并不是分析哲学的独创。金岳霖先生自己的哲学观念，恰恰是以"是论"为核心的西方主流的传统哲学，关于"是论"，甚至当教科书还没有把它讲明白的时候，他就用自己理解的话表达出来了。他说，哲学是"说出一种道理来的道理"，哲学是"空架子的论理"

---

① 维特根斯坦：《哲学研究》，李步楼译，陈维杭校，商务印书馆，1996年，第15页。

（此说见金岳霖为冯友兰《中国哲学史》写的"审查报告"）。这难道不是"是论"的特征吗？他把自己的《论道》一书称作"元学"，冯友兰先生提到他用的这个词的时候就加括弧标明——本体论、形而上学。值得一提的是，作为形而上学的问题，共相与殊相的关系也在《论道》一书考虑的范围内。金岳霖认为，我们日常使用的概念有两种作用，一种是对事物的描述（即所谓名），另一种是用作范畴。用作范畴时就代表共相（即我们这里说的普遍概念），而共相不能无彼此的关联，就有图像、有系统、有结构①。这里反映了金先生对逻辑性质的深刻把握。这是一片纯粹思想的领域，《论道》一书就是做这方面工作的。他的独创在于，把名和范畴统一到日常语言，试图使二者之间不再存在不可逾越的鸿沟。但是，如我前面所说，这是不成功的。因为只有普遍概念才割裂经验和理性，而在一般概念中二者并不割裂。金先生用的范畴或名显然是游离在一般概念和普遍概念之间。但他的意图显然是为形而上学作辩护。对照分析哲学，他们是要消除形而上学，为此，要取消形而上学使用的语言，他们要消除的是普遍概念。分析哲学中日常语言派这个名称就很说明问题。

　　金岳霖先生的《论道》，是要把中国传统的观念，道、无极、太极、几、数、理、势、情、性、体、用，表达为一种哲学。列出这些条目是有启发的。然而，他的哲学观念是西方的，他的方法也是西方哲学的。这样发展出来的中国哲学究竟是不是成功的，要看中国人的接受程度。听说金先生曾为这部著作没有多少反响而深自叹息。我读到陈康先生倒是对金先生有一个婉转的批评，他谈自己所不取的几种方法里包括"用从半空中飞下来的结论作推论的前提

---

① 金岳霖：《论道》，商务印书馆，1985年，第7页。

('道曰式，曰能')"①。这括弧里的正是写在《论道》开头的话。

### 4. 评价

如果上述论述无误，怎样评价前辈先生们的工作呢？我认为，他们为中国传统文化的现代化，为中国哲学史和中国哲学的建设走出了不可缺失的一步。没有他们的试探、依傍，不会有我们今天的认知。而只有依傍得彻底，才能见出这条道路彻底走不通。依傍西方哲学首先要精通西方哲学，然而，积累了两千多年的西方哲学，典籍浩繁，学理深邃，要精通，谈何容易。我们学哲学的，作为个人，一辈子大概也只能较深地了解其中一个片段，甚至专攻某一本书。在各种版本的中国哲学史著作中，我们看到了各位前辈先生对西方哲学掌握的过程。从胡适先生到冯友兰先生，他们的中国哲学史著作反映出来的正是对西方哲学的逐步深入把握，胡先生首开其端，冯先生则把这条路走到底了，其标志是，他把"共相与殊相、一般与特殊"问题贯穿在《中国哲学史新编》中，这就触及西方传统哲学的核心——是论，这种理论以"神圣"的逻辑装扮起来，最终被揭露为是"语言游戏"。冯先生在自己生命终结前意识到了这一点。他把"哲学是概念的游戏"这句话写进第七册的末尾，并且，作了一番认真的评论，不仅承认自己的理学六书是概念游戏，也把金岳霖先生《论道》的哲学体系判定为概念游戏。

最难能可贵的是，冯先生承认了自己一辈子研究的哲学是概念的游戏之后，并不懊丧，也不消沉，而是重提"横渠四句"——"为天地立心，为生民立命，为往圣继绝学，为万世开太平"，重提儒家"仁"的精神，认为这里有人生精神境界问题，这也是他的哲

---

① 陈康：《论希腊哲学》，商务印书馆，1990年，第3页。

学史著作着重谈的问题。显然，这部分内容不是游戏。那么，这些内容还是哲学吗？哲学究竟是什么？这就是冯友兰先生留给我们的问题。

如果我们充分明白了前辈先生工作的意义，那么，是否还有从其他流派方面去试一下依傍西方哲学的必要？

## （三）探根寻源

中国哲学依傍西方哲学之不成功，从另一个方面说，也是西方哲学对中国哲学之不容纳。这种情况与通常对西方哲学的一种信念相违，即从直觉上说，哲学不仅是一切学问中最根本的学问，它也应该是覆盖最广的学问。然而，面对中国哲学，它却不能覆盖。这是一个比较具体的、可以从它开端的设定处去追问的问题。也许我们可以通过这一追问，发现哲学这门学问发生的根源，并在此根源中找到中西哲学的接轨点。下面是我就这个问题作的点滴思考，不成系统。

### 1. 马克思关于哲学创新的论述

马克思的《关于费尔巴哈的提纲》被恩格斯誉为"新世界观的天才萌芽"[①]。新世界观的萌芽就是新哲学观的萌芽。尽管是"萌芽"，它包含着对原有哲学的突破，透露出来，哲学的观念不是一成不变的。这个突破不是在个别观点上的突破，而是酝酿着对传统哲学形态上的根本变革。马克思的工作正是从传统哲学的设定处下手的。

---

[①]《马克思恩格斯选集》第1卷，人民出版社，1995年，第788页注51。

大家都知道马克思在这个提纲里提出了实践的观点。用实践的观点，解释人的思维是否具有客观的真理性问题；用实践的观点解释环境的改变和人的活动的一致；用实践的观点解释人的本质是一切社会关系的总和，而不是一个抽象的"类"概念；用实践的观点解释一切理论上的神秘主义的东西，等等。现在，人们继续用实践观成功地解释着广泛领域中的问题。那么，马克思怎么想到实践观的？从提纲的第一条看，他针对的是从前的一切唯物主义，那种哲学认为世界就是完全外在于人、与人无关的世界，这就是所谓"只是从客体的或者直观的形式去理解"[①]；他也针对唯心主义（因为他们把人的纯粹概念活动看作第一性的），说"唯心主义当然是不知道现实的、感性的活动本身的"[②]。把感性活动进一步理解为实践，于是，在以往的唯物主义和唯心主义那里，精神和物质被分割为两个方面的截然对立的现象就被消除了。马克思针对的是传统哲学的二元论。

二元论是必须克服的。它们各执一词，互不相让。提纲第三条举环境和人以及教育者和受教育者的相互关系为例，说明各执一词的危害："这种学说一定把社会分成两部分，其中一部分凌驾于社会之上。"[③] 我认为，这里的批评也是针对二元论的。对二元论的克服，是马克思这个提纲体现出来的"新世界观的天才萌芽"的主要意义。

要理解实践对二元论的克服，必须把实践看作比二元论更深层次的一种状态。实践进入了更深的层次，实践又是处处现实的。例如，在投身于工作的时候，人和工具、工作对象融为一体，只是在

---

[①]《马克思恩格斯选集》第1卷，人民出版社，1995年，第54页。
[②] 同上。
[③] 同上书，第55页。

工作受阻的时候，人和手头的工具、工作对象才分离开来。用这种学说能解释原来解释不清的问题，提出实质性的问题。例如，费尔巴哈从世界被二重化为宗教世界和世俗世界这一事实出发，再把宗教世界归结于它的世俗基础。按照马克思的看法，不应该以二重化的世界为出发点，而应该反过来，从它们共同的世俗基础出发，宗教世界和世俗世界是从世俗基础的自我分裂和自我矛盾中同时产生出来的。因此，问题在于说明这个世俗基础是如何在实践中产生出二者，而不是以分化了的二者为出发点，去解释宗教世界的归属问题。

马克思这些想法蕴含着对传统哲学观念框架的重大突破。传统哲学以概念体系表达原理，那种体系是超时间性的、结构性的。马克思追问事情原因时则深入它们产生的根源中，他提出的实践观念是时间性的。用这种方法，主观和客观的分裂这个事实遭到了拷问。传统哲学研究关于世界的普遍知识，暗藏在这种学说前提中的是，有作为主观的人在观察客观的世界。至于为什么哲学开始就在这样主客分离中出场，哲学本身是不予回答的。马克思的追问动摇了传统哲学建立在其上的主客分离的那个基础。实践在主客分离之前。这样就把认识论之外的问题纳入了哲学。这就是马克思这份提纲最后一条所说的，"哲学家们只是用不同的方式解释世界，而问题在于改变世界"①。哲学的范围因而得以扩大。

从马克思这个"新世界观的天才萌芽"，我体会哲学观念更新的特点有三：

（1）从哲学开端处着眼。一切哲学都是它的开端的展开，开端决定了哲学的问题、方法和形态。开端表达在哲学最初的设定中，

---

① 《马克思恩格斯选集》第1卷，人民出版社，1995年，第57页。

那个设定往往是隐而不显的。西方哲学只是发展到了近代，在唯物主义和唯心主义的对立凸显出来的时候，才被马克思敏锐地触及主客分离是症结，这才可以揭示出，原来一开始人和世界就作为哲学思考的双方被设定。哲学创新是对哲学开端设定的改变。

（2）哲学观念的更新绝非仅仅限于某些观点的改变。一部西方哲学史，从柏拉图到黑格尔，其核心的问题就是在关于世界的普遍知识问题上的观点的推演。哲学观念的更新必定是哲学论题的扩大，同时也是从事哲学的方式的变化。像马克思那样，从认知世界发展到了改变世界。于是哲学活动不再只是停留在书本上。哲学观念的更新必定是哲学形态的更新。

（3）哲学观念的更新不是排斥传统哲学，而是要突破传统哲学，将传统哲学引向一个更深的基础，像马克思的实践观，他不会否定有主观、客观之分，他只是深入主客、各种社会现象未分之前的那个出处。

## 2. 关于开端问题

前面总结马克思的哲学创新时，首先提到"从哲学开端处着眼"，开端是对一种哲学形态的决定性作用，开端只是到了它展开以后才得到充分显露，这样说的根据是什么？黑格尔说过："前进就是回溯到根据，回溯到原始的和真正的东西；被用作开端的东西就是依靠这种根据，并且实际上将是由根据产生的。"①

每一门学问都有一个开端。在开端处，这门学问就划定它涉及的范围、研究的问题和方向，甚至还根据问题的性质制定出研究的方法。这样，开端也就是学问的前提，是学问得以展开的根据。从

---

① 黑格尔：《逻辑学》上卷，杨一之译，第55页。

自然科学的发展来看，开端或根据的变换往往造成科学观念的更新，这就是库恩说的科学范式的转换。范式的转换实际上就是开端的转换。

自然科学总是要接受一种范式，在范式的转换中得到发展，但是它们对自己得以建立的那个范式的根据是从来不追问的。就像数学，研究数和空间关系，对数学家来说，数和空间关系是既有的，是不予追问的；哥德尔更是证明，就是在以严密著称的数学系统内，必定有用本系统内的公理不能证明其成立或不成立的命题。于是，这样的命题实际上就是假定。对包含在前提中的这些根据、前提、命题或假定的追问，就被认为超出了本学科的领域。但是问题还是存在，不过，人们认为那些问题变成了哲学问题。例如，数的起源和本质，时间和空间的本质和性质。哲学因接纳和回答各种学问不能回答的关于它们的根据性问题而自豪。哲学之所以能接纳那些问题，去回答那些问题，不管回答得是否令人满意，是因为那些问题仍在哲学的框子内。哲学能容纳那些问题，是因为哲学在其开端处就把自己设定为关于一切有的学问，而各种分门别类的学问都只是有的一部分；用亚里士多德的话来说，哲学是关于一般的是或所是的学问，其他学问都是关于所是的一个片段的学问。

### 3. 哲学的开端

自然科学把超出自己前提设定的问题交给哲学，哲学如果也提出超出自己前提的问题，交给谁去回答呢？哲学可能超出自己设定的问题吗？现有哲学开端处的设定是什么呢？它是否可能被超越？

西方哲学有柏拉图和亚里士多德两种设定，它们是有差别的。参照库恩对科学范式的论述，他认为，所谓"范式"，"通常是指那些公认的科学成就，它们在一段时间里为实践共同体提供典型的问题和解答"①。在同一时期,科学的范式可以不止一个。从西方哲学史的情况看,自从柏拉图提出了通过理念论来追寻关于世界的真理以来,哲学讨论的主要问题就在对它的或拥护和发展、或质疑和反对中展开的,表现为唯名论和唯实论、认识论中的经验主义和理性主义之争。我们已经把从柏拉图理念论中发展出来的"是论"看作西方哲学史的主流,并且通过马克思的论述,揭示出包含在这种理论开端处的主客分离的前提。实践论是对这种前提的超越。

亚里士多德的设定也是可以超越的——为什么"是"要分成各种所是?"是"的意义究竟是什么?(这里,"有"与"是"有点区别,"是"与语言形式紧密相关,因而凸出在意识中的显示,有则可以照各人的理解模糊、淡化甚至忽略与意识的关系)海德格尔已经提出了这个问题。

每一个设定都是限定,任何限定都可以超越。因为限定是辨别,辨别必有所取;有所取就必有所舍——庄子说,"辩也者,有不辩也"②。中国哲学之不容于西方哲学,显然是西方哲学本身在开端处设定的局限造成的。甚至在西方文化内部,也可以见出它的局限。例如,照柏拉图的设定,哲学是对世界真理的追求,于是,人自身及其相关的问题就缺失了。心理学、价值论、美学等这些学科在历史上的晚起,也很说明问题。

如果有限定就可以打破,这种问题可以无穷尽地追问下去吗?已故黄颂杰先生晚年说,哲学就是不断地追问。他可能想到了这个问题。(庄子也想过:"有始也者,有未始有始也者,有未始有夫未始有始也者。"③ )然而,如果哲学对自身前提的追问被证明是一个

---

① 库恩:《科学革命的结构》,金吾伦、吴新和译,北京大学出版社,2003年,第4页。
② 《庄子·齐物论》。
③ 同上。

没有最终起点的问题系列,即,如果它是一个恶的无限,也许有限的人类就得趁早打住,因为那种追问不可能获得最终成果。但是,最初的开端是不是一个问题?如果哲学不讨论它,又到哪里去讨论?如果哲学不对这个问题作出回答,不将自己建立在最初、因而无可再追问的设定上,我们对哲学还有信心吗?哲学是不可以没有开端的。为了让哲学建立在可靠的基础上,哲学的开端就应当是对开端问题的讨论。

4. 从开端追溯到了"无"

黑格尔讨论过这个问题。他认为哲学的开端"必须是绝对的","不可以任何东西为前提,必须不以任何东西为中介,也没有根据;不如说它本身倒应当是全部科学的根据","所以开端就是纯有"[①]。但是他隐瞒或忘记了这个"纯有"已经有了一长串的规定,这些规定是柏拉图以来逐渐加上去的——有一个与世界分离的人,人在追问世界的真理,追求真理取的是思想而不是感觉,能标志真理的也只是逻辑规定性的范畴,"纯有"就是一个逻辑规定性的范畴。黑格尔关于哲学开端的观念,是他的那个逻辑体系的开端。黑格尔进一步说,他的"纯有"(又译"存在""是")因为规定性最少,那就是"无"。把"无"提出来了,还能有话说吗?不去细想,似乎确实到底了,仔细想想不尽然。作为哲学的开端,究竟是"无"还是"有"?黑格尔的"无"是作为"有"的对立面出现的,而他的"有"是一个逻辑规定的范畴,那么,他的"无"也只能是对逻辑规定性的"有"的否定的产物。如果哲学的研究不限于逻辑规定性的"有",而是一切的"有",那么,作为这种"有"的否定的

---

[①] 黑格尔:《逻辑学》上卷,杨一之译,第54页。

"无"将是怎样的"无"呢？

绝对的"无"是人类不能思考的，因为绝对的"无"意味着连人也没有，被思考的"无"总是有人在思考，那么这样的"无"究竟是"无"还是"有"呢？（庄子又想到了："俄而有无矣，而未知有无之果孰有孰无也。今我则已有谓矣，而未知吾所谓之其果有谓乎？其果无谓乎？"[1]）人能思考的"无"都是从"有"的消除得到的，"有"消除得越多，所得的"无"也就越深。

海德格尔也提出了一种"无"。他在《形而上学是什么？》一文中说，在科学中，"我们应当去考察的是所是，此外就是'无'；只有'所是'，过此，就是'无'；唯有'所是'——越过了就是'无'"[2]。他不直接讲"无"，而是先说所是（有），越过了所是才谈得到"无"，而且他所谓的所是，也不限于逻辑规定性的，而是各种科学都可以研究的。可见，他谈的不是绝对的"无"，而是作为所有"是"的对立面的"无"，因而他的"无"比黑格尔达到的"无"要深。

我们谈"无"的时候总是从"有"的方面去谈的，"有"是"无"的背景。（不禁想起老子的话："有无相生"。）

5. 人可以把握"无"吗？

海德格尔的上述说法遭到了分析哲学代表人物卡尔纳普的嘲讽和批评——已经到了"无"，还要谈，形而上学就是这种东西。他为此而写的论文《通过语言的逻辑分析清除形而上学》，一时被奉为经典。但是仔细想想，这两个问题究竟是谁包容了谁？一个是谈

---

[1]《庄子·齐物论》。
[2] Martin Heidegger, "What is Metaphysics?", in *Pathmarks*, ed. by William McNeill, Cambridge: Cambridge University Press, 1998, p. 84.

一切"有"所从出的"无",一个只是在作为语言那种既定有的范围里谈,二者高下立见。不过,既然谈到了"无","无"能不能被把握?如何去把握?这些是不是应该称为哲学问题呢?

谈"无"总是困难的。你在谈,你就是站在"无"的外面,就不是无;除非你把自己化到无里面,达到了与天地为一的境界,但是,那还能谈出什么呢?谈"无",难虽然难,但是还是要谈,因为这涉及哲学的开端这个根本的问题。难虽然难,还是有些办法去谈。我们都生存在"有"中,既然"有无相生",那就先讲"有"后讲"无",从"有"的消除进入"无"。甚至言说已经是一种"有"了,那就试试从无言的体察说起,"喜怒哀乐之未发,谓之中"(《中庸》)。求"喜怒哀乐之未发"就是进入相对"无"的一种方法。陈晓平先生的文章关注到冯友兰有一种否定的方法,可能与这里说的有关。现实的我们都在"有"中,但我们可以在思想上消除"有"而达到"无"。原来"无"也是一种境界。

谈"无"也绝不只是谈的问题,比谈"无"更好的方法是让自己全身心地进入"无"的状态,入静、主诚。入静不是一去不返,静的目的是为了对内获得湛然澄明的境界,以便对外应接万机之中节。不期然的,我们这里已经把修养看成从事哲学的方法。如果哲学要彻底而不能不考虑上面的问题,那么,从事哲学活动的道路不能不通过自己的修养。

"无"这个开端是在哲学自身中追溯出来的。把哲学的开端建立在"无"上面,看似荒唐至极。然而,你可以不同意这个开端,自己去建立一个什么开端,看看是否有局限?那个局限会不会遇到挑战?对那个局限的挑战还是不是哲学?我认为,只有把哲学建立在这样的"无"上面,哲学才能是无限开放的,才能容纳各种学说。西方哲学不能容纳中国哲学,因为它的前提本来就是局限的;

中国哲学以"无"为前提，一切无非是从"无"产生出来的有，只是西方哲学的那种形态的"有"没有实现在中国哲学里，虽然自己没有那种"有"，但是由于以"无"为背景，不会不承认那是一种"有"。如果只把自己的"有"当作唯一的"有"，那么，其他不同形态的"有"就可能不是"有"了。

从西方哲学的角度看，中国哲学是不是哲学成了一个问题。但西方哲学只要把自己的方法贯彻到底，即，不断克服自己的矛盾，最终也会追溯到"无"的。只是长期以来，无这个源头被隐失掉了。海德格尔用"西方哲学是一部忘'是'的历史"这句话，把这个事实说出来了，而作为一切所是根源的"是"不是任何的所是，它只能是"无"。

### 6. 形而上和形而下

追溯到了"无"并不是哲学的结束，而是哲学的开头。更重要的问题是，"无"怎么出而为"有"？哲学就在这一进一出中。前面我从西方哲学中进入开端这个论题，后来不期然地引进了中国哲学的话语，下面，就没有西方哲学的话可以印证了，因为他们既然忘记了开端问题，也就不会去考虑怎么从开端生发出大千世界的问题了。

接下来的故事大家都熟悉。老子说："天下万物生于有，有生于无"，说"有无相生"，又说"一生二，二生三，三生万物"。本来是"无"，怎么会生出"有"呢？这个问题最难。但是，如果我们记得人们所说的"无"总是与"有"相对的"无"，是从"有"的消除得出的"无"，那么，当"有"消除进"无"里面时，就把包括"有"所具有的一切性质也消除进去了，中国哲学将这些性质中最基本的性质概括为阴和阳。这两个因素在《周易》里就名之为乾和坤；乾和坤又分别代表刚健、动静，还可以代表许多具有这种性质的具体事物；它们的相互作用形成了许多变化，把阴和阳两个符号排列到六个位置上，就得到六十四个变化的情况，被称为六十四卦，这就被认为穷尽了天下变化的道理。

或者以为，道家对"无"讲得多，对于儒家是否也是从"无"讲起，则多存疑虑。其实无需多疑。周敦颐的《太极图说》的第一句就是"无极而太极"，这显然是因为太极还有阴阳，是"有"；必须明白，一切的"有"出于"无"，补一句"无极而太极"，太极之前还有无极，就把这个最终根据讲彻底了①。那么在周敦颐之前呢？我认为"无"也是儒家理解问题的出发点。例如，与西方哲学探求事物之"本质"不同，中国哲学既然把世界看作一个生成发展的过程，就十分重视新生现象出现的征兆，即"几"。《系辞传上》说："易，圣人之所以极深而研几也"，又说，"知几其神乎！"那么"几"是什么东西呢？"几"是极细微的，是出于"无"入乎"有"的初步。谈"几"，就有一个无的背景，缺少无的背景，就无法理解"几"。再者，儒家也主张"天人合一"，天人怎样合一？除非是人使自己融入自然；融入自然，这是一种境界。庄子评述这种境界："天地与我并生，而万物与我为一。既已为一矣，且得有言乎？既已谓之一矣，且得无言乎？"② 在这种境界中，连"一"也不能

---

① 据说1186年官修的《四朝国史》所录《太极图说》，首句为"自无极而为太极"。朱熹力辩其非，认为周敦颐原文应为"无极而太极"。他说："无极而太极，不是说有个物事，光辉辉地在那里。只是说当初皆无一物，只是此理而已"，"无极而太极，只是说无形而有理。"（以上文字据陆建华、黄坤：《太极图说解》"出版说明"，载《朱子全书》第十三册，上海古籍出版社、安徽教育出版社，2002年，第63—64页）朱熹指出无极与太极不在一个层次，是"当初皆无一物"，是对的。如果他的"无极而太极，只是说无形而有理"一说，指理存在于从无极到太极的生化过程中，而不是理在无极中，也是对的，这样，他没有必要去辩正原始句子。

② 《庄子·齐物论》。

说、不能想，这不是"无"是什么？虽然儒家之明确谈"天人合一"在汉代董仲舒，然而，《中庸》谈"喜怒哀乐之未发"，谈"诚"的功夫，谈入静，都蕴含着一种无的境界，都是董仲舒提出天人合一说的前奏。儒家的实践倒是启示，"无"在人的境界中。

中国哲学的过程，从追溯日常生活各种事情到它们发生的最终根据——"无"；再顺着"无"的展开进入种种"有"，即在实际生活中贯彻、体验。这两个方面构成了完整的哲学活动，此即所谓"形而上者谓之道，形而下者谓之器"。中国人用"形而上学"翻译 metaphysics，其实，中国哲学的形上、形下之道与形而上学有很大的差异。西方的形而上学主要是以概念推论构造出来的原理体系，表达的是一个超经验的世界的真理。中国哲学的形上、形下之道则是人自己在生活中探索指导生活的准则，又将这个准则适当地贯彻到生活中去的过程，这不是一个纯粹概念思考的过程，而是需要人在一上、一下转换自己的生存状态中亲身体验并身体力行的过程①。

## 7. 希求生命的自觉

我们看到，西方哲学产生的问题连绵不绝，那些伟大的哲学家们的著作也是层出不穷。对比中国哲学，自从有几部经产生后，中国历史上足足两千多年的时间，对这些经典反复的注释，可以说基本上没有反对意见。这看来有些奇怪，其实不奇怪。《周易·系辞传上》说："易与天地准，故能弥纶天地之道"。原来，《周易》虽然篇幅不长，但是，它只讲一个"变"的道理，你想，这个变你怎

---

① 关于西方形而上学和中国形上、形下之道的比较，请参见俞宣孟：《两种不同形态的形而上学》，《中国社会科学》1995 年第 5 期；俞宣孟：《将形而上学进行到底》，《南国学术》2014 年第 2 期。

么能穷尽？"是故圣人以通天下之志，以定天下之事业，以断天下之疑。"更重要的是，它讲变也不是让你作世界的旁观者，而是要你贯彻到生活中去。人生是丰富多彩的，进退穷达情况不一，都是各种因素相互作用的结果。所以，注经往往是在字义的疏通中，根据时代和人生经验写下对经文的新理解，人生世代相续，这番道理也无有已时。

从"无"出发的中国哲学，本来蕴含着无限的发展方向的可能。然而，最终走向人生问题，这个方向的确定，孔子显然起了决定性的作用。但是，既然来到世界做一番人，还有什么比做人更重要呢？中国哲学的主题是为人的哲学，哲人就是明白事理的人，首先又是明白自己的人。这样的人就被称为圣人。明代刘宗周称儒学为圣学，日本哲学家西周最初把 philosophy 用汉字译成"希贤学"，一定是以儒家为对照的。自从西方与中国照面以后，对中国的这套学理和生活方式造成了很大的冲击，不过，我想这种冲击是短时期的。因为根据中国哲学，这些情况无非是中国人面对的又一次"变"，是"天下"这个观念的题中应有之义。中国人最终会探索、调整出一条在天地间适宜生存的道路。哲学活动是生命的自觉。

"你想成为圣人吗？"要是现在这样去问人家，一定被当成对人的讽刺。其实，圣人就是生命的自觉者。

原载：《哲学分析》2021 年第 5 期

图书在版编目(CIP)数据

俞宣孟论文选/俞宣孟著. —上海：复旦大学出版社, 2023.10
ISBN 978-7-309-16524-1

Ⅰ.①俞… Ⅱ.①俞… Ⅲ.①哲学-文集 Ⅳ.①B-53

中国版本图书馆 CIP 数据核字(2022)第 193854 号

俞宣孟论文选
俞宣孟　著
责任编辑/陈　军
封面设计/马晓霞

复旦大学出版社有限公司出版发行
上海市国权路 579 号　邮编：200433
网址：fupnet@ fudanpress.com　http://www.fudanpress.com
门市零售：86-21-65102580　团体订购：86-21-65104505
出版部电话：86-21-65642845
上海盛通时代印刷有限公司

开本 890×1240　1/32　印张 22.625　字数 546 千
2023 年 10 月第 1 版
2023 年 10 月第 1 版第 1 次印刷

ISBN 978-7-309-16524-1/B·765
定价：118.00 元

如有印装质量问题，请向复旦大学出版社有限公司出版部调换。
版权所有　侵权必究